第一辑

THE JOURNAL OF CLASSIC EDUCATION RESEARCH

古典教育研究

湖南师范大学古典教育研究中心 主办

刘铁芳 陈赟·主编

广西师范大学出版社
·桂林·

图书在版编目(CIP)数据

古典教育研究. 第一辑/刘铁芳,陈赟主编. -- 桂林:
广西师范大学出版社,2025.1. -- ISBN 978-7-5598-7675-1

Ⅰ. G529.2

中国国家版本馆 CIP 数据核字第 2024ZS0643 号

古典教育研究 第一辑
GUDIAN JIAOYU YANJIU DI-YI JI

出 品 人:刘广汉
责任编辑:伍忠莲
装帧设计:侠舒玉晗

广西师范大学出版社出版发行

(广西桂林市五里店路9号　　　邮政编码:541004)
(网址:http://www.bbtpress.com)

出版人:黄轩庄
全国新华书店经销
销售热线:021-65200318　021-31260822-898
山东韵杰文化科技有限公司印刷
(山东省淄博市桓台县桓台大道西首　邮政编码:256401)
开本:720 mm×1 000 mm　　1/16
印张:17.25　　　　　字数:298 千
2025 年 1 月第 1 版　　2025 年 1 月第 1 次印刷
定价:78.00 元

如发现印装质量问题,影响阅读,请与出版社发行部门联系调换。

编委会

主　编　刘铁芳　陈　赟

编　委（按照姓氏拼音排序）

目　录

专题一：
中华优秀传统文化与教育

圣哲与师儒

程志敏*

内容摘要：儒家思想并非孔子凭空创造，而是建立在周公等先贤的基础上，毕竟"六经"的真正"作者"是周公，而孔子更多是"述而不作"(《论语·述而》)，当然也有所因革损益。周公被视为儒家的先驱，对礼乐制度和经典有着重要的贡献。孔子则进一步发展了儒家思想，形成了更加系统的理论体系。两人的机缘和时代均不同，各有侧重。过度尊孔或过分强调周公都有偏颇之处，不利于全面地理解儒家思想。周公和孔子的思想应当结合起来看，不能以孔代周，以教代治，以德代政，以文代事。他们大体上分别代表了"外王"和"内圣"，两者相辅相成，都是天道的代言人和执行者。周公、孔子皆为先圣，不必定于一尊，更不能"过崇前圣，推为万能"(章太炎《与人论朴学报书》)。重新审视周公和孔子的贡献，恢复儒家的"事功"传统，有助于中华优秀传统文化的全面发展和复兴。

关键词：周公；孔子；六经；作者；内圣外王

严格意义上的儒家当然是孔子所开创的，但孔子绝非平地起高楼，且不说礼乐文教制度及其主要理论必有源头，最起码，儒家所传习的经典也是传承有自，而周公很可能就是其中最重要的"作者"。《淮南子·要略》谓："孔子修成、康之道，述周公之训，以教七十子，使服其衣冠，修其篇籍，故儒者之学生焉。"儒学的产生端赖孔子，但周公

---

* 程志敏，男，四川省隆昌市人，海南大学人文学院社会科学研究中心教授，主要研究方向为西方哲学、古典学和比较哲学。

也有荣焉,甚至可算先驱。荀子对周公多有赞美之辞(但没有捧上天),以之为有"大儒之效"(《荀子·儒效》),甚至就是儒家的(真正)创始人:"《荀子·儒效》称周公为大儒,然则儒以周公为首。《周礼》云:'师以贤得民,儒以道得民。'师之与儒,殆如后世所称经师人师。'师以贤得民'者,郑注谓以道行教民。'儒以道得民'者,郑注谓以六艺教民。此盖互言之也。"①

一、"六经"作者

师儒互言,固然也,但这只是说了"儒"之初等义,而周公之为大儒,远非"师"可比。也就是说,儒从最初的襄礼、文书、师授的"小人之儒",经文王、周公和孔子的改造,成为"君子之儒",其志已非"教民"可比。但孔子之后,"儒"主要注重教化这一方面,而忽视了更为重要的天下"事功",也许是一种倒退。这种倒退虽然与孔子有德无位和当时的礼崩乐坏有关,但绝非孔子所愿,而是后人单纯尊孔同时贬抑周公所致。毕竟,孔子一直想恢复周公所创立的一切,难怪后世文献直接把《论语·阳货》中的"如有用我者,吾其为东周乎"改写成"如有用我者,吾其为周公所为乎"②,也就认定了周公代表着东周,而孔子的事业无非继承或仿效周公。刘宗周在阐释"郁郁乎文哉"(《论语·八佾》)一句时,也说:"郁郁之文,周公尝用之以治天下,为万世宪。其在学者,则由'六艺'之通而推之于六行,成之于六德,以达于圣人之道,立万世之儒矩焉,则孔子之文是也。故曰:'文王既没,文不在兹乎。'"③苟无周公所传之文,则六艺、六行、六德和圣人之道何以可能?孔子万世儒矩之文又何以生焉?

在其他传世文献中,人们也能够找到很多材料,说明周公在当时的巨大影响力,也说明孔子入周公之庙何以"每事问"(《论语·八佾》)了。最著名的当属韩宣子(几乎与孔子同时代),据《左传·襄公二年》,晋国大夫韩宣子适鲁,"观书于大史

---

① 章太炎:《章太炎国学讲义》,北京:海潮出版社,2007年,第175页。
② 王通撰,张沛校注:《中说校注》,北京:中华书局,2013年,第58页。
③ 刘宗周:《论语学案》,见吴光主编《刘宗周全集》(第1册),杭州:浙江古籍出版社,2007年,第296—297页。需要特别注意的是,刘宗周(尤其在《论语学案》中)大量谈及"治天下",这应该就是他理解孔子及其思想的要点,与心性之学已然判若天壤。

氏, 见《易象》与《鲁春秋》, 曰: '周礼尽在鲁矣。吾乃今知周公之德, 与周之所以王也。'"①。韩宣子仅仅通过观书, 即《十翼》和《春秋》就断定当时天下只有鲁国保存了周公之礼, 亦可推知周公的余泽对鲁国和孔子的直接滋养之功。《孔子家语》这部孔子自家之书, 虽由后人汇集, 当不至于污蔑先人, 把《左传》以及一些故老相传的故事串联起来, 刻画了孔子"观周"之行, 即"问礼于老聃, 访乐于苌弘, 历郊社之所, 考明堂之则, 察庙朝之度"②, 最后发出了与韩宣子一模一样的赞叹。请注意, 这里是孔子本人的评价。

韩宣子称周公之德, 辩者甚众, 儒者多化之而小之, 然皆不能从根本上否认这则材料, 也丝毫不能否认周公有贤德这个事实, 更不能否认孔子对周公的景仰。但韩宣子看到了《鲁春秋》, 这就刺激了今文家的神经, 以为《春秋》早已有之, 不再为孔子所作, 有伤夫子圣名。即便杜预较为温和的解释也显得有些离谱:

> 韩子所见, 盖周之旧典礼经也。周德既衰, 官失其守, 上之人不能使《春秋》昭明, 赴告策书, 诸所记注, 多违旧章。仲尼因鲁史策书成文, 考其真伪, 而志其典礼, 上以遵周公之遗制, 下以明将来之法。其教之所存, 文之所害, 则刊而正之, 以示劝戒, 其余则皆即用旧史。史有文质, 辞有详略, 不必改也。③

虽然杜预丝毫没有否认孔子之功, 仅仅没有把孔子敬奉为"无中生有"的作者, 但他的做法还是不为今文家所接受。今文家斥其有夺孔子之功以归周公之嫌, 对不起孔子。殊不知, 《鲁春秋》可能就是孔子所"作"《春秋》的原材料, 即杜预所说的"旧典"和"旧史"。韩宣子所见, 无害于孔子之所作, 又何必如此紧张? 当代学者也承认:"杜预尊周公, 亦未为无据。"④理由就在于, 周公之制尽在鲁, 且孔子修《春秋》

---

① 《十三经注疏》整理委员会整理, 李学勤主编:《十三经注疏·春秋左传正义》, 北京: 北京大学出版社, 1999 年, 第 1172—1173 页。

② 杨朝明、宋立林主编:《孔子家语通解》, 济南: 齐鲁书社, 2013 年, 第 125 页。

③ 杜预:《春秋左传序》, 见《十三经注疏》整理委员会整理, 李学勤主编《十三经注疏·春秋左传正义》, 第 9—12 页。

④ 曾亦、郭晓东:《春秋公羊学史》, 上海: 华东师范大学出版社, 2017 年, 第 483 页。但曾亦、郭晓东最终还是认为, 杜预"尊周公以卑孔子, 翻江倒海, 遂成巨谶。诸如此说, 亦为古学者之过也"(同上书, 第 188 页)。

的理论资源甚至具体材料,都来自周公。只不过,正如大多数人(这些人中不乏当代学者)所看到的那样,人们不能据此就像章太炎那样把孔子贬为良史而与马班甚至刘歆同列。

严格意义上的"六经"(甚至六艺)当然出自孔子之手,但岂无先贤之功在焉?康有为早年虽尊周公,但已显现出尊孔抑周的端倪。他既说"六经"皆出于孔子,"而其典章皆周公经纶之迹",又说"诸经皆出于周公,惟《春秋》独为孔子之作,欲窥孔子之学者,必于《春秋》"。① 由此矛盾之言,的确可证明,强行分离周公、孔子,会造成精神上巨大的分裂。康有为后来在《新学伪经考》中对韩宣子的评语颇不以为然,因为它肯定了周公(也是因为这则材料出自《左传》),就断定为刘歆篡乱之条②——凡是与孔子至高无上地位不合者,皆刘歆伪造,刘歆的能耐也太大了;反过来说,凡是一切美好的东西,都应该属于孔子——今文家的能耐亦不小。两个"凡是"可见教条,而廖平就持这种"凡是论",曰:

> 故凡与尊孔相难之邪说,上悖祖宗之功令,下乖世界之定理,学者当视为洪水猛兽,深恶而痛绝之者也。③

孔子当然是万世圣人,但尊孔者非得要干掉尧、舜、文王、周公,才能够保住孔子的圣人之位吗?孔子本人在政治和文教方面的"事功"还不足以保证他的圣人头衔吗?以剿灭先圣来维护孔子,如果这还不能说明儒家仁德忠恕的教导在他们身上完全没起作用(他们的儒家身份很可能只是一层伪装),那么肯定足以表明他们的自私、心虚或不自信。

周公在文教经典的整理、删改、传播方面或许不如孔子的功劳大(孔子的这些工作当然也可以称为"作"),但周公在源头上对礼乐乃至经典的奠基之功亦不可抹杀,甚至在传世文献中,这些经典都与周公直接相关,甚至干脆就是周公所作——这似乎也太

---

① 康有为:《教学通义》,见康有为撰,姜义华、张荣华编校《康有为全集》(第1集),北京:中国人民大学出版社,2007年,第38—39页。

② 康有为:《新学伪经考》,见康有为撰,姜义华、张荣华编校《康有为全集》(第1集),第463页。

③ 廖平:《论立德立功与立言之分》,见舒大刚、杨世文主编《廖平全集》(第11册),上海:上海古籍出版社,2015年,第763页。

夸张了一些。不过,人们在文献不足征的情况下,也没有必要完全否定周公在文教典籍方面的功劳。

诸经之中,《仪礼》和《周礼》通常视为周公所作,大概是其制礼作乐以致太平之迹的基础,这种说法既有附会的色彩,也多多少少符合周公的实情。《仪礼注疏》多次说"周公作经",不是说各经皆为周公所作,但至少笃信《仪礼》出自周公之手。朱熹用其最喜欢说的"盛水不漏"(《朱子语类》卷六十七)盛赞《周礼》《仪礼》的广大精密,既为一代之法,亦为万世政治之基。但朱熹较为谨慎,"谓是周公亲笔做成,固不可,然大纲却是周公意思"①。即便不是周公亲手写就,但出于周公的意思,在古代的著述传统中也算得是周公所作了。更不用说,具体的制度规范本为周公所定,《周礼》作为其实录,周公当然享有"著作权"。因此,当后世有人(如胡五峰父子)怀疑《周礼》是王莽让刘歆伪造以助其篡位时,朱熹坚决反对,明确说"《周礼》是周公遗典也"②。总之,《周礼》既可以说周朝之礼,也可以说周公之礼。元朝初期丘葵(1244—1333 年)的话较有代表性。他说:"《周礼》一书,周公为天地立心,为生民立命,为万世开太平之书也。……盖程、张、朱氏之学,周公之学也,故能得周公之心,而是书实赖以明矣。"③

《诗经》开篇即《周南》,既指地方,也与周公密不可分,甚至有人认为包括《召南》在内的正风之作,亦多出自周公之手。程子即曰:"且'二南'之诗,必是周公所作,佗人恐不及此。"④程子甚至认为《小雅》中的一些篇章,比如《鹿鸣》和《六月》,讲的是燕群臣和劳戌卒之类的"国之常政",亦恐是周公所作。汉儒更把《豳风·七月》《豳风·鸱鸮》《小雅·常棣》《大雅·文王》《周颂·清庙》《周颂·时迈》《周颂·酌》归在周公名

---

① 朱熹:《朱子语类》卷八十六,见朱熹撰,朱杰人、严佐之、刘永翔主编《朱子全书》(第 17 册),上海:上海古籍出版社,合肥:安徽教育出版社,2002 年,第 2912 页。《周礼》细碎处固有疑问,但朱熹也承认非圣人不能为之。《大学衍义补》卷七十五有较为稳妥而详细的分辩,见丘濬《丘濬集》(第 3 册),周伟民等点校,海口:海南出版社,2006 年,第 1183 页。

② 朱熹:《朱子语类》卷八十六,见朱熹撰,朱杰人、严佐之、刘永翔主编《朱子全书》(第 17 册),第 2912 页。

③ 丘葵:《周礼补亡自序》,见黄宗羲著,沈善洪主编《黄宗羲全集》(第 5 册),《宋元学案》卷六十八,杭州:浙江古籍出版社,1992 年,第 703—704 页。

④ 程颢、程颐:《二程集》(全四册),王孝鱼点校,北京:中华书局,1981 年,第 40 页、第 229 页。有人认为"二南"为周文王所作,程子亦不同意,而认为周文王只是附录,以之为佐证而已,表明古人有行之者。但朱熹对此有所保留,见《朱子语类》卷八十一。

下。这些解释看上去颇为牵强①,但也未必没有一定的道理和依据,否则何以名为《周南》呢? 此外,与《诗经》相关的各种乐,其中就包括《勺》等都是周公所作②,甚至通常归在武王名下的《武》或《大武》也往往划分给了周公③。这一类夸张的附会,其道理可能在于,诗乐一体,皆为礼也,正符合周公制礼作乐的定论。

《尚书》多言周朝初年的故事,其中某些篇章直接为周公手笔之遗存,比如《金縢》《大诰》《多士》《无逸》《君奭》《立政》《周官》《酒诰》等,这些记载当然需要甄别,更需要特别解释。《尚书》的文本本来就是今古文之争的重灾区,即便撇开这一点不谈,书中涉及的故事极为久远,文辞十分古奥,其中的真伪问题长期争论不已,也有一定的客观因素在。不过,如果不考虑《尚书》的今古文之别,也不谈周公所作的究竟是"周官"这种制度,还是《周官》这篇文章,那么人们大约可以说,《尚书》无论如何都与周公有莫大的关系,其中所记的不少话语的确可能出自周公之口,书记官就以之为周公所作,这种说法大体上也可以接受。

《周易》成书,历经伏羲氏画卦,文王重卦而为卦辞,周公作爻辞,孔子系十翼——这大概是历代学者基本上公认的结论。朱熹如下的说法表达了一位顶尖学者应有的谨慎:"彖辞文王作,爻辞周公作,是先儒从来恁地说,且得依他。"④没有必要在这些问题上浪费时间,但听先贤教诲便是。不问可知,今文家必然对此大加攻伐,归根结底一句话:"西汉以上,无周公作经之说;东汉以下,以周代孔。"⑤与此相比,朱熹的弟子兼女婿黄榦(1152—1221 年)如下的判词显得更为恰当:

> 周公系《易》爻之辞曰:"敬以直内,义以方外。"曰敬者,文王之所以制心也。
> 曰义者,文王之所以制事也。此武王、周公之得统于文王者也。至于夫子,则曰:
> "博学于文,约之以礼。"又曰:"文行忠信。"又曰:"克己复礼。"其著之《大学》曰:

① 姚际恒《诗经通论》、崔述《崔东壁遗书》和方玉润《诗经原始》等皆有考论,多疑为伪。

② 《汉书》卷二十二《礼乐志》,《风俗通义·声音》,按: 似即《周颂·酌》。

③ 《庄子·天下》、《吕氏春秋·古乐》和郑笺《周颂·武》。

④ 朱熹:《朱子语类》卷六十七,见朱熹撰,朱杰人、严佐之、刘永翔主编《朱子全书》(第 16 册),第 2213 页。另参见《史记·孔子世家》。

⑤ 廖平:《尊孔篇》,见舒大刚、杨世文主编《廖平全集》(第 2 册),第 1004 页。另参见第 1 册,第 117 页、第 124 页、第 177 页;第 2 册,第 582 页;第 3 册,第 1237 页、第 1265 页;第 5 册,第 386 页;第 11 册,第 472 页、第 640 页。

"格物、致知、诚意、正心、修身、齐家、治国、平天下。"亦无非数圣人制心制事之意焉。此又孔子得统于周公者也。①

先儒从来如此说，绝非刻意贬损孔子。今文家以为"五经"皆为周公所作，似乎就没有孔子的功劳了，这种理解太过偏狭，因为孔子后来的加工、整理而至成形以传世，同样有大功在，甚至不妨说是"新作"，丝毫无损于其圣人地位。今文家所争者，即如今日甚嚣尘上的"原创"或"原生"，实在无趣。当然，古文家和疑古派在这个问题上也偶有今文之风，比如章太炎就认为卦辞和爻辞皆出于文王，而以爻辞为周公所作，其说无据。② 崔述也认为易象爻辞不可定为文王、周公所作，这种说法乃是汉儒根据《史记》《汉书·艺文志》辗转猜度的结果，并无实据。但崔述的态度颇为可取，他不据汉儒而断定为何人所作，也就并不像今文家那样笃定，既然没有明确证据说卦辞、爻辞为周公所作，就一定是孔子所作。③ 其所据《易》历"三圣"中，并无周公在内，但作为前提的"三圣"之说本身还需要证实。④

二、制礼作乐

"六经"是否都为周公所作，这当然是一个需要深入研究的问题，而从经典之于后世的意义来说，这又是一个不必太过在意的问题：惟求泽被而已。简单来说，古文家以为"六经"皆出于周公，显然太过笼统、模糊和浮泛，并没有多少实际的意义，更不能以此否认孔子之功。而今文家显然又走向另一个极端，与古文家犯了同样的错误。无论肯定还是否定，其间都不乏牵强附会之处。比如，后世以为《尔雅》也是周公所作，或者有虚托之嫌，后世学者多有辩驳。《逸周书》卷十《周书序》明确说周公作《成开》《作洛》《皇门》《大戒》《周月》《时训》《月令》《谥法》《明堂》《尝麦》《本典》《官人》《王会》等⑤，其说显然有

① 黄榦：《圣贤道统传授总叙说》，见黄宗羲著，沈善洪主编《黄宗羲全集》（第5册），《宋元学案》卷六十三，第432页。
② 章太炎：《章太炎国学讲义》，第102—103页。
③ 崔述撰著，顾颉刚编订：《崔东壁遗书》，上海：上海古籍出版社，1983年，第221—222页。
④ 皮锡瑞：《经学通论》，周春健校注，北京：华夏出版社，2011年，第18—21页。
⑤ 黄怀信、张懋镕、田旭东：《逸周书汇校集注》（修订本），上海：上海古籍出版社，2007年，第1130页。《逸周书》固有真伪问题（廖平、康有为等今文家斥之为伪书），但其中的一些材料大体上符合先秦的种种传说，也为后世所传颂。

夸张之嫌,却未必都是无稽之谈,因为这些"著作"与周公的"事功"正相匹配。远古不重"著作权",故后世多托先贤之名,这种情况在古代并不罕见,正如谁都不会追究《黄帝内经》是否真为黄帝所作。

所以人们需要注意的是,周公的"事功"之说古已有之,而其制礼作乐更多是讲具体的政治行动,而不是文教经典的创制。也就是说,所谓"周公之典"①,不是指典籍,而是指典章制度。至于周公与"六经"的关系,多为后世学者才开始谈论的话题。比如先秦和汉初的文献很少直接把"六经"与周公联系起来,廖平以为刘歆、王莽之前,经史子集都不提周公作经之说,廖平此言虽有公羊家独美孔子之意,也并非毫无道理和依据。而如果周公之功不在"六经",其实丝毫无损于其伟大,因为他的功劳主要在于为天下制定法则,让中国真正进入政治社会,而(孔子开创的)教化社会也就有了基础。

但周公是否就完全与"六经"无关呢?周公有作经的能力吗?他为什么要作经?周公当然有作经的能力,据说周公每天早上读书百篇(《墨子·贵义》)。而他在治国、平天下的第一线,有着丰富的经验,也需要撰写(包括口述)一些文告,传承先人的优秀经验,纠正当时的错误路线,阐释自己的治国理念。正如丘濬所说:

> 夫自三皇五帝以来,顺风气之宜,因时势之常,制为法度以为民立极,一代有一代之制。盖至周公思兼前王,监视往代,集百圣之大成,立一代之定制。密察而详悉,曲而当,尽而不迁,有以通天下之理,成天下之务,周天下之变。此周公作书之旨也。②

这里主要谈的是周公作《周礼》的主旨,而其他各经或许也多多少少与周公有关系,比如《尚书》诸篇直书"周公作《金縢》"之类,亦不可一概斥之为伪。

当然,周公之志不在作经,其所作者,乃是礼乐大法,而且周公身体力行,他本人就是行政楷模(丝毫不惧流言蜚语)。即便仅凭周公的具体"事功",已完全当得起"圣人"之名,何况他还为万世立法。周公辅武王以克殷,兼夷狄,并诸国,驱猛兽,诛管蔡,

---

① 此语出自《左传·哀公十一年》、《孔子家语·正论解》、《孔丛子·杂训》、《苏轼集》卷四十一和《宋史》卷三百八十六。《国语·鲁语下》作"周公之籍"。

② 丘濬:《大学衍义补》卷七十五,见《丘濬集》(第3册),第1183页。

相成王，建侯卫，营成周，一天下而百姓宁，甚至为了这个目标而不惧非议，践天子之位（最后还政于周），朝诸侯，诛赏制断，并利用这个机会制礼作乐（包括制谥法、建明堂等）①，凡此种种，真可谓功盖前圣，启明后王，为千秋万世之法，古今圣贤恐无出其右者。如果孔子为"至圣"，那么周公就可以称"元圣"。②

难怪《荀子·儒效》以周公为楷模，就在于儒者之效不是某家某派，而是天下，即"因天下之和，遂文武之业，明枝主之义，抑亦变化矣，天下厌然犹一也。非圣人莫之能为。夫是之谓大儒之效"。荀子还讲了一个关于周公的故事，最后阐明周公的目的在于"天下之纪不息，文章不废"（《荀子·尧问》）。尧、舜、禹、汤、文、武之道，又岂仅在文章经典？前引章太炎所谓"岂在制作"③，但周公制作的，的确非同凡响，即如《逸周书·明堂解第五十五》所谓"制礼作乐，颁度量，而天下大服，万国各致其方贿"④——这才是儒家至高无上的目标，即"克明俊德，以亲九族。九族既睦，平章百姓。百姓昭明，协和万邦"（《尚书·尧典》）。儒家的理想在于"化民易俗，近者说服，而远者怀之。此大学之道也"（《礼记·学记》），那么周公而非孔子才是真正的大学者、大圣人。

如果孔子作《春秋》而乱臣贼子惧，可谓为后世立法，那么周公既通过言传（作经），又凭借身教（"事功"），为万世制定规范——这样伟大的奠基工作也非周公而不能为，因为他集天时、地利、人和等因素于一身。因而孔子的确只是传周公者，还可能不是传了全部（有客观原因）。简言之，周公之功在于"建皇极"，有如千古之"洪范"。周公虽

---

① 诸功可参见《孟子·滕文公》《淮南子·氾论训》《礼记·明堂位》《韩诗外传》卷七、《尚书大传》卷三和《新语·无为》等，可谓不胜枚举。

② 丘濬：《大学衍义补》卷八十二，见《丘濬集》（第 3 册），第 1273 页。章太炎虽抵抗而尊周公，但也不认可"周公元圣"之说。他在 1906 年 8 月写给刘师培的书信中批判廖平，但也说："周公在古未有元圣之名，《逸周书》言元圣武夫，非指周公。为说称周公为元圣者，始于时文家之破题耳。"（章太炎：《与刘师培书》，见汤志钧编《章太炎政论选集》，北京：中华书局，1977年，第 282—283 页）不过，我们可以借此以为说。但在宋真宗大中祥符元年（1008 年），孔子被追谥为"玄圣文宣王"，后因避讳而改为"至圣"。一般而言，在中国古代典籍中，比如《庄子·天道》《淮南子·齐俗训》《抱朴子·微旨》《文心雕龙·原道》，"元圣"或"玄圣"不是某个人的专用头衔，而是一种尊称。

③ 章太炎：《今古文辨义》，见上海人民出版社编，马勇整理《章太炎全集：太炎文录补编》，上海：上海人民出版社，2017 年，第 202 页。

④ 黄怀信、张懋镕、田旭东：《逸周书汇校集注》（修订本），第 716 页。

为诸侯和臣子,然就"皇极"而言,"建之最备,其极最大,故天下之言治者归于周"①。在叶适看来,周公高于孔子乃至后世圣贤(所谓后王)的地方就在于:

> 治教并行,礼刑兼举,百官众有司,虽名物卑琐,而道德义理皆具。自尧舜元凯以来,圣贤继作,措于事物,其该洽演畅,皆不得如周公。不惟周公,而召公与焉,遂成一代之治,道统历然如贯联算数,不可违越。②

试问,"治教并行,礼刑兼举",千百年来何人及之?叶适这种看法直接来自张载的《正蒙》,殊为正统,当然符合道统。③换言之,就连理学家也都认识到周公在立法方面的千仞眼界和千古功德。张载曰:"圣人立法,必计后世子孙,使周公当轴,虽揽天下之政,治之必精,后世安得如此!"④这里虽然是在讨论封建之利弊,亦可由此而推知周公之德。凌廷堪则在特殊场合对周公夸耀得更厉害:

> 非禹治水,则后世将无人;非周公制礼,则后世将无人伦。……惟生人之有性分,受之于天。非公之制礼分,孰知其原? 至矣! 至矣!⑤

大概仅凭这一点,周公几乎可以垄断古语"作"这个字。换言之,从最严格的意义上来说,可能只有周公才当得起"作者"的头衔,因为:

> 周公则不惟为法于天下,而《易》《诗》《书》所载,与夫《周礼》《仪礼》之书,皆可传于后世。⑥

---

① 叶适:《水心别集》卷七《皇极》,见《叶适集》(全三册),刘公纯、王孝鱼、李哲夫点校,北京:中华书局,1961 年,第 729 页。
② 叶适:《习学记言序目》(全二册),北京:中华书局,1977 年,第 738 页。但牟宗三对此颇不以为然,足见现代新儒家(尤其牟宗三)的偏颇。牟宗三:《心体与性体》(上册),台北:联经出版事业股份有限公司,2003 年,第 254—256 页。
③ 张载:《张载集》,章锡琛点校,北京:中华书局,1978 年,第 402 页。
④ 张载:《经学理窟·周礼》,见《张载集》,第 251 页。
⑤ 凌廷堪:《拜周公言》,见《凌廷堪全集》(第 3 册),纪健生校点,合肥:黄山书社,2009 年,第 41 页。
⑥ 熊禾:《勿轩文集》,见黄宗羲著,沈善洪主编《黄宗羲全集》(第 5 册),《宋元学案》卷六十四,第 494 页。

《逸周书·官人解》记载了周公向成王讲用人之道，不仅注重礼仪制度，而且注重心性建设（礼仪本来就不是没有目的的），而《逸周书·本典解》还详细阐述了周公在"智、仁、义、德、武"等方面的选士要求。无论是政治制度还是道德教化抑或经典制作，周公至少在形式上涵盖了儒家化了的孔子。当然，这样说并不是要否认前面的尧、舜和后来的孔子，只不过人们可能需要像后世儒生尤其今文家那样放大"作"的内涵。

从某种意义上来说，周孔之变的焦点可能就在各方对"作"的理解上。一般而言，人们都认可"作者之谓圣，述者之谓明"①，无论作述，皆为人世恩德，然亦似有不同（甚或高下）。那么，哪些人可称"作者"？显然不是《论语·宪问》所说的那些避世、避地、避色、避言的隐士，即郑玄和王弼所理解的伯夷、叔齐和柳下惠等人，至少也当如张载所谓"伏羲、神农、黄帝、尧、舜、禹、汤，制法兴王之道，非有述于人者也"②，即为万世立法的"大制作者"。

夫子既已自称"述而不作"，固有自谦之意，亦未始不是形格势禁下实在的陈情。朱熹注曰"其事虽述，而功则倍于作矣"（《四书章句集注》），以夫子折中为集群圣之大成，毋乃强为说辞乎？其实，儒门内部对此早有定论，不是后世吹捧者所能遮掩的，比如皇侃就说：

> 述者，传于旧章也。作者，新制礼乐也。孔子自言：我但传述旧章，而不新制礼乐也。夫得制礼乐者，必须德位兼并、德为圣人、尊为天子者也。……孔子是有德无位，故"述而不作"也。③

如果皇侃还有玄学之风，不算"醇儒"，那么据称为孔子嫡孙所作的《中庸》，也有几乎同样的看法。孔子在《中庸》里"亲口"说："非天子，不议礼，不制度，不考文。……虽有

---

① 参见《礼记·乐记》《汉书·礼乐志》《文心雕龙·征圣》等。

② 张载：《正蒙·作者》，见《张载集》，第37页、第319页。这里再次显现出《论语》编纂者的见识的确太过有限：以隐者为作者，绝非夫子之意。

③ 皇侃撰：《论语义疏》，高尚榘校点，北京：中华书局，2013年，第153页。汪荣宝：《法言义疏》（全二册），陈仲夫点校，北京：中华书局，1987年，第164页。皇侃的这个说法与章学诚几乎一样。章学诚著，叶瑛校注：《文史通义校注》，北京：中华书局，1985年，第131页、第170页。章学诚著，王重民通解，傅杰导读，田映曦补注：《校雠通义通解》，上海：上海古籍出版社，2009年，第75页。

其位,苟无其德,不敢作礼乐焉。虽有其德,苟无其位,亦不敢作礼乐焉。"故而夫子明确表示自己只能学周礼而从周焉。周公曾摄天子之位,才有资格"作"。

孔子的加工整理当然也算"作",他的工作亦丝毫不容忽视,因为孔子承接包括周公在内的先圣,最终让文教事业得以成形。借用《荀子·正名》中的话来说:"今圣王没,名守慢,奇辞起,名实乱,是非之形不明,则虽守法之吏、诵数之儒,亦皆乱也。若有王者起,必将有循于旧名,有作于新名。然则所为有名,与所缘以同异,与制名之枢要,不可不察也。"这番描述完全适用于孔子。孔子所处的时代礼崩乐坏,他起而振之,遂使道统不绝,而且他还在循旧之外有新作,尽管名称多为先圣所创,但实质已为他所因革损益,从而赋予新的内涵。所谓"王者之制名,名定而实辨,道行而志通,则慎率民而一焉"(《荀子·正名》),也同样可以用来说有德无位的"素王"。只不过人们需要记住,"六经"之制整体上恐怕不能与万世之法相提并论,毕竟周公之制虽然主要在礼,但礼"则以观德,德以处事,事以度功,功以食民"(《左传·文公十八年》)。周公之礼涵盖道德和"事功",又岂能仅以所谓外在的制度论之?

三、立教立法

周公为政治立法,而孔子为文教立法,两者没有高低之别。但周公制礼作乐,完成政治建设,为文教的开发奠定了基础。因此可以更准确地说,周公立法,孔子立教。而周公所为,实际上也是立教。因此,古文经学和今文经学数千年的争斗,即究竟是"法先王"还是"法后王",尊周公还是尊孔子,其实可以休矣。在孟子那里,周孔并称,不分轩轾。王通亦曰:

> 吾视千载已上,圣人在上者,未有若周公焉。其道则一而经制大备,后之为政,有所持循。吾视千载而下,未有若仲尼焉。其道则一而述作大明,后之修文者,有所折中矣。千载而下,有申周公之事者,吾不得而见也。千载而下,有绍宣尼之业者,吾不得而让也。[①]

---

① 王通撰,张沛校注:《中说校注》,第58页。丘濬:《大学衍义补》卷七十五,见《丘濬集》(第3册),第1179页。

　　此虽为文中子之夫子自道，也是为周公之道张本。总体而言，周公为政而孔子修文，相互发明，缺一不可。即如阮逸为文中子《中说》撰写的序言所说："周公，圣人之治者也，后王不能举，则仲尼述之，而周公之道明。仲尼，圣人之备者也，后儒不能达，则孟轲尊之，而仲尼之道明。"①而丘濬把两人的关系说得更清楚：要学尧、舜、禹、汤、文、武、周公之道，必须自孔子入②，否则前圣何从学焉？由此看来，章学诚所谓"周公集群圣之大成，孔子学而尽周公之道，斯一言也，足以蔽孔子之全体矣。'祖述尧、舜'，周公之志也。'宪章文、武'，周公之业也"③，虽过誉周公，亦非全无凭据，而且章学诚也没有把周公捧为"教主"。

　　实际上，与真正的尧、舜之道比起来，周公、孔子都只是"教"而已（吴兢《贞观政要·慎所好》），两人一致，更不必分个短长。进言之，无论尊孔贬周，抑或相反，其实都不好，因为真正"生"而弗有、"为"而不恃的，是天道。四时行，百物生，天何言哉？在天道面前，无论周公、孔子，皆为桥梁，都不是真正的"作者"，还有什么好争论的？凡俗之辈津津于排班论次，褒贬圣贤，切断天道思想之流，可谓愚不可及也。

　　前引章学诚以为周孔之别，在于"时会使然"，因而并不能说孔子逊于周公。陆九渊亦曰："人情物理之变，何可胜穷，若其标末，虽古圣人不能尽知也。稷之不能审于八音，夔之不能详于五种，可以理揆。夫子之圣，自以少贱而多能……伏羲之时，未有尧之文章，唐虞之时，未有成周之礼乐。非伏羲之智不如尧，而尧、舜之智不如周公，古之圣贤，更续缉熙之际，尚可考也。"④王阳明也有类似的说法：

　　　　周公制礼作乐以示天下，皆圣人所能为，尧、舜何不尽为之而待于周公？孔子删述"六经"以诏万世，亦圣人所能为，周公何不先为之而有待于孔子？是知圣人遇此时，方有此事。⑤

周公的制礼作乐与孔子的删述"六经"，皆为大功德，因时而异，何来分别？故隋唐

---

① 王通撰，张沛校注：《中说校注》，第 1 页。

② 丘濬：《大学衍义补》卷七十七，见《丘濬集》（第 3 册），第 1207 页。

③ 章学诚著，叶瑛校注：《文史通义校注》，第 122 页。

④ 陆九渊：《与邵叔谊》，见《陆九渊集》，钟哲点校，北京：中华书局，1980 年，第 2—3 页。王畿：《龙溪王先生全集》，北京：北京大学出版社，2016 年，第 728 页。

⑤ 王阳明著，马昊宸主编：《王阳明全集》（全四册），北京：线装书局，2016 年，第 132 页。

之前，学校并祀周公和孔子，不分高低，"惟兹二圣，道著群生，守祀不修，明褒尚阙"（《旧唐书·儒学上》），因为制作之"圣"与立教之"师"，不过是时代境遇的差异而导致分工不同，以及各自所面临的时代精神或问题大相径庭，又岂有他哉？周公和孔子不是谁作谁述的问题，而是两人同时既在作又在述，如时贤所谓："今古之争的实质在于，古学着眼于殷周间之变革与周公的创制之功，今学则注目于周秦间之变革与孔子的改制之功。周公与孔子，就其踵述前朝而言，斯为'述'；就其垂法后世而言，则为'作'也。"①此说甚妥。

周公、孔子不必分高低，但一定有前后，杜预《春秋左传序》虽为今文家诟厉，其实也只是表达周公、孔子赓续之事，并无抑扬之实。而荀子所言，堪为定论："孔子仁知且不蔽，故学乱术足以为先王者也。一家得周道，举而用之，不蔽于成积也。故德与周公齐，名与三王并，此不蔽之福也。"（《荀子·解蔽》）由此可见，宰我等人所谓贤于尧舜、生民未有，赞颂过头就成为祸害。朱熹甚至认为孔门高足颜回就已经比禹、汤、武更为高明，因为"颜子浑浑无痕迹"（《朱子语类》卷九十三），既然颜子睎夫子而弱后于乃师，宋儒就更愿意把这种了无痕迹的化境归诸孔子，因而孔子比周公高明，也就不在话下——这显然是仅仅从一个方面来看待孔子，而"这样的图像是宋儒塑造出来的"②。

这种单向度的尊孔实际上是害圣而灭道，因为孔子并非不讲"事功"只谈心性，更不是只有制作"六经"之功（可惜后世仅以此为"事功"）。孔子夹谷之会"以君子之道辅其君"（《史记·孔子世家》），讨回三城，为国争光；孔子曾为司空和大司寇，堕三都，诛少正卯，虽真伪难辨，亦事出有因，皆治国之大事。总之，孔子特别注重身体力行，并非后世所尊奉的那个老态龙钟、袖手空谈的无用书生。而本文用以同周公相比较的，正是这样形象单薄的孔子，聊以证所谓"儒家"其实"非孔"（康有为《教学通义》），在这一点上与古文家并无二致——儒家对孔子的单极化处理使得他们的尊孔最终成为一种历史的反讽。

同样，章学诚在另一个方面也走得太远，过分贬低孔子的功劳。"夫子明教于万世，夫子未尝自为说也。表章六籍，存周公之旧典，故曰：'述而不作，信而好古。'又曰：'盖有不知而作者，我无是也。''子所雅言，《诗》《书》执《礼》'，所谓明先王之道以导之也。非夫子推尊先王，意存谦牧而不自作也，夫子本无可作也。有德无位，即无制

① 曾亦、郭晓东：《春秋公羊学史》，第 310 页、第 478—480 页。
② 杨儒宾：《异议的意义：近世东亚的反理学思潮》，上海：上海古籍出版社，2019 年，第 198 页。

作之权。空言不可以教人，所谓无征不信也。"①章学诚太过拘泥于孔子的有德无位，认为孔子在"说"和"作"方面似乎无所贡献，与孟子笔下的三子（以及后来的今文家）极力尊孔，实为两个针锋相对的极端，皆偏执一隅，愎而不知。

　　当然，周公、孔子皆为圣人，并不意味着他们没有区别，至少在类型上大不相同。人们虽然不可以说周公之德可以涵盖孔子之质，但周公、孔子在文教和"事功"上都称得上完美，而孔子运气和时机都堪称乖舛，只能（或更多地）用心于删述。周公、孔子或无高下之分，却可能有先后、大小、类型之别。即便人们只说周公的政治"事功"（为万世立法），也与孔子的经典文教（为后世立教）在类型上大不相同。儒家自己都承认："周公死，圣人之道不行；孟轲死，圣人之学不传。道不行，百世无善治；学不传，千载无真儒。无善治，士犹得以明夫善治之道，以淑诸人，以传诸后；无真儒，则贸贸焉莫知所之。"②程颐此语虽为表章乃兄生前传圣学于千载之后而有继绝之功，也说明周公、孔子不必二分，但不经意间透露出他们的差异：周公、孔子虽均合于圣人之旨，然周公所系乃"道"，而孔孟所传乃"学"。

　　从形式上来看，儒家为孔子所创，"六经"也出自孔子之手（此前有实而无名），但周公是儒家的奠基人。不仅如此，周公还是儒家的形象代言人，因为儒之为儒，不仅在文，更在"事功"，从这个角度来看，周公显然是儒家的真正创建者。再次借用儒家自己人的话来说："圣人于尽人物之性以自尽其性，未尝时刻放过。然子贡说起博施济众，圣人却又推开了，曰：'尧、舜其犹病诸。'盖圣人能必得己所可尽处，而不能必得时位之不可必。博施济众，非有加于'欲立''欲达'之外也，但必须得时得位，乃可为之，合下只有一个'立人''达人'之心而已。"③大圣人的大"事功"必须"得时得位"方能为之，以此可证王阳明和章学诚（以及《宋史》作者）等人的判断不虚。如果非要按照明儒这个标准来衡量，那么孔子也如子贡一样，只是"有一个'立人''达人'之心而已"，但周公无疑因"得时得位"而有堪称十全之功。可见后世所谓"儒家"，因南辕北辙而面目全非矣。

　　笔者并不反对尊孔，丝毫不否认孔子的丰功伟绩，但所有的承认和尊崇都需要一

----

① 章学诚著，叶瑛校注：《文史通义校注》，第 131 页。
② 程颢、程颐：《二程集》（全四册），第 640 页、第 1242 页。
③ 黄宗羲：《明儒学案》卷二十六，见黄宗羲著，沈善洪主编《黄宗羲全集》（第 7 册），杭州：浙江古籍出版社，1992 年，第 705 页。

个合适的度。笔者引用古文家、疑古派和孔门"异端"的观点,不是说笔者就完全认同这些观点,也不是要以这些对立的观点来浇灭人们尊孔的热情,更不是要否认孔子和儒家之于中国的根本意义,而是要更清楚地看到自家的思想和历史。比如,《春秋》等经未必如古文家所谓"周公之垂法,史书之旧章"(杜预《春秋左传序》),亦非完全与周公无涉;同样,夺孔子损益删改之功而尽归于周公,也不公平。

今古两家,各有弊焉。章学诚所谓"教垂空言"(《文史通义校注》)多少有一些偏激,儒门所传当然不都是"空言"(理论),而孔子的志向和一生的行状也远超书斋事业,只是其后学未能深入理解,才把汲汲"事功"的圣人打造成为夫子模样。由此可见,《论语》的编纂颇有问题——历来的绝顶大师往往难以被人真正理解,包括他的学生,他对历史的影响或贡献只能靠自己的著作。可惜的是,孔子"述而不作",虽有编纂和删削,人们从中也能够窥探到他的思想脉络,但他终归没有留下自己的文字,而任由一帮弟子凭借各自的记忆和浅薄的理解力来拼凑其思想的大厦。这里所说的"浅薄"当然只是对于宗师而言,毕竟他的弟子也深知自己"不得其门而入"(《论语·子张》),只能仰止。

但仰止亦不能无休无止,因为真理过度演绎即成谬误,圣人过度尊崇则为神怪妖魔矣。在文化霸权主义凌暴中国之时,极力弘扬孔子及其儒学作为自我庇护的堡垒,不仅无可厚非,也是自存之道。但人们不能总是躲在掩体里消极防御,更不能一味猛攻以求自保。廖平等人就显得用力过猛了,结果其推倒的不是"一时",而是整个经学传统。从某种程度上来说,两汉今古文之争,在19世纪末20世纪初得以重演,章、黄一派和廖、康一派仍然保持了两千年前的旧病,相互攻伐,未能已也。循古者恪守祖训而未能稍有损益,改制者乱名改作而罔顾限度。

两汉今文"非常异义可怪之论"(何休《春秋公羊经传解诂序》)于今非但未减,反而变本加厉。为求新意,以为立名,不惜荒唐作态。何休《春秋公羊经传解诂序》所谓"传《春秋》者非一,本据乱而作,其中多非常异义可怪之论,说者疑惑,至有倍经任意反传违戾者。其势惟问,不得不广,是以讲诵师言,至于百万,犹有不解,时加酿嘲辞,援引他经,失其句读,以无为有,甚可闵笑者不可胜记也。是以治古学贵文章者谓之俗儒"①。传《春秋》者众,多有"非常异义可怪之论",而"失其句读,以无为有,甚可闵笑者不可胜记也",则在为儒门陋相,渠不以为耻,反以为独得孔子圣心也。此为孔子之不幸,亦为中国文化之不幸。

---

① 严可均辑:《全后汉文》,许振生审订,北京:商务印书馆,1999年,第704—705页。

　　因此，人们表章周公，不是要颠覆《公羊传》，并非以周公为止，更不会觉得周公贤于尧、舜。当然，如果尧、舜之功在于"明五刑，典三礼，疏江河，驱虎豹，凡建法立制，都俞咨询，以宜其民者"①，则周公可谓庶几近之。不过，人们的目的还没有狂妄愚蠢到要褒贬圣贤的地步，而是打算结合儒家流变的历史，尤其鉴于当今思想界的现状，重新理解周公，重新思考儒家，重新看待这一切。而人们最切近的目标，仅仅是要恢复一个久已湮没的"事功"传统。实际上，周公、孔子在隋唐时期文教殿堂里的地位不断升降，相互易位，这场思想上的"二人转"即便不是根本意义上的乾坤颠倒，亦说明思想格局和文化品质已然发生不小的转变。

四、结语

　　周孔之变意味着什么？简单地说，就是从"事功"向"空言"（教化）的转变，或者说是从"立功"向"立言"的转变（而两人在"立德"方面皆无二致）；更准确地说，是从"外王"向"内圣"的转变。这两个方面本来是一体两面不可分割的，但儒家自孔子之后就逐步走向内化，与其本旨或初心渐行渐远，终至不识儒家真面目矣。（现代）儒家所谓"内圣开外王"，本身就以逻辑壁垒为前提，当然也就是儒家长期"精神分裂"的产物。现代新儒家或许想弥合"内圣""外王"之间的鸿沟，实际上很可能加大了两者的裂隙。或许，先恢复周公之道，是解决这种分裂的第一步——当然不是最终的结果。正如康有为早年就已深刻认识到的：

> 周公避位，孔子独尊，以"六经"出于孔子也。然自是周公百官之学灭矣。
> 经虽出于孔子，而其典章皆周公经纶之迹，后世以是为学，岂不美哉！……然"六经"之言治虽不宜用，而"六经"之言道则讲之日精，此则全为孔子之学，而不得属之周公矣。后世之民不幸，不得见周公之治，遇官学之全明，在数系末度，蓄息畜藏，备养民之理，称神明之容。后世学者犹幸存"六经"、《论语》，获知理道，此则孔子之功，而非孔子所愿也。
> ……
> 自汉以后，周公之治道扫地，惟孔子"六经"、《论语》之义尚存于人心。惟治既

---

① 陆九渊：《陆九渊集》，第340页。

不兴,则教亦不遍,且无以辅教,而孔子义理之学亦浸亡矣。……作君作师,本分二道,不必强合,反不能精。今复周公教学之旧,则官守毕举。庄子所谓百官以此相齿,以事为常,以衣食为主,蕃息畜藏,老幼孤寡为意,六通四辟,小大精粗,其运无乎不在,外王之治也;诵《诗》《书》,行《礼》《乐》,法《论语》,一道德,以孔子之义学为主,内圣之教也。二者兼收并举,庶几周、孔之道复明于天下。①

笔者不惮辞费引用康有为之言,不是打算比较其前后期思想的变化,而是因为这段话虽为思想史上的正常见解,也的确能够非常贴切地说明笔者的主张,笔者亦不拟求新,但求常识。康有为以及其他今文家以为"六经"皆出自孔子,乃是周孔之变尤其"周公避位"后的事情。"六经"虽出于孔子之手,倘无周公经纶之"事功",孔子作经既无从着手,后世也就无以为学。而如果没有周公之治,则教亦不能兴,因此周公是孔子的前提。戴震也有类似的见解:"圣人贤人之理义非它,存乎典章制度是也。……理义不存乎典章制度,势必流入异学曲说而不自知。"②后世过尊孔子,茫乎周公之德,正有此病,且已乖离孔子的本意,故后学名为尊孔,实非孔子之学。当然,康有为仅仅把"六经"与封建、井田之制相连,似乎也有些狭隘,毕竟"六经"也有超越时空的普遍性在焉。

君师或治教本有分别,不必强扭在一起,更不能以孔代周,以教代治,以德代政,以文代事,否则儒家就可能连他们所批判甚至鄙夷的申韩都不如了。"自管仲、申、商之徒以其术用于世,其规画皆足以为治;然皆倍于道,故莫不有功效而祸流于后世。后世言治者,皆知尊孔氏,黜百家,而见之行事,顾出于申、商之下。天下当积世弛废之余,一旦欲振起之而无所主持,如庸医求治疗,杂剂乱投,欲如申、商一切之术,已不可得矣。"③且不说管仲、申、商是否有效于当时而遗祸于后世,但儒家苟为一尊,尘土百家,且只知夫子之道,以此为治,则名为儒家,实为申韩,甚至文弱于内而昏惑于外,有如庸医而难治弛废之天下,甚至还不如申、商之流——近代中国的命运恰好印证了归有光的判断。

康有为《教学通义》以孔子为"内圣之教",以周公为"外王之治",大体上符合两人

---

① 康有为:《教学通义》,见康有为撰,姜义华、张荣华编校《康有为全集》(第1集),第38页。

② 戴震:《题惠定宇先生授经图》,见戴震著,戴震研究会、徽州师范专科学校、戴震纪念馆编纂《戴震全集》(第5册),北京:清华大学出版社,1997年,第2614—2615页。

③ 归有光:《道难》,见《震川先生集》(全二册),周本淳校点,上海:上海古籍出版社,1981年,第98—99页。

各自的功业。而"六经"虽为孔子之功,却非孔子之愿,实际上孔子更加注重"外王"之"事功"。不过,《论语》《孟子》《庄子》以及后来的诸多经典,都把孔子刻画成"教师"(哪怕是教师的祖师爷甚至"教主"),从而彻底导致"内圣"与"外王"的分裂。周孔之变不是两位圣人思想史地位的变化,实际上乃是中华文明性质的内在巨变,只可惜人们至今对此还没有足够的认识,大概就因为人们一直生活在后儒"内圣化"的传统中而无法超越这种基本而狭隘的立场来思考这个根本性的问题。

"内圣外王"是一个大课题,笔者这里无法展开,仅仅表明基本的态度:"内圣"与"外王"本为一体,分开来说,乃是不得已的方便法门,因而不能过分强调其中一面。具体到周公和孔子来说,既不能像今文家那样过分尊孔,也不能像古文家那样太过激进,都是"偏"见。正如章太炎所说:"《毛诗》、《春秋》、《论语》、荀卿之录,经纪人伦,平章百姓,训辞深厚,宜为典常。然人事百端,变易未艾,或非或韙,积久渐明,岂可定一尊于先圣?……故知通经致用,特汉儒所以干禄,过崇前圣,推为万能,则适为桎梏矣。"[①]内外必须兼顾,周孔皆为先圣,不必定于一尊,更不能"过崇前圣,推为万能",否则就是精神枷锁,更会导致"精神分裂"和文明撕裂。

苟能"内圣""外王"合一,兼收并举,周孔之道自然有望复明于天下,但目前情况特殊,或许需要矫枉过正,就在于康有为所谓"周公百官之学灭矣"!再强调一遍,笔者绝不反对心性教化,只是说不能把这个方面捧得太高,更不能视之为儒家唯一的追求。正如《大学》所列的顺序,格致诚正本质上是修齐治平的基础,后者可能才是根本目标。而笔者重提周孔之变,不敢说补偏救弊,而是要让中华民族的伟大复兴找到更加坚实的基础。当然,这个工作才刚刚开始,尚须有斐君子切磋琢磨,砥砺前行。

---

① 章太炎:《与人论朴学报书》,见刘梦溪主编,陈平原编校《中国现代学术经典:章太炎卷》,石家庄:河北教育出版社,1996 年,第 637—638 页。

新玄学何以必要与可能

——从"玄"与"玄之又玄"本义的再体认谈起

陈建翔[*]

内容摘要："玄"这个字非常深奥、微妙，是解开人生宇宙终极奥秘的钥匙。对这个字的寓意的发掘和理解很重要，它关系到人们如何理解轴心时代圣贤的核心思想，也关系到如何理解中国文化和中国哲学的精髓。老子的"玄之又玄"思想，提供了一种奇妙的叠加结构的人生宇宙观，提示人们一切自然、人生与社会现象，都在叠加态的虚际世界和确定态的实际世界之间往返流通、贯通融合，并且由此形成了"三生万物"的宏观叠加态。在量子理论的背景下重新认识"玄"和玄学，重新理解"玄之又玄"，人们有可能得到不同于前人的认识。古老的玄学，有可能借助量子理论的重新注解而获得新生，变为能够更深刻地理解世界、适应现代生活、拓展人类发展空间、为新文明铺展大道的理论体系。当今时代，在人类面临反思工业化文明遗产、酝酿创建新生态文明的条件下，思想界、教育界有共同的责任来发掘"玄"和玄学的微言大义，建立新玄学，重建人们的人性观和教育观，让中国文化和中国哲学的精神发扬光大。

关键词：玄；玄之又玄；老子；玄学；新玄学

---

* 陈建翔，男，福建省福州市人，北京师范大学教育学部教授，主要研究方向为教育基本理论、家庭教育和"道与教育"。

一、"玄"：不可思议的美学意境

笔者相信，在中国古代很长的一段时间里，"玄"一直是一个深奥、美好的字眼，也是一个优雅、有哲学意义的概念。古之学者在使用这个概念的时候，会有一种特殊的审美意味。

什么是"玄"呢？《说文解字》曰："玄，幽远也，黑而有赤色者为玄。""玄"的本义是"黑色"或者"黑里带红的颜色"，故古代有"玄衣"、"玄马"、"玄禽"（黑色的燕子）、"玄霄"（黑色的云）、"玄旗"（黑色的旗帜）等词语。黑色可以用来印染。《考工记》注："凡玄色者，在　缁之间，其六入者与。"就印染工序来说，玄色是指在染色第五次（为"　"）、第七次（为"缁"）之间，也就是第六次染出来的颜色。

因为是黑色，所以"玄"常常被引申为黑夜；又因为黑色比较深邃，所以"玄"被引申为难以捉摸的深奥之物。

有趣的是，甲骨文里的"玄"字，看上去是平面的、二维的，但实际上它要表达的是一个立体的三维结构：两个链条在旋拧的状态下延伸的一种链接结构，而且是一种有规律的链接，就像 DNA 的链接结构。

"玄"的读音与"旋"相同，这似乎也含有某种玄机。它可能不仅仅代表深邃、寂静和幽远，还隐含了一种三维的状态——螺旋态，隐含了一种旋转延伸的动态特征。

说起"玄"，笔者常常联想起现代物理学中的一个概念——"黑洞"。"黑洞"是美国物理学家约翰·阿奇博尔德·惠勒（John Archibald Wheeler）在一次演说中即兴命名的，它是宇宙空间内存在的一种不可思议的天体，其引力很大，使得视界内的一切物质、能量包括光都无法逃脱。笔者觉得，当初中国物理学家若把它翻译为"玄洞"，似乎宇宙学的味道更浓些。

"玄"的意蕴里包含太多超现实的内容。因为"玄"深奥到无法穷究，超出了人们感知、思维和文字表达的限度，所以谁也没有办法把它说清楚。

就这样，"玄"字一直处在一种惚兮恍兮、朦朦胧胧的境界里，传达着中国人的传统美学特质。

古人心性温润，不但接受这种说不清、道不明的境界，而且品味再三，甘之如饴。现代人可没有这么好的脾气！现代人的思维相对"暴力"一些，这是一种打破砂锅璺到底、鸡蛋里面挑骨头的思维方式，一定要把"玄"挑明了说。挑明了说能怎么说呢？无非给它下一个定义,说"玄"是"超出常人感知的状态"或"超出常理的存在"？ 这就把"玄"说得没有什么意思了。

没有意思还不算太差。现代人注重物质,讲究实用,而且自以为以人类的感知和思维可以对等、覆盖对象的全部客观性,因此,断然容不得类似"玄"这样"超出常理的存在"——这样的存在似乎威胁到人们已经达成的文明规范和教育信条。人们的日常语言常常把"玄"污名化,什么"尽玩玄的""故弄玄虚""玄谈清议",把"玄"归入不切实际,只是空想虚谈,没有现实意义这一类。现在,当人们说起"玄"和玄学的时候,心理上的不屑、排斥和讥讽都会直接以可视化的表情流露出来。

呜呼哀哉! 到底是什么样云谲波诡的历史运数,把本来美好的"玄"直接冰冻,打入冷宫？

这是一个巨大的历史"玄(悬)案"! 在笔者看来,审理这个"玄(悬)案"的价值,关系到人类文明的反思和重建。

从"玄"字的遭遇可以看出不同时代人们的心性状态和审美趣味。"玄"和玄学的污名化,意味深远。它是否意味着当今社会人们普遍进入了一个"自小""自闭""自囚"的境地,是否意味着人们已经习惯了物化、刻板、执着的生活,是否意味着人们不再能够感受和欣赏奥妙无穷的虚无之境,是否意味着一种能够通过虚际世界"与天地并生""与万物齐一"的伟大心性、伟大能力的丧失？ 这些问题值得人们深思。

二、道,是"玄"的

现代人是从哪里了解"玄"的呢？ 主要是从《道德经》里。老子在《道德经》里说,道有"无名,天地之始"和"有名,万物之母"(或者说"始"和"母"、"常无欲"和"常有欲"、"妙"和"徼")这两个"玄":"此两者,同出而异名,同谓之玄。玄之又玄,众妙之门。"

明明白白的是,老子直接用"玄"来界定道。道"玄"互释,道不离"玄","玄"不离道。道,是"玄"的;道,是"无名之玄"与"有名之玄"两种人生宇宙终极奥秘和决定性力量之间的往返流通、双向构建。反过来说,"玄"是理解道的本义,解开人生宇宙终极奥秘的钥匙。

历史上的诸多诠释者是如何理解老子的这个"玄"的呢？

王弼《老子指略》说"玄,谓之深者也",又说"玄也者,取乎幽冥之所出也"。谓

"玄"为"深""幽",是古往今来大多数学者共同的意见,只是略有差异。唐代成玄英说:"玄者,深远之义,亦是不滞之名。"近代林语堂用的表述是"幽微深远"(《老子的智慧》)。现代学者陈鼓应用"幽深"(《老子注释及评介》)来表述;饶尚宽译注《老子》时则说"玄,玄妙幽深"。

也有一些不同的认识。

《老子道德经河上公章句》如此解释:"玄,天也。言有欲之人与无欲之人,同受气于天。"

东晋葛洪《抱朴子》曰"玄者,自然之始祖而万殊之大宗也","夫玄道者,得之乎内,守之者外,用之者神,忘之者器,此思玄之要道也"。葛洪的话说得有点意思! 他说"玄"又在内又在外,又是神又是器。

西汉扬雄《太玄·玄摛》曰:"玄者,幽摛万类而不见形者也。……仰而视之在乎上,俯而窥之在乎下,企而望之在乎前,弃而忘之在乎后。""摛"的意思是"舒展,散布"。扬雄谈"玄","上""下""前""后"都是"玄"。这也非常有意思。

现代哲学家朱谦之在《老子校释》里面讲:"盖华夏先哲之论宇宙,一气而已,言其变化不测,则谓之玄。变化不测之极,故能造成天地,化育万物,而为天地万物之所由出。"[1]在该书里,他还援引了张衡的一段话:"玄者无形之类,自然之根;作于太始,莫之能先;包含道德,构掩乾坤;橐篇元气,禀受无形。"[2]

楼宇烈在《老子道德经注校释》中对王弼的"玄"说做了更多的说明:"王弼认为,'玄'是形容一种'冥默无有'的状态,是不可称谓之称谓。'玄'不同于某一具体事物之名称,而只是对'无''道'的一种形容。"[3]

南怀瑾在《老子他说:初续合集》中,对"玄"做了比较详细的说明:

> 古书的"玄"字,从唐、宋以后,往往与"元"字混用互见,很多年轻人大为困惑。其实,"玄"字是正写,"元"字是替代品,是通用字。……
>
> …… ……
>
> ……如果要追溯有无同体,究竟是怎样同中有异的? 那便愈钻愈深,永远也

---

[1] 朱谦之撰:《老子校释》,北京:中华书局,1984年,第7页。

[2] 同上。

[3] 王弼注,楼宇烈校释:《老子道德经注校释》,北京:中华书局,2008年,第5页。

说不完。所以,在它同体同源的异同妙用之际,给它下个形容词,便叫作"玄"。说了一个玄,又不是一元、两元可以究尽的,所以又再三反复地说,玄的里面还有玄,分析到空无的里面还有空无,妙有之中还有妙有。由这样去体认道的体用,有无相生,真是妙中有妙,妙到极点更有妙处。

但也有不走哲学思辨的路线,只从文字结构的内涵去了解,也就可通它的大义了!"玄"字的本身,它便是象形字,包括了会意的作用。

依照古写,它是 形态,也等于一个环节接连一个环节,前因后果,互为因缘,永远是无始无终,无穷无尽。……①

在上述这些对"玄"的解释中,我们可以看出:其一,"玄"是深远到不能被穷尽的概念;其二,"玄"是无限时空的连接和一体性;其三,"玄"已经被一些人明确规定为世界的本体,例如,扬雄在所著的《太玄》中就直接以"玄"作为宇宙的根源。

总之,"玄"这个字非常深奥、非常微妙,可以说一字里藏着乾坤!对这个字的理解很重要,它关系到人们如何理解轴心时代圣贤的核心思想,也关系到如何理解中国文化和中国哲学的精髓。

笔者注意到黑格尔在《哲学史讲演录》(第一卷)里,对"玄"作出比较特殊的解释,叫作"不可钻入的幽深"②。笔者倒觉得,这一说法有些特别的意味。"玄"的"幽深"大家都有共识,但是这个"幽深"意味着什么?它深到什么程度?大家没有说。黑格尔说,它深到"不可钻入"的程度,这就有意思了!也就是说,"玄"相对于人类的意识和行为,带有否定性和限制性,即带有某种自然为人立法的意思。

三、"玄之又玄":如何去理解一个虚实叠加的人生宇宙

如果只能选择一个关键词来概括《道德经》的精髓,笔者会选择"玄之又玄";如果只能选择一个关键词来概括中国哲学思想的精髓,笔者也会选择"玄之又玄"。"玄之又玄"四个字胜过世界上无数关于本体论、宇宙论、认识论的冗长表述。

---

① 南怀瑾讲述:《老子他说:初续合集》,北京:东方出版社,2021年,第47—48页。
② [德]黑格尔:《哲学史讲演录》(第一卷),贺麟、王太庆译,北京:商务印书馆,2009年,第139页。

人们把"玄"看作人生宇宙的终极奥秘。在老子看来，这个终极奥秘不是一个，而是两个（即"无名之玄"与"有名之玄"），两者之间是往返流通、渗透、双向构建的关系，所以叫作"玄之又玄"。

"玄之又玄"展示的是一个虚实叠加的人生宇宙。这样的人生宇宙应该如何去理解？

（1）"玄之又玄"即"无名之玄"（也称"大玄"）与"有名之玄"（也称"小玄"）的相互关系。

（2）它是两种存在形态、两种尺度、两种规律、两种能量的叠加结构。

（3）它是对立面的统一与互补的结构。

（4）它是同时肯定同时否定的。

（5）它是虚实两个世界的往返流通，其包含的虚际世界指向"无限""无相""无名""无为""无欲"的世界，也就是人类学认知尺度无法到达的世界，这是人生宇宙更具有本体性和根本性的存在和变化之源，也是老子心心念念要恪守的"天下母"。

（6）它通过虚实两个世界（"二"）的往返流通和双向构建，形成某种第三方（"三"）的关系，并由此实现"三生万物"。

人们是否可以这样打开"玄"的部分谜底："玄"之所以为"玄"（玄妙），正是因为它跨越、连接、融合了虚实两个世界，跨越、连接、融合了"无限"与"有限"、"无名"与"有名"、"不可说"与"可说"的境界？

这就是说，道是"玄"的，"玄"是"门"的。老子以"玄"喻道，以"门"喻"玄"（"玄之又玄，众妙之门""玄牝之门""天门开阖"）。"玄"者，虚实叠加也；"门"者，边界（实）与通道（虚）叠加也。"门"之为实，即不可逾越的边界；"门"之为虚，即往返流通的通道。人们经常说"门道"，"门"与"道"并称，是有道理的。老子说："天地之间，其犹橐籥乎！""橐籥"，一开一合之运动也。天地规律，就是一开一合。合，啥也没有；开，应有尽有。

这里想附带讨论一下哲学的基本问题。哲学的基本问题，传统上一般被定义为"思维与存在的关系问题"。现在看来，这样一种定义是有问题的。因为当"存在"只是被思维表达、只是作为思维范畴表达的时候，它依然只是一个概念、一种思维现象，而不是"存在"本身。如此定义哲学的基本问题，只是从概念到概念、从思维到思维，只是思维在自身中的回旋，在对象中的反思——这倒很符合黑格尔的逻辑体系。

那么，哲学的基本问题应该是什么呢？笔者认为，比较准确的表达，应该是人类思维与超出人类思维的"存在"的关系,即不可说、不可思维的"无限""无相"世界与可说、可思维的"有限""有相"世界之间的关系。很显然,这也是老子所说的"玄之又玄"的关系("无名之玄"与"有名之玄"之间的关系,"大玄"套"小玄"的关系)。换句话说,就是宇宙学存在尺度与人类学认知尺度、自然为人立法与人为自然立法之间的关系。

这里,简要说一下三组互释的概念,尝试从不同的角度阐释"玄之又玄"的要义。

(1) 虚际世界与实际世界

首先,"玄之又玄"是一种叠加式人生宇宙论,它提示人们一切自然、人生与社会现象,都在虚际世界与实际世界的叠加态中往返流通、互渗互构、贯通融合。其次,不存在一个单一的与人无关的实际世界;所有的实际世界都以主体、客体相互作用(共轭约定)的方式取之于虚际世界,并且终要回归虚际世界。关于"虚际世界"与"实际世界"这两个概念的分别,是依据宇宙学存在尺度和人类学认知尺度的差别而设立的。实际世界人们都比较熟悉了,就是可以通过人们的经验和概念来理解的世界;虚际世界是指人类学认知尺度之外存在的世界,也可以说是"六合之外"(《庄子·齐物论》)的世界。

(2) 宇宙学存在尺度与人类学认知尺度

那么,宇宙学存在尺度与人类学认知尺度又如何理解呢? 宇宙学存在尺度是人们关于宇宙本来的存在状态("无名之玄")的一种暂时的说法,因为本来的存在状态在人们的认知之外,所以它自然具有虚构性和想象的因素。人类学认知尺度是基于人类感官经验模型化(视觉模型化、听觉模型化等)和概念思维而建立起来的认知模式及其限度,这个尺度无法到达"无名之玄"。人类的感官经验所获得的只是一个构造相,一个被允许的真实;人类的概念系统则充斥着无法避免的虚构性和想象的因素。宇宙学存在尺度与人类学认知尺度之间存在着绝对的不对称性。笔者经常将这个绝对的不对称性称作"对称性大缺口"。为了突出这个对称性大缺口的直观意义,笔者时常会提起"地球的伤疤"——全长约 6 500 千米的东非大裂谷,以及深达万米的马里亚纳海沟。

(3) 自然为人立法与人为自然立法

宇宙学存在尺度,是自然为人立法的依据;人类学认知尺度,则是人为自然立法的依据。自然为人立法与人为自然立法的关系,涉及海德格尔与康德哲学见解的不同倾向性。其实,两者的合题,或者用尼尔斯·亨里克·戴维·玻尔(Niels Henrik David Bohr)的话来说,两者的互补,才可以完全地理解自然与人的关系、天道与人道的关系。将自然为人立法与人为自然立法统一起来,这也是关于"玄之又玄"的另一种说法。

当然，这些说法都比较学术化。

如果说得形象化一点，似乎可以把"玄之又玄"解读为"一个天大的奥秘，又套着一个更大的奥秘"。后一个"奥秘"比"天大的奥秘"更大，更丰富和微妙！

同时，笔者也倾向于以一个具有哲学意味的概念——"尴尬"——来表述这个对称性大缺口的本体论意义。何以言尴尬？尴尬就是人们不得不面临"同时肯定同时否定""脚踏两只船"的窘迫局面。

人们还可以把"玄之又玄"看作太极图中的那对"阴阳鱼"：一条鱼是隐性的，看不见的；另一条鱼是显性的，可以看见的。

笔者也经常用"无限叠加态与有限确定态"等术语来表述"玄之又玄"。

偶尔，笔者还会用"一丝不挂"与"一丝不苟"来描述"玄之又玄"。

极个别的时候，笔者甚至会将其解说为"不负如来不负卿"。当然，这需要特殊的语境。

笔者认为，中华心学"十六字心传"讲"人心惟危，道心惟微"，这个"道心"与"人心"，也可以看作关于"玄之又玄"的一种说法。

老子的整个人生宇宙观，《道德经》八十一章的全部内容，都是围绕着"玄之又玄"展开的。

笔者认为，"玄之又玄"与"天人合一"是等值的表达，都是表达中国文化和中国哲学精髓的最高命题。两个"玄"相互作用，讲的就是天人合一的道理。

至于如何填补两个"玄"之间的这个对称性大缺口，如何克服这个哲学意义上的尴尬，应该是世界上所有伟大的哲学家、科学家无法回避且伤透脑筋的问题。为此，康德动用了"物自体"、"先天综合判断"和"先验想象力"；量子物理学家则提出了"叠加态"、"概率"、"波函数"（"本体论波函数"和"认识论波函数"）、"观测坍缩"、"薛定谔的猫"等设想。至于老子本人，他的主张是"知白守黑""知雄守雌""知子守母""执古之道，以御今之有""孔德之容，惟道是从"。另一位道家大师庄子则用"非彼无我，非我无所取"（《庄子·齐物论》）、"为是不用而寓诸庸"（《庄子·齐物论》）、"达大命者随，达小命者遭"（《庄子·列御寇》）等来阐述两者之间的关系。

四、以"心"解"玄"

"玄"的奥秘，可以视同于"心"，即陆九渊讲的"吾心即宇宙"的那个"心"！

"心"，无比深远！"心"，正如葛洪所说，又在内又在外，又是神又是器；也像扬雄所说，"仰而视之在乎上，俯而窥之在乎下，企而望之在乎前，弃而忘之在乎后"；或如南怀瑾所说，"前因后果，互为因缘，永远是无始无终，无穷无尽"。

这些都是对"心"的描摹。

中国古代圣贤、思想家，还有一些现代学者，认识到了某种本体性、总体性的存在无比奇妙、瑰丽，意识到了它超越万象、超越语言文字、超越个体意识的不可捉摸的奇异特性，也就是妙不可言。但是，大家都没有把那层纸捅破，没有明确将其归于"心"，而只是找了一个具有色彩深度、象征性颇强的"玄"来命名。

不把那层纸捅破，是因为人们虽然意识到了"心"的奇妙，但是不能对它有较为清晰的认识；人们还没有掌握量子物理学所提供的类似波粒二象性、叠加态、不确定原理、波函数、延迟效应、观测坍缩、量子纠缠那样的较为清晰的原理，而突破人类学认知尺度的界限。

对"心"的认识，必须突破人类学认知尺度的界限。

《道德经》讲完"道可道，非常道"，马上就讲"名可名，非常名"，这是为什么？第一个"名"是什么意思？老子说道是"可道"的根源，那么什么是"可名"的根源？现代学者对此大多含糊其辞，鹦鹉学舌跟着老子说，就是一个抽象的"名"。哪里有这样一个"名"呀，不就是"心"吗？只有"心"，才是"可名"的根源！

接下来，《道德经》讲"名"分"无名"和"有名"，也就是"同出而异名"的两个"玄"。在笔者看来，这里的"无名"和"有名"，都是讲"心"。"无名"，相当于"道心"（"心"之体）；"有名"，相当于"人心"（"心"之用）。"无名"和"有名"、"道心"和"人心"的叠加状态及其矛盾运动，构成人生宇宙的基本矛盾和演变机制。

因此，"无名"者，"心"之体也；"有名"者，"心"之用也！

所谓"玄之又玄"，即"道心"与"人心"的叠加状态和相互作用，其实质就是天人合一。

顺便说一下，笔者一直认为，在西方文化里，缺一个很重要的东西，就是"玄"。西方文化没有发展出"玄"的思想。近代以来的西方学者，尤其是英美学者，普遍排斥"玄"。前面说过，"玄"的奥妙是虚实相间。西方学者排斥"玄"，主要是因为"玄"里带虚。缺少"玄"这个东西，使西方学者的思想缺少某种深奥的魅力。西方学者的思想，有时候很宏大、很深刻、很有力、很晦涩，但是缺少一种"不可钻入的幽深"和不可言喻、美好的玄妙性（想一想黑格尔关于"玄"的理解）；西方学者的思想，在敬畏和保护世界的神秘性方面没有形成群体自觉,却不遗余力地祛魅,也就是否定天、地之间有一种人类不可企及的神秘性,认为人类可以"搞定"一切。

西方人后来走向科学的思维路线,(经典物理学)从整体上与玄学背道而驰,以至于形成了两种根本不同的认识世界的基本模式。以笛卡儿、牛顿、拉普拉斯为代表的经典物理学的思维路线,把世界理解成机械、刻板、单一的模式,与东方"玄之又玄"、天人合一的境界渐行渐远。而一百多年来量子理论的惊人突破,在经典物理学之巅峰画出一道漂亮的弧线,反向而行,竟靠近了东方智慧! 这个趋势是多么"玄"啊!

五、玄学何以衰微?

玄学是中国魏晋时期出现的一种崇尚老庄、研究幽深玄远问题的思潮。主要代表人物有何晏、王弼、阮籍、嵇康、向秀和郭象等,多是当时的名士。

玄学的意趣,在于以"三玄"(《道德经》《庄子》和《周易》)思想为骨架,试图从两汉烦琐的经学中解放出来,调和自然与名教的关系。

玄学,看起来很像是老庄哲学的自然传承,但是比起"原生的"老庄哲学,玄学的思想主张在它的"襁褓"里已经有一些"杂质"。随着世降道衰,玄学的"杂质"逐渐演变成沉渣泛起,遮蔽了老庄哲学的光芒。玄学在宋朝后衰败,其余绪分别被理学、心学、禅宗吸收和继承。

大约一百年前,中国发生了"科玄之争",其间主要的两派——科学派与玄学派——各宣其义,论战激烈。这几乎就是玄学作为一种有影响力的思潮在中国文化舞台上最后的惨淡表演。这时候的玄学基本上已经没有老庄哲学的意味。

玄学,为什么在"襁褓"里就出现了问题? 出现了什么问题?

(1)"玄"之本义,乃是"无名之玄"与"有名之玄"之间、虚实两个世界之间、两种根本尺度之间的往返流通和双向构建。换言之,"玄"代表着一种对立统一的关系,由此产生世间万物。而玄学从一开始就没有抓住这个核心,却固执于或"无"或"有"等单向度的主张。玄学内部还产生了许多派别,比如贵无派、崇有派和独化派等,与"玄"的本义("玄之又玄")渐行渐远,变成了"有封之学"。

(2)"道本无名",在"玄"的矛盾关系中,特别注重的是"无名之玄"("无知之玄"),固守对自然之道的敬畏、无知之边界。而玄学开始"有学""有名""有知",名相日渐繁衍,变成了"有名之学"。

（3）老庄之"玄"是人生宇宙之根本，"独立不改"，是"无待"的。而玄学已经学派化，成为有别于其他学派的一支，并且杂糅了诸多儒家经义，变成了"有待之学"。

（4）"玄"作为对道内在的矛盾关系的描述，超越于人相、社会相。而玄学从诞生之初，就与何晏、王弼和阮籍等人的言行举止、风格仪态相联系，变成了"有人相之学"。

以上四点说明，玄学虽然在特定的历史条件下宣传、倡导了老庄之"玄"的实质，但它也包含了诸多"杂质"。这些"杂质"经过许多条件的纠缠、放大，日渐偏离"玄"的本体，以致无法在宋朝之后的学派中立足，更无法与近代的科学相匹敌。

玄学需要革新。玄学的革新需要做两项相辅相成的工作：一者，光复老庄之"玄"的本义；二者，用量子物理学、宇宙学重新诠释"玄"的深意。在这两项工作的基础上，人们有可能创建能够展示新的世界图景，能够为后工业化文明服务的新玄学。

六、何以言新玄学

这个问题极其深远、广博、复杂，笔者只能挂一漏万地试述一二。

（1）新玄学是带着巨大的省略号的整体论哲学，更接近事物的真相。

新玄学是"玄之又玄"的整体论哲学。它在一切"有名"者——分门别类的万物之上，先验地"玄（悬）"着一个"无知之幕"（认知极限）：无边无际的本体之性（"常道"）和本体之相（"可道"）；它的"因果链"以量子纠缠的方式无限延长。就人类现有的确定的认知模式而言，还找不到一种方式可以定义、描述和交流这个"因果链"无限延长的整体事物！人类现有的认知模式的通病，是切割式的、二元对立的、"因果链"狭隘的，是非整体性的。人们迫切需要换大尺度！有没有这个被"无知之幕"（认知极限）虚掩的无限延长的"因果链"，人们感知、观察、言语、交往和实践的方式，人们的生存方式和思维方式，是极为不同的！这就是人们需要新玄学，需要一种全新的"大制不割"的思维方式的根本原因。新玄学带着巨大的省略号，引导人们拥抱事物的整体，引导人们接近事物的真相。

（2）新玄学"负阴而抱阳"，有利于建立统一的人生宇宙观。

信仰与科学的分离，是近代以来人类思维的一个弊端，导致"信"与"知"的隔离。一百年前的"科玄之争"中，"科学能否完全地指导人生"就是一个引发众人激烈辩论的大问题。康德把纯粹理性与实践理性、科学认识论与信仰分离开来，例如他把物自体排除在科学认识论之外而归于信仰的范畴。在未来的新生态文明和道德实践中，人们需要一种将信仰与科学、无限与有限、不确定性与确定性融为一体的双瞳式认知方式（共轭约定）。《道德经》讲："万物负阴而抱阳，冲气以为和。"笔者把这种认知方式称作"信仰抱着科学前行的统一的人生宇宙观"。

（3）新玄学蕴含着"玄思维"（叠加思维）。

在工业化文明的认知规范下，人们形成了单极思维、线性思维的思维模式。人们在同一个思维过程和表达单元中，只能表达某一个有限的时间段的内容，并且只能单一地表达肯定或否定、赞同或反对。但新玄学认同虚实两个世界的双瞳式认知（共轭约定），这就意味着新玄学蕴含着"玄思维"（叠加思维）。"玄思维"不同于人们习惯的单极思维、线性思维，它是立体思维，具有叠加、互补、相互制约、同时肯定同时否定的性质。"玄思维"敞开了曾经封闭的"时间之门"，特别强调在当时、当场的思维对象中，要加入被能量压缩和控制的时间因素，恢复时间演化作为一切思维对象的内在法则——最极致的情况是，把一切思维对象都加上148亿年宇宙演变的全部历史！这样，人们的所思所想，无论是思考宇宙、社会，还是思考人生、教育，都具有了历史的复杂性、丰富性、微妙性和故事性，而不至于走向抽象化、独一化和极化。当人们执着实际世界的时候，虚际世界起否定和制约的作用；当人们执着虚际世界的时候，实际世界起否定和制约的作用，虚实两个世界相拥而舞。

（4）新玄学充分显示了中华文明的诸多特质和优势，提升了人们的文化自觉，增强了人们的文化自信。

新玄学充分显示了中华文明的诸多特质和优势。①天人合一。中华文明强调"人性里面有天性，天性里面有人性"，是天人合一的主体、客体融合的文化。②体用一如。中华文明是体用一如、虚实一如、无限与有限叠加交融的立体文化。③注重内在。中华文明将正心诚意视作修齐治平逐步推进的逻辑之始，注重个体生命内在，并能够通过内在而遍及人生宇宙整体的文化。④大尺度、可转换的时空观。中华文明注重时间结构和历史传承，以时间长度表达空间广度，通过时间演变来表达现实世界的因果，是内秉大尺度、长周期、深度因果的文化。⑤以和为贵。中华文明强调和，以和为贵，是兼容并蓄、翕辟无碍、接受性强、开放度高的文化。⑥以心相应。中华文明在认知模式和交往模式上倾向于以心相应，而不是以知相应。前者指通过心灵感应而得到的整体性的混沌感受，并不特别注重细节；后者指通过共识性知识得到的比较确定的认识，但容易忽略整体性。通过这些方面的昭示，新玄学可以提升人们的文化自觉，增强人们的文化自信。

七、新玄学首当其冲的大问题：工业化文明与工业化教育的极化现象

当今世界存在一个很大的危害和风险，人们称之为"极化"。极化的本义，是无限度地挤压他人的公共空间，极大地扩张自己的势力范围，使他人和弱势群体由于寸步难行、心理窒息而被迫出局。极化不惜摧毁人类在几百年间形成的价值共识，并将其作为极化的工具。极化是现代社会实施极限竞争、对抗、征服的新形式，表现在政治、经济、军事、宗教、科学、意识形态、市场和信息等领域。极化的常规形式就是言说极化。一些个人和社会组织会借助社交平台和网络工具，以振振有词、言之凿凿、不由分说、不容置疑的言语抢占心理高地、理论高地和道德高地，铸词为剑，任意侵占公共的交流空间，使人们在社会交往中无立足之地！人类历史上使用过的所有美好、崇高的词语，例如"自由""民主""平等""爱""信仰""科学""真理""道德""善良""和平""教育"……都可以作为极化的工具；人类在几百年间形成的价值共识面临崩塌的处境。

人类社会出现极化现象，从某种意义上来讲，是工业化文明与工业化教育发展的必然产物。工业化文明本质上是强能量、重物质的文明，在"能量－时间"这一对共轭量上，工业化文明采取了以能量代替时间的模式，极大地发展和利用能量，极大地压缩和控制时间，仅仅用了几百年，就在地球上创造了一个通常需要几百万年乃至上亿年自然演化才可能形成的地质年代——人类纪。

由于时间被极大地压缩，工业化文明之下社会的发展和人的发展都出现了"因果链"的狭隘和刻板。也就是说，在自然界中正常的因果演变的链条被人为打断和切割，代之以刻板的人工逻辑。比如科学，一切可以称作"科学"的东西，都必须如实呈现出自己所探索和证明的事物的因果关系并接受真伪的检验，而这样的因果关系都有一个适用范围的限定性问题。经典物理学固然发现了世界的某些因果关系，但是这些因果关系，就其层次、时空尺度和复杂性而言，是有限度的，一旦放置到更微观或更宏观的层次，放大到量子尺度，其揭示的因果关系就失效了，人们把这种情况称作"'因果链'狭隘"。工业化文明之下科学的研究，由于"因果链"狭隘的问题，而不得不面临频繁的范式转换。

现行工业化教育也是"因果链"狭隘的重灾区。现行工业化教育既不追问教育中

长远的"因"——教育者和受教育者极其深远的人性随着时间演变的历史及其积淀物，也不理会这个"因"所导致的严重的"果"——教育者和受教育者在人际互动中由于"因缘相依、因果相续"形成的进一步加深的文化-心理特质与结构；现行工业化教育只在"微小因果"上有所作为——"你只有好好听课，勤奋努力，才能够满足标准化要求，才能够取得好的成绩"——至于"学习者到底是怎样的一种存在""学习者的真正改变是如何发生的""满足了标准化要求，取得了好的成绩之后会发生什么""学习者进入工业化教育前后失去了什么，得到了什么"类似这样长"因果链"的叩问，工业化教育从来（自它诞生以来）不感兴趣。工业化教育的基因里就没有这样的程序设置。因此，人们有理由提出，现行工业化教育是一种目光短浅、急功近利、狭隘刻板的教育模式；这种教育模式延续数百年一个显著的后果是，人类因为长期接受这样的教育而变得心性浮躁、思维刻板、急功近利、不计长远、自轻自闭。这就是世降道衰的重要原因。

　　工业化文明与工业化教育的极化现象，恰恰是新玄学需要面对和解决的大问题。在新玄学自带的巨大的省略号里，包含着不可思议、不可言诠的神秘性，包含着对虚际世界的信仰、敬畏和知止之心，包含着对言语道断、心行处灭的警觉。新玄学可以通过为人类思维、言说和交流设立人人服膺的绝对命令和禁足之地，为人类生活预留巨大的公共空间，纾解人类走向因欲望膨胀而导致的极化状态，避免人类几百年来形成的价值共识的崩塌，挽救工业化痼疾所产生的文明危机。

八、新玄学如何能够应运而生

1. "玄之又玄"的再发现

　　老子的"玄之又玄"思想是《道德经》的核心，揭示了人生宇宙极其深远玄妙的"叠套奥秘"，是美好的创造，也是人类创建未来新生态文明的思想纲领。不仅如此，老子还提示了"有名之玄"（人类的观察、概念、言诠）受制于"无名之玄"（大自然本身不可思议、不可穷尽的存在状态）。老子认为，"善建者不拔，善抱者不脱"，为此，必须"执古之道，以御今之有"。老子把人类生存、发展的"因果链"提升到天长地久的尺度。当今时代，在人类面临反思工业化文明遗产、酝酿创建新生态文明的条件下，思想界、教育界有共同的责任来发掘"玄"和玄学的微言大义，让中国文化和中国哲学的精神发扬光大！人们将不得不提出这样的问题：是否应该重新解释"玄"和"玄之又玄"？是否存在探索和建立新玄学的必要性与可能性？

2. 对文化"负资产"的清理

在两千多年的历史演变中,后人对"玄之又玄"思想,包括对后来的玄学,有诸多"离道自生"的歧见,甚至将一些市侩的污名加诸"玄"和玄学,使大众闻"玄"生畏,避之不及! 这是多么讽刺啊! 中国文化、中国哲学的标志性成果,人类思想史上一项伟大、美丽的发现和创造,却成为大众嘲讽和畏惧的对象! 这似乎与世降道衰的趋势有某种同步性。对"玄"和玄学的曲解和污名化,是一笔妨碍人们文化认同、文化自信的"负资产",需要正本清源,拨乱反正。

3. "玄之又玄"与量子理论的互释

在量子理论背景下重新理解"玄之又玄",人们有可能得到不同于甚至超越于前人的认识。量子理论对人类最大的贡献是发现和确认了一个"无知的世界",并且描述了一个"无知的世界"与一个"有知的世界"如何混合为互补的统一世界的图景。这可能是源自西方文化的科学思维对东方"玄之又玄"思想的最好诠释。量子理论说明:人类对大自然自身的运动真相和实质的认知,必须基于互补的思想(尼尔斯·亨里克·戴维·玻尔),必须同时运用宇宙学存在尺度和人类学认知尺度,并求得其共轭约定。这就是说,人们以往深信不疑的单一性的人类学认知尺度,无法逾越微观世界遇到的矛盾和障碍,不足以描述大自然自身的运动真相和实质。量子理论在六个方面证实了"无知之幕"(认知极限)的存在以及互补原则的普遍性。

(1)波粒二象性和叠加态。微观粒子有时显示出波动性(这时粒子性不显著),有时又显示出粒子性(这时波动性不显著),这显示出微观世界的叠加现象,这是以往的科学研究未曾遇见的。"叠加态"这一独特的概念为理解无限与有限的内在融合关系打开了全新的视野。

(2)夸克幽闭。夸克是一种微观粒子,也是构成物质的基本单元。夸克不能够直接被观测到或者被单独分离出来,这就是所谓的"夸克幽闭"。人类对夸克的认知,大多来自对强子的观测。这意味着,人类对于物质最基本的单元是无法进行直接观测的,只能在次一级的尺度上进行推测。大自然在最核心、最隐秘的部分,对人类采取了"幽闭"政策。不仅夸克如此,电子也是一样。人类从来没有直接观测过电子。

(3)不确定原理。这表明人们对微观粒子的位置和动量不能同时具有清晰的认识。也就是说,在人类学认知尺度下,人们的认识具有不可避免的抽取性。

(4)波函数坍缩。说明观察者与观察对象具有互动性,观察者的介入总是伴随对微观世界本然状态的扰动,使其发生退相干效应,发生波函数坍缩。这意味着大自然除了呈现可以被人类认知模式把握的面貌，还存在超越人类学认知尺度的方式。

（5）量子纠缠。客观世界自身的运动，人类活动与客观世界的互动关系，都具有一种远距离的鬼魅作用，即量子纠缠的性质。也就是说，互动关系是在整体性中发生的，这超出了经典物理学的定域性，也超出了光速的限定。

（6）参与的宇宙。这是由量子理论的重要旗手约翰·阿奇博尔德·惠勒提出的。他试图说明：人们所了解的宇宙并不是独立于作为观察者的人们之外的存在，而是由观察者的参与所构造的时空图景。参与的宇宙回答了在天、人关系的叠加构造中，人类活动如何处于宇宙变化的整体格局之中，从而极大地拉近了人类跟宇宙的距离。

4. "科玄之争"需要接入一个全新的起点

一百年前的"科玄之争"应该有一个全新的起点和全新的面貌。从现在的角度来看一百年前的"科玄之争"，可以发现，当时所讲的"科"也好，"玄"也好，都不完全是名副其实的，都失之肤浅，且有冒名顶替之嫌。这也正是"科玄之争"未能深刻影响中国社会文化变迁的原因。就在"科玄之争"爆发的同时，量子理论横空出世，在经典物理学"城堡"制造了一场"核裂变"。这场"核裂变"对于"科玄之争"有双向的意义：一方面，它掀翻了经典物理学视为圭臬的还原论、决定论的立场；另一方面，它对老庄之玄学提供了全新的注释。玄学需要变革，科学也需要范式革命。令人惊讶的是，量子理论所引发的科学范式革命，使科学进程奇妙地拐了一个大弯，居然悄悄地挖通了微观世界的神秘隧道，并通过它与中国"玄之又玄"的世界观达成了某种契合！

5. 重新思考人性观和教育观

就当下社会的现实而言，在人们关于人生宇宙的认知偏差里，突出的矛盾就是"人性自小"——将人性与大千世界隔绝，背弃人性中固有的天性，而执着于人们的感官经验和有限的知识所限定的现实人。"人性自小"与"人为物役"高度相关，同时得到了制度化、工业化教育体系的强化。

最近几年，教育界热衷于讨论"如何做自己""如何做最好的自己"。到底什么是"自己"（"人自己"）？两千多年前，苏格拉底就把"认识你自己"当作哲学思考最重要的任务。"认识你自己"这个课题，不是一般的课题，而是要面对极其复杂的历史叠加态。

老子"玄之又玄"的宇宙观，同时也是"玄之又玄"的人性观、"玄之又玄"的教育观。"自己"，首先是"无名，天地之始"——一个不可穷尽的"无名之玄"。也就是说，它是一个巨大的历史叠加态、无数种可能性的总和。"什么是自己"这个问题，包含的内容：它是无法言说的，它不是确定态；只要一言说，就加入了人们的观察和判断，叠加态就坍缩了，它就不是它"自己"了！

既然如此，人们就要给"自己"先腾出一个巨大的空间——每一个"自己"本来就属于这个深不可测的历史源头，本来就来源于虚际世界。每一个"自己"本质上都是一个无限可能性的集合，不仅是现实生活与社会关系的总和，而且是整个自然演变史与文化演化史的总和，是现实和历史这两个总和相互作用和转化的过程。

"自己"的不可定义，根源于人性中既有一种以不变应万变的能力，又有一种以万变应万变的能力！尤其是孩子，原本具有灵性，他们最怕被定义！周敦颐在《爱莲说》里面讲"可远观而不可亵玩焉"。周敦颐说的既是莲，也是宇宙，也是人，更是教育！周敦颐是一位哲学家、教育家，他借莲来讲他的人生宇宙观和教育观。对于孩子，最好的教育方式就应该是只可远观，不可亵玩！要尽可能地呵护、保存、养育孩子的"无名的自己"——人性的不可定义性、开放性和叠加态，不要轻易去触犯它。

教育作为人类实践活动的特殊形式，在人的内外、虚实两个世界的沟通中，加速两者同时丰富和完善起来，并达到天人合一的状态。以马克思主义实践观看待，这就是"环境的改变和人的活动或自我改变的一致，只能被看作是并合理地理解为革命的实践"。①

---

① 中共中央马克思恩格斯列宁斯大林著作编译局编译：《马克思恩格斯选集》(第一卷)，北京：人民出版社，2012年，第134页。

"吾道一以贯之"

——《论语》的篇章结构与个体成人之道

刘铁芳*

内容摘要：《论语》的篇章结构看似松散，其间却蕴含着完整而清晰的精神结构，体现着个体成人的生命大道。整部《论语》前半部分以孔子和弟子相与论学为主，重在体验学习之道和相与论学之乐；后半部分则引导弟子向着现实生活打开自我、锻造人格，显现出一种直面现实的冷静。由此，《论语》的篇章结构可谓对《论语》开篇的展开与回应，其间呈现的正是学以成己、推己及人，并在走向社会与历史的过程中臻于自我人格的完善之生命大道。贯穿其间的个体成人之道正是"明明德""亲民""止于至善"。研读《论语》，要立足于片段化的师生言说而把握背后的生命大道，于"形散"之中去触摸那"不散"的"神"，找到个体成人的隐秘路径，进而融入其中，开启中国人的生命大道。

关键词：《论语》；篇章结构；个体成人；精神特质

《论语》作为孔子身后弟子编纂的孔子及其弟子语录的汇集，通常被视为片段化而无序的言论汇集。正如《挲经室集》解释开篇"人不知而不愠"所示："'人不知'者，世之天子诸侯皆不知孔子，而道不行也。'不愠'者，不患无位也。学在孔子，位在天命。天命既无位，则世人必不知矣，此何愠之有乎？……此章三节皆孔子一生事实，故弟子论撰之时，以此冠二十篇之首也。二十篇之终曰'不知命，无以为君

---

* 刘铁芳，男，湖南省桃江县人，湖南师范大学教育科学学院教授，主要研究方向为教育基本理论、教育哲学和古典教育等。

子'，与此始终相应也。"①《论语》的开篇与结尾遥相呼应。当我们寻思着孔子的亲炙弟子或许比我们更懂孔子时，我们就会尝试着理解《论语》的编排并非随意。《论语》的篇章结构看似松散，其间却蕴含着完整而清晰的精神结构，体现着个体成人的生命大道。

一、"多"中求"一"：探寻《论语》背后的夫子之道

皇侃《论语义疏》有云："侃昔受师业，自《学而》至《尧曰》凡二十篇，首末相次无别科重。"②徐醒民记李炳南《论语讲要》时亦言："《论语》二十篇，为鲁论篇数。其中章次，不相联属。"③大多数注释者认为《论语》各有其重点，并未构成一个彼此相属的有机整体。有人提出："但《论语》出自多人的记录，而编纂《论语》之时，无先例可资借鉴，编纂者只是将孔子的弟子记录的简牍收集起来批在一起。看来是收到一批，即串成一篇；再收到一批，再串成一篇。因而这部经典的编排相当混乱。不同的记录者，记录的时间先后错乱，绝大多数没有反映具体的语言环境。"④

我们再来看黑格尔的评论：

> 我们看到孔子和他的弟子的谈话，里面所讲的是一种常识道德，这种常识道德我们在哪里都找得到，在哪一个民族里都找得到，可能还要好些，这是毫无出色之点的东西。孔子只是一个实际的世间智者，在他那里思辨的哲学是一点也没有的——只有一些善良的、老练的、道德的教训，从里面我们不能获得什么特殊的东西。西塞罗留下给我们的《政治义务论》便是一本道德教训的书，比孔子所有的书内容丰富，而且更好。我们根据他的原著可以断言：为了保持孔子的名声，假使他的书从来不曾有过翻译，那倒是更好的事。⑤

在黑格尔这里，《论语》中全然只是"善良的、老练的、道德的教训"。《论语》是否

---

①　程树德撰：《论语集释》（全四册），程俊英、蒋见元点校，北京：中华书局，1990年，第11页。

②　皇侃撰：《论语义疏》，第1页。

③　李炳南：《论语讲要》，徐醒民记，武汉：长江文艺出版社，2011年，《开卷语》第1页。

④　黄瑞云：《〈论语〉的编纂及其特点》，《湖北理工学院学报》（人文社会科学版）2016年第33卷第6期，第52页。

⑤　[德]黑格尔：《哲学史讲演录》（第一卷），第129页。

只是孔子及其弟子言行的无规则汇编,还是其间另有深意?《论语》是否真的如黑格尔所言只是根本不值得翻译的道德常识之简单综合?

我们再回到《论语》之为《论语》的问题。《论语》的"论",是"排比资料,纂辑成编"之意;"语"者,语录也。简言之,《论语》就是孔子及其弟子语录的汇集。班固《汉书·艺文志》在解释《论语》之名的由来时说:

> 《论语》者,孔子应答弟子、时人及弟子相与言而接闻于夫子之语也。当时弟子各有所记。夫子既卒,门人相与辑而论纂,故谓之《论语》。①

这一段记录,前面一句讲《论语》的内容,是"孔子应答弟子、时人及弟子相与言而接闻于夫子之语也";后面一句讲《论语》的编纂方式,包括"当时弟子各有所记"与"门人相与辑而论纂"。前面一句解释"语",所谓"语"就是孔子与弟子的"应答、对谈、言说"②;后面一句交代"论"。这种"辑而论纂"的方式包括三层含义:一是"辑",搜集众弟子忆述的材料;二是"论",讨论搜集来的庞杂的材料的价值,以资取舍;三是"纂",讨论取舍之后,成书之前,还要确定体例,论明宗旨,搭起框架,润色文字,然后才可能出现醇厚多味的著述。③ 由此可知,"论语"实为"辑纂孔子及其弟子语录"之意。《论语》命名,意味着集合与孔子言论行为相关的弟子的回忆和记录,然后讨论其价值上的轻重、正偏、是非、信否,而加以条理化的编纂,这就是《汉书·艺文志》所说的'辑而论纂'的全部真实的含义。"④不难发现,《论语》乃是孔子及其弟子语录的辑纂,在此辑纂过程中,包含着弟子的发现、讨论、选择、编排,以尽可能充分地呈现孔子及其思想的面貌,并非随意堆砌。⑤

---

① 班固:《汉书·艺文志》,北京:中华书局,2007 年,第 329 页。

② 杨义:《〈论语〉早期编纂过程及篇章政治学(上)》,《学术月刊》2013 年第 45 卷第 1 期,第 37 页。

③ 杨义:《〈论语〉早期编纂过程及篇章政治学(上)》,《学术月刊》2013 年第 45 卷第 1 期,第 38 页。

④ 同上。

⑤ 唐代陆德明认为:"夫子既终,微言已绝,弟子恐离居已后各生异见,而圣言永灭,故相与论撰,因时贤及古明王之语,合成一法,谓之《论语》。"(陆德明撰:《经典释文》,上海:上海古籍出版社,2013 年,第 59 页)这里试图道出弟子辑纂《论语》时的心境,一种怀着庄严之心追怀夫子而昭示后人的神圣担当。正因为如此,有人提出:"那种认为众弟子似一盘散沙,并无统一组织,只是随意记录一些回忆片段,以至在不知多少年后由一两个后学搜集编撰的说法,很难说对众弟子视师如父,'三年无改于父之道,可谓孝矣'的心理状态具有'同情的理解'。"(杨义:《〈论语〉早期编纂过程及篇章政治学(上)》,《学术月刊》2013 年第 45 卷第 1 期,第 39 页)这种看法无疑值得重视。

亦如钱穆所言:"语,谈说义,如《国语》《家语》《新语》之类。此书所收,以孔子应答弟子时人之语为主。《卫灵公》篇载子张问行。孔子告以'言忠信,行笃敬',而子张书诸绅。则当时诸弟子于孔子之一言一动,无不谨书而备录之可知。论者,讨论编次义。经七十子后学之讨论编次,集为此书,故称《论语》。"①我们所要做的乃是尽可能充分地从孔子和弟子之"语"以及弟子辑纂之"论"中去理解孔子思想的精髓与弟子辑纂的意图,毕竟他们才是更接近孔子、更可能理解孔子用意之人。

　　孔子曾对曾子说过"吾道一以贯之"②,意在提示曾子领悟其思想的核心,以免流于琐碎的学问片段。孔子也曾提示子贡自己并非"多学而识之者",而是因为"予一以贯之"。③ 这是提示子贡不要停留在表面的博学多才,而要把握背后的生命大道。"'一以贯之'义指整全的遍在,或遍在的统一。对于'一'的解释无法穷尽,通常意义上可以理解为个人有体的完整,言行合一。"④"一以贯之"的问题无疑涉及孔子思想的根本旨趣,《论语》中孔子并未对弟子明示,大抵说明孔子认为"一"本身并非某种确定性的答案,孔子亦不想给予弟子现成的答案,而是激励弟子追求更高的"一"。正如朱熹所析:"圣人之心,浑然一理,而泛应曲当,用各不同。曾子于其用处,盖已随事精察而力行之,但未知其体之一尔。夫子知其真积力久,将有所得,是以呼而告之。"⑤孔子不直接说,本身就意味着他关心的不仅仅是仁德内容的教诲,还有如何经由提示弟子"一以贯之",找到自我不断提升的方式,那就是要超越具体事物而转向更高的"一",由此而使"一以贯之"本身成为个体心灵上升的过程。曾子认为夫子的"一以贯之"之道乃是"忠恕而已矣",无疑是孔子的答案之一,但显然并非孔子答案的全部。⑥ 曾子(公

---

① 钱穆:《论语新解》,北京:九州出版社,2011 年,第 1 页。

② 《论语·里仁》云:"子曰:'参乎! 吾道一以贯之。'曾子曰:'唯。'子出,门人问曰:'何谓也?'曾子曰:'夫子之道,忠恕而已矣。'"(杨伯峻译注:《论语译注》,北京:中华书局,2006 年,第 42 页)

③ 《论语·卫灵公》。同上书,第 182 页。

④ 徐梵澄:《孔学古微》,李文彬译,孙波校,上海:华东师范大学出版社,2015 年,第 152—153 页。

⑤ 朱熹撰:《四书章句集注》,北京:中华书局,2011 年,第 71 页。

⑥ 钱穆云:"《中庸》曰:'忠恕违道不远。'孔子亦自言之,曰:'一言而可以终身行之者,其恕乎?'曾子以忠恕阐释师道之一贯,可谓虽不中不远矣。"(钱穆:《论语新解》,第 90 页)钱穆又云:"曾子曰:'夫子之道,忠恕而已矣。'此后孟子曰:'尧舜之道,孝弟而已矣。'此正可以见学脉。然谓一部《论语》,只讲孝弟忠恕,终有未是。此等处,学者其细参之。"(同上书,第 91 页)忠恕的背后是仁道,"忠恕之道即仁道,其道实一本之于我心,而可贯通之于万人之心,乃至万世以下人之心者"(同上书,第 90 页);仁道的背后则是天道,所谓"天何言哉。四时行焉,百物生焉,天何言哉"(《论语·阳货》。杨伯峻译注:《论语译注》,第 211 页)。

元前505—公元前434年)比孔子(公元前551—公元前479年)小46岁,孔子去世时曾子不过二十六七岁。孔子与曾子谈及"吾道一以贯之"时,曾子应当更年轻,对夫子之道尚处于理智的把握阶段,亦如孔子评价曾子所言的"参也鲁"①(《论语·先进》),尚不足以用整个生命去领会,以把握其间更高的精神旨趣,故孔子提示其打开自我,追求更高的"一"。

显然,"吾道一以贯之",不仅指涉那"一以贯之"的思想或理念本身,而且指涉以"一"来"贯之"的思想过程;不仅涉及个体成人的目标与内容,而且涉及动态的过程与方法。"一以贯之"乃是在"多"中求"一",在"用"中明"体"②,由此而敞开个体生命成长的内在路径,以"一"贯之于个人的学习历程,最终以"一"引导个体生命的整体发展与精神的自我超越。无疑,孔子的思想并非碎片化的道德训诫,其中确实蕴含着某种以"一"贯之的精神走向,进而显现出某种"一以贯之"的精神脉络。亦如程子所云:"读《论语》《孟子》而不知道,所谓'虽多,亦奚以为'。"③研读《论语》,要立足于片段化的师生言说而把握背后的生命大道④,于"形散"之中去触摸那"不散"的"神"。

徐梵澄云:"儒学中有君子,但没有全能的宙斯,没有六天创造世界的上帝,没有被逐出伊甸园的亚当和夏娃。阿祇尼(Agni)、因陀罗(Indra)、阿黎耶门(Aryaman)以及韦陀众神殿中的所有神祇都不存在,更不用说阿胡拉玛兹达(Ahuramazda)和安格罗曼纽(Angromainyous)了。流行的观念认为儒学在本质上是世俗的,或以为儒学仅为一堆严格的道德训诫或枯燥的哲学原则。事实却恰恰相反,儒学在本质上是极具精神性的,亦有难以逾越的高度和不可量测的深度,有极微妙精细处乃至无限的宽广性与灵活性,甚或遍在之整全性。"⑤孔子所处的年代迄今已有两千五百多年,古往今来,质疑

---

① 杨伯峻译注:《论语译注》,第131页。
② 朱熹云:"盖至诚无息者,道之体也,万殊之所以一本也;万物各得其所者,道之用也,一本之所以万殊也。以此观之,一以贯之之实可见矣。"(朱熹撰:《四书章句集注》,第71页)
③ 同上书,第48页。
④ 有人这样说:"像《论语》中,到处是随机指点性的话语,在这儿说两句、在那儿说两句,但是孔子明确地说'吾道一以贯之',这就说明,其思想有非常强的内在体系,问题是后人应当如何把他的思想体系给诠释出来。"(丁为祥:《哲学书院的教与学》,在陕西师范大学哲学书院第四届招生宣讲会上的报告,2021年11月23日)
⑤ 徐梵澄:《孔学古微》,《序》第6页。这里所提到的阿胡拉玛兹达和安格罗曼纽是古波斯琐罗亚斯德教之善神与恶神。

孔子学说的大有人在,但"时至今天,都从未有人怀疑过孔子的精神性"①。换言之,孔子的思想中有着某种引导个体立足现实人世而完成神圣自我的精神特质。② 这提示我们,研读《论语》要超越片段化的师生言说,达于背后的精神旨趣,敞开其旨在个体成人的隐秘路径。

二、《论语》的编排与孔子思想的打开序列

历史上《论语》有不同的版本,皇侃这样谈及:

> 又此书遭焚烬,至汉时合壁所得,及口以传授,遂有三本:一曰《古论》,二曰《齐论》,三曰《鲁论》。既有三本,而篇章亦异。《古论》分《尧曰》下章"子张问"更为一篇,合二十一篇。篇次以《乡党》为第二篇,《雍也》为第三篇,内倒错不可具说。《齐论》题目与《鲁论》大体不殊,而长有《问王》《知道》二篇,合二十二篇。篇内亦微有异。《鲁论》有二十篇,即今日所讲者是也。寻当昔撰录之时,岂有三本之别? 将是编简缺落,口传不同耳。③

汉代桓谭说:"《古论语》与《齐》《鲁》文异六百四十余字。"④尽管有《古论》《齐论》《鲁论》之别,但三者皆本于"一"。"既然文字有所出入,而出入又有限度;既然个别传本篇章略多,而篇次又大体相同,那么它们只能源自战国时期的编定本,而在长期的口授、传抄中出现某些差异。"⑤三者之间并无根本差别,我们以后世通行的《鲁论》

---

① 徐梵澄:《孔学古微》,《序》第 7 页。徐梵澄引用室利·阿罗频多的定义来解析精神性,值得我们体味:"神圣圆成永远在我们之上;但是精神性的含义是要人在知觉性和行为中具有神圣性,并于内中和外部都生活在神圣生命之中;赋予这个词的所有次要含义都是拙劣和不实的。"(同上)这里对精神性的理解,一是侧重其神圣特质,二是凸显其超越性与引领性。

② 孔子仁爱思想中所表现出来的精神性品质,乃是淑世性与精神性的统一,即立足于现实生活而显现出来的精神性。

③ 皇侃义疏,何晏集解:《论语集解义疏》,北京:中华书局,1985 年,第 3—4 页。

④ 桓谭撰:《桓子新论》,孙冯翼辑,问经堂从书,1802 年,第 12 页。

⑤ 杨义:《〈论语〉早期编纂过程及篇章政治学(上)》,《学术月刊》2013 年第 45 卷第 1 期,第 35 页。

论之。①

　　就《论语》各篇顺序而言，有这样一种颇为流行的说法：

　　学而第一：学也者，所以学为圣人也，故《学而》居首。

　　为政第二：学优则仕，故《为政》次之。

　　八佾第三：政之衰僭，乐者为之也，故《八佾》次之。

　　里仁第四：礼乐虽衰于上，而风俗尚清于下，故《里仁》次之。

　　公冶长第五：乡里之仁风成于家庭之雍睦，故《公冶长》次之。

　　雍也第六：家既齐则国可治，故《雍也》次之。

　　述而第七：国卒不得而治，乃有志著述，故《述而》次之。

　　泰伯第八：著述之事，首在表章至德，故《泰伯》次之。

　　子罕第九：让纯乎义，后人之争纯乎利，故《子罕》次之。

　　乡党第十：弭争者须以身作则，故《乡党》次之。

　　先进第十一：居乡须守先型，故《先进》次之。

　　颜渊第十二：承先之责，惟大贤乃胜任，故《颜渊》次之。

　　子路第十三：仁者必有勇，故《子路》次之。

　　宪问第十四：知耻近乎勇，故《宪问》次之。

　　卫灵公第十五：邦之无道，由于人君，故《卫灵公》次之。

　　季氏第十六：诸侯失道，政在大夫，故《季氏》次之。

　　阳货第十七：大夫失道，政在陪臣，故《阳货》次之。

　　微子第十八：陪臣柄政，贤人远隐，故《微子》次之。

　　子张第十九：贤人虽隐，仍讲学以延道脉，故《子张》次之。

　　尧曰第二十：由尧舜至孔子，皆一脉相承，故以《尧曰》终焉。②

　　这里一方面展示了《论语》各篇的基本内容，另一方面指出了各篇前后的关联。这里无疑说明了《论语》乃是一个有机的整体，彼此之间有着某种内在的联系，不足之处

---

① 《古论》和《齐论》都已佚失，我们现在读到的《鲁论》属今文经学（徐梵澄：《孔学古微》，第87页）。

② 刘强：《论语新识》，长沙：岳麓书社，2016年，第8页。

在于内容的概括有简单之嫌。

就《论语》的篇章结构而言,通常的看法大致如下:"二十篇的《论语》,前十篇为'上论',后十篇为'下论'。'上论'着重孔子思想言行,'下论'着重孔子与诸弟子和当时政治人物的交往答问。'上论'部分以《学而》篇为关键,总述孔子思想。'下论'以《先进》篇为关键,引导出重要的弟子,尤其是'四科十哲'之列。"①换言之,《论语》前半部分侧重孔子对弟子的直接教诲,后半部分侧重弟子对孔子思想的领会。《论语》的编排序列有编纂者的用意,特别是孔子多名弟子出现在《论语》各篇的标题上。② 我们不妨在理解《论语》表面编排序列的基础上,把《论语》作为孔子思想与生活相聚合的有机整体,从各篇主旨的分析出发,寻求其间"一以贯之"的内在联系,以窥测其间的精神走向。

《论语·学而》《论语·为政》《论语·八佾》《论语·里仁》《论语·公冶长》《论语·雍也》《论语·述而》《论语·泰伯》《论语·子罕》,侧重孔子对弟子的直接教诲,对话的内容主要是孔子自身的学识、经验及其为学的历程,对话的视域主要是孔子和弟子所构成的教学共同体。其中,《论语·学而》奠定学以成人的核心主旨;《论语·为政》凸显个体为学的政治关怀,强调为学的大义;《论语·八佾》侧重礼的重要性及其含义,突出礼作为学的内容;《论语·里仁》由礼及仁,突出择仁而处,凸显仁作为学之根本;《论语·公冶长》《论语·雍也》《论语·述而》《论语·泰伯》则是孔子以身边的仁德榜样或自己作为教化的范本,一步步上升;最后《论语·子罕》"三军可夺帅也,匹夫不可夺志也""岁寒,然后知松柏之后雕也""知者不惑,仁者不忧,勇者不惧"③所揭示的是个体人格完善目标之中呈现的学以成人的理想形态。从《论语·学而》到《论语·子罕》,是一般性地呈现个体学以成人的理想路径。

《论语·乡党》侧重身处乡党、宗庙、朝廷、其他公共交往和平常居家等现实生活中的孔子的德行,凸显孔子面对乡人、大夫、国君,以及老者、瘠者、冕者、瞽者等的基本礼仪、情态,意在把个体成人引向现实生活,个体德行的完善需要经过现实生活的历练。《论语》经由弟子记录而成,这些生活细节成为弟子的温暖的记忆,说明这些细节让弟

---

① 杨义:《〈论语〉早期编纂过程及篇章政治学(上)》,《学术月刊》2013 年第 45 卷第 1 期,第42 页。

② 杨义:《〈论语〉早期编纂过程及篇章政治学(上)》,《学术月刊》2013 年第 45 卷第 1 期,第34—45 页。

③ 杨伯峻译注:《论语译注》,第 108—109 页。

子耳濡目染。《论语·乡党》所记也成为孔子"以其全部生命有体为教"①的基本实践
方式。《论语·先进》则把弟子的发展置于终身的视域之中，由此而用先进（于礼乐）与
后进、个性化生涯发展、个体与家庭、生与死等重要主题来引导个体成人。《论语·颜
渊》《论语·子路》《论语·宪问》《论语·卫灵公》这四篇的核心是置身实际政事的德
行追求，凸显为政以德的社会理想。其中，直接标注以问政为题的对话就有九章，包括
子贡问政②、齐景公问政③、子张问政④、季康子问政（2 次）⑤、子路问政⑥、仲弓问政⑦、
叶公问政⑧、子夏问政⑨；还有大量的没有冠以问政之名却有着问政之实的对话。这些
关于问政的对话，问话者一是孔子的弟子，而且大多数是业已当政的弟子，比如为季氏
宰的仲弓、子路，为莒父宰的子夏，其余弟子没有标明对话时的身份，但孔子回答的内
容大多数直接涉及具体的政事，也有不少对话是在孔子周游列国时直接谈及当地的政
事⑩；二是像齐景公、鲁定公等国君，或季康子、叶公等诸侯国之大夫、权臣。《论语·季
氏》《论语·阳货》同样是阐释现实为政者应有的德行，跟前面几篇略有不同的是，这两
篇更多地呈现无德的现实政治状况，以及真正的君子应该如何面对这种状况。《论
语·季氏》以"季氏将伐颛臾"开篇，一下子就把我们带入现实政治的紧张之中。我们
再以交友为例，对照《论语·季氏》与《论语》前半部分的不同。我们先看《论语》前半

---

① 徐梵澄：《孔学古微》，第 149 页。
② "子贡问政。子曰：'足食，足兵，民信之矣。'子贡曰：'必不得已而去，于斯三者何先？'曰：
   '去兵。'子贡曰：'必不得已而去，于斯二者何先？'曰：'去食。自古皆有死，民无信不立。'"
   （《论语·颜渊》。杨伯峻译注：《论语译注》，第 141 页）
③ "齐景公问政于孔子。孔子对曰：'君君，臣臣，父父，子子。'公曰：'善哉！信如君不君，臣不
   臣，父不父，子不子，虽有粟，吾得而食诸？'"（《论语·颜渊》。同上书，第 143 页）
④ "子张问政。子曰：'居之无倦，行之以忠。'"（《论语·颜渊》。同上书，第 144 页）
⑤ "季康子问政于孔子。孔子对曰：'政者，正也。子帅以正，孰敢不正。'"（《论语·颜渊》。同
   上书，第 145 页）"季康子问政于孔子曰：'如杀无道，以就有道，何如？'孔子对曰：'子为政，
   焉用杀？子欲善而民善矣。君子之德风，小人之德草。草上之风，必偃。'"（同上）
⑥ "子路问政。子曰：'先之劳之。'请益。曰：'无倦。'"（《论语·子路》。同上书，第 149 页）
⑦ "仲弓为季氏宰，问政。子曰：'先有司，赦小过，举贤才。'曰：'焉知贤才而举之？'子：'举
   尔所知，尔所不知，人其舍诸？'"（《论语·子路》。同上书，第 150 页）
⑧ "叶公问政。子曰：'近者说，远者来。'"（《论语·子路》。同上书，第 156 页）
⑨ "子夏为莒父宰，问政。子曰：'无欲速，无见小利。欲速，则不达；见小利，则大事不成。'"
   （《论语·子路》。同上书，第 156 页）
⑩ "子适卫，冉有仆。子曰：'庶矣哉！'冉有曰：'既庶矣，又何加焉？'曰：'富之。'曰：'既富矣，
   又何加焉？'曰：'教之。'"（《论语·子路》。同上书，第 153 页）

部分如何谈及交友：

　　曾子曰："吾日三省吾身——为人谋而不忠乎？与朋友交而不信乎？传不习乎？"①(《论语·学而》)

　　子夏曰："贤贤易色，事父母，能竭其力。事君，能致其身。与朋友交，言而有信。虽曰未学，吾必谓之学矣。"②(《论语·学而》)

　　子曰："君子不重则不威，学则不固。主忠信，无友不如己者，过则勿惮改。"③(《论语·学而》)

　　或谓孔子曰："子奚不为政？"子曰："《书》云：'孝乎惟孝，友于兄弟，施于有政。'是亦为政，奚其为为政！"④(《论语·为政》)

　　子曰："主忠信，毋友不如己者，过则勿惮改。"⑤(《论语·子罕》)

　　以上是前十篇谈及交友的主要章节。这些章节贯穿其中的言说方式乃是直接而正面性地教导，大抵是师者面对涉世未深弟子的谆谆教诲。我们再来看《论语》后半部分如何谈及交友：

　　孔子曰："益者三友，损者三友。友直，友谅，友多闻，益矣。友便辟，友善柔，友便佞，损矣。"⑥(《论语·季氏》)

　　孔子曰："益者三乐，损者三乐。乐节礼乐，乐道人之善，乐多贤友，益矣。乐骄乐，乐佚游，乐宴乐，损矣。"⑦(《论语·季氏》)

　　这里并没有直接的谈话对象，但从"直""谅""多闻""便辟""善柔""便佞""节礼乐""道人之善""多贤友""骄乐""佚游""宴乐"来看，这里涉及的人、事大抵跟为政相

① 　杨伯峻译注：《论语译注》，第3—4页。
② 　同上书，第5页。
③ 　同上书，第6页。
④ 　同上书，第21页。
⑤ 　同上书，第108页。
⑥ 　同上书，第197—198页。
⑦ 　同上。

关,其言说对象大抵是即将为政或业已为政的弟子。如果《论语》前半部分谈及交友侧重正面引导,提示如何通过交友来提升自我,那么这里谈及交友,明显地触及现实生活的复杂性与人性的多样性,从而提示那些即将学成或业已学成走向社会的弟子如何理智地择友、慎重地交友。

大致可以这样说,从《论语·乡党》到《论语·阳货》是引导个体直接面对现实生活来历练自我。《论语·乡党》前承着孔子对弟子的深情教诲,后启着孔子将弟子带入现实生活,基于现实生活来历练弟子的德行,可谓承前启后的支点,其间或许隐含着孔子以自我全部的生活作为弟子德行提升的范式与桥梁。①

《论语·微子》从殷末三位仁者微子、箕子、比干到不同时期的逸民,包括伯夷、叔齐、虞仲、夷逸、朱张、柳下惠、少连,再谈及周公与鲁公,以及周之八士,包括伯达、伯适、仲突、仲忽、叔夜、叔夏、季随、季騧,试图回返古典先贤,表达对先贤的敬意,同时隐含着承续先贤之道的自觉,“周公传治国之道于伯禽,伯禽行周公治国之道于遥远的鲁国;孔子传道于弟子,弟子将行道于普天之下”②。与此同时,《论语·微子》提及“齐人归女乐,季桓子受之,三日不朝”③,意在提示孔子生存的现实境遇,进一步阐释面对“滔滔者天下皆是也”④的现实个体应该如何自处,孔子给出的答案是“鸟兽不可与同群,吾非斯人之徒与而谁与”⑤。这其中彰显的是不离不弃的人间大爱与面对现实生活的韧性坚守。

《论语·子张》主要记录子张、子夏、子游和子贡等孔子的弟子的言行以及他们的教育实践,显现孔子的文教理想在弟子身上的传承。经由弟子的言传身教,孔子的文教理想得以通达于未来。用钱穆的话说:“本章皆记门弟子之言。盖自孔子殁后,述遗教以诱后学,以及同门相切磋,以其能发明圣义,故编者集为一篇,以置《论语》之后。

---

① 如前所述,《论语·乡党》通常被作为《论语》的“上论”,从《论语·先进》开始进入《论语》的“下论”。钱穆亦没有提出异议(钱穆:《论语新解》,第 1 页)。《论语·乡党》具有承前启后的作用:就孔子的以身示范而言,《论语·乡党》更接近《论语》的前九篇;就个体如何融入社会的视角而言,《论语·乡党》更接近《论语》的后半部分。本文从个体成人的视角出发,意在凸显个体成人视域的转换,故尝试另一种划分的方式。

② 姚中秋:《〈论语〉大义浅说:可大可久的生命之学》,北京:中国友谊出版公司,2016 年,第593 页。

③ 杨伯峻译注:《论语译注》,第 217 页。

④ 同上书,第 218—219 页。

⑤ 同上书,第 219 页。

无颜渊、子路诸人语,以其殁在前。"①我们以《论语·子张》开篇两章为例:

> 子张曰:"士见危致命,见得思义,祭思敬,丧思哀,其可已矣。"
>
> 子张曰:"执德不弘,信道不笃,焉能为有,焉能为亡?"②

　　我们再对比前面篇章中孔子的话语,就会发现,子张这里的话语几乎都源自孔子的话语:"见危致命"跟孔子回答子路问成人之道时所言"见危授命"③相近;"见得思义"语出《论语·季氏》孔子所云君子之"九思"④;"祭思敬"跟《论语·八佾》孔子所言"吾不与祭,如不祭"⑤相近;"丧思哀"跟《论语·八佾》孔子所言"丧,与其易也,宁戚"⑥、《论语·阳货》孔子所言"夫君子之居丧,食旨不甘,闻乐不乐,居处不安,故不为也"⑦意旨相近。同时,我们也要看到,子张并不是简单地重复孔子的思想,而是对孔子的思想进行了综合。"孔门为学,旨在养成士君子,然而何为士君子? 子张提出两大标准:第一类,知义。'士见危致命'也就是子夏所说'事君能致其身'(《学而篇》),此为臣之义。《季氏篇》已有'见得思义'。孔子曾谓子路:'今之成人者何必然? 见利思义,见危授命'(《宪问篇》),子张申言之。第二类,有仁。祭思敬,丧思哀,可见其仁。此前,子贡、子路曾就何为士请教过孔子(《子路篇》),子张综合孔子之说,内外兼顾。"⑧孔子曾提出"志于道,据于德"⑨(《论语·述而》),即在立志于高远之道的同时,切实进行德行的修炼。子张在这里提出"执德不弘",在强调修德的同时,还提出要弘扬大人之德行。这里的"弘"跟孔子所言"人能弘道,非道弘人"⑩(《论语·卫灵公》)之"弘"含义一致。换言

---

① 钱穆:《论语新解》,第 449 页。

② 杨伯峻译注:《论语译注》,第 224—225 页。

③ 《论语·宪问》云:"子路问成人。子曰:'若臧武仲之知,公绰之不欲,卞庄子之勇,冉求之艺,文之以礼乐,亦可以为成人矣。'曰:'今之成人者何必然? 见利思义,见危授命,久要不忘平生之言,亦可以为成人矣。'"(同上书,第 168 页)

④ "九思"即"视思明,听思聪,色思温,貌思恭,言思忠,事思敬,疑思问,忿思难,见得思义"(同上书,第 199—200 页)。

⑤ 同上书,第 29 页。

⑥ 同上书,第 26 页。

⑦ 同上书,第 212 页。

⑧ 姚中秋:《〈论语〉大义浅说:可大可久的生命之学》,第 595—596 页。

⑨ 杨伯峻译注:《论语译注》,第 76 页。

⑩ 同上书,第 190 页。

之,子张同样表现出对孔子思想的综合与创新。"信道不笃"跟孔子所言"笃信好学,守死善道"①(《论语·泰伯》)含义相近。"在孔门,子张属于狂者,故其强调弘与笃。"②在一定意义上,这里隐含着作为狂者的子张面对孔子思想时的双重姿态:一方面执守夫子之道,即"笃";另一方面试图弘扬、扩展夫子之道,即"弘"。不难发现,孔子的弟子在传述夫子之道的同时,也会在传承中综合、创造、发展。甚至可以说,综合、创造、发展本身就是传述夫子之道的基本方式,亦如孔子本身在"祖述尧、舜,宪章文、武"③(《中庸》)的过程中释礼为仁,仁者爱人,推己及人,奠定仁爱作为中华民族心灵的基础形态。

亦如钱穆所言:"书中亦附记诸弟子语,要之皆孔门之绪言也。"④《论语》把以子张等为代表的弟子之语编入其中,是为了呈现孔子及其弟子这一言说共同体,并将之开放于历史时空中。非常有意思的是,《论语·子张》记录的是子张、子夏、子游和子贡等孔子的弟子的言行以及他们的教育实践,表明孔子思想后继有人;而《论语·子张》最后四章记录的是子贡与时人的对话,其间叔孙武叔与朝中诸大夫谈起孔子,说"子贡贤于仲尼"⑤,甚至叔孙武叔"毁仲尼"⑥,子贡的回答分别是"譬之宫墙,赐之墙也及肩,窥见室家之好。夫子之墙数仞,不得其门而入,不见宗庙之美,百官之富"⑦,"他人之贤者,丘陵也,犹可逾也;仲尼,日月也,无得而逾焉"⑧。其间表现出来的是对孔子的敬仰与维护,由此而阐明孔子活在弟子的传述之中。

我们再来看《论语·尧曰》开篇:

　　　尧曰:"咨!尔舜!天之历数在尔躬,允执其中。四海困穷,天禄永终。"舜亦以命禹。⑨

这里包含两层含义:一是尧所秉持的王道政治的基本内容,即天命、中道的持守与百

---

① 杨伯峻译注:《论语译注》,第 94 页。
② 姚中秋:《〈论语〉大义浅说:可大可久的生命之学》,第 596 页。
③ 陈晓芬、徐儒宗译注:《论语　大学　中庸》,北京:中华书局,2011 年,第 352 页。
④ 钱穆:《论语新解》,第 1 页。
⑤ 杨伯峻译注:《论语译注》,第 230 页。
⑥ 同上书,第 231 页。
⑦ 同上书,第 230 页。
⑧ 同上书,第 231 页。
⑨ 同上书,第 233 页。

姓之安;二是王道政治在尧、舜、禹之间的传承与赓续。《论语·尧曰》开篇是回到尧、舜、禹、汤、文王、武王,追述政治理想与文教根源之时,重申孔子的政治理想与文教理想,扩展个体成人的历史视域。《周易·贲卦·彖传》云:"观乎人文,以化成天下。"①孔子拳拳关注的尧、舜以来的人文教化传统,所指向的是天下。接下来"谨权量,审法度,修废官"②(《论语·尧曰》)这一章所谈及的乃是王道政治的实践方式,从学为君子的视角来说,这里阐明的是为政者如何事君,同时也是对孔子所谓"修己以安百姓"③(《论语·宪问》)的回应。"子张问于孔子曰"④(《论语·尧曰》)这一章阐明的是为政者如何面对百姓,这里隐含着对孔子所谓"修己以安人"⑤(《论语·宪问》)的回应。《论语·尧曰》最后一章:"孔子曰:'不知命,无以为君子也;不知礼,无以立也;不知言,无以知人也。'"⑥"知命"指涉天地的永恒世界,"知礼"指涉社会文化世界,"知言"指涉人与人相处的人际世界。这里阐明的正是个体成人所指向的三重世界,立足点是君子何以立足于自身的完善,隐含着对孔子所谓"修己以敬"⑦(《论语·宪问》)的回应。

正如钱穆所言:"《论语》只言:'用我者我其为东周乎!'又曰:'郁郁乎文哉,吾从周。'可证孔子生时,其心中仅欲复兴周道,未尝有继尧、舜、禹、汤、文、武以新王自任之意。其弟子门人,亦从未以王者视孔子,此证之《论语》而可知。故疑此章乃战国末年人意见,上承荀子尊孔子为后王而来,又慕效《孟子》书末章,而以己意附此于《论语》之末。或疑此章多有脱佚,似亦不然。盖此章既非孔子之言,又非其门弟子之语,而自尧、舜、禹、汤而至武王,终以孔子,其次序有条不紊,其为全书后序而出于编订者某一或某几人之手,殆可无疑。"⑧在孔子这里,为政的根本指向是天下之安定,即生生不息的族类生命共同体的建立。显然,孔子并非以王者自任⑨,而其文教理想则以天下的

---

① 黄寿祺、张善文撰:《周易译注》(最新增订版),北京:中华书局,2016 年,第 167 页。
② 杨伯峻译注:《论语译注》,第 235 页。
③ 同上书,第 179 页。
④ 同上书,第 236—237 页。
⑤ 同上书,第 179 页。
⑥ 同上书,第 238 页。
⑦ 同上书,第 179 页。
⑧ 钱穆:《论语新解》,第 473 页。
⑨ 钱穆这样提及:"若此章远溯上古,历叙尧、舜、禹、汤、武王而承以孔子自陈后王之法,则若孔子之意,乃以王者自任;此恐自战国晚年荀卿之徒,始有此等想象。"(钱穆:《论语新解》,第473 页)柳宗元《论语辩》谈及《论语·尧曰》编撰之意义逻辑:"《论语》之大,莫大 （转下页）

和谐为旨归。"《论语》一书，乃孔门遗训所萃，此为中国最古最有价值之宝典。孔门七十子后学讨论会集而成此书，厥功大矣。独此最后《尧曰》一篇，章节之间，多留罅缝。"①尽管如此，《论语·尧曰》的用意依然十分明显。表面上看，《论语·尧曰》开篇跟孔子关联不大，仔细推敲就会发现，这里恰恰是《论语》之含义的进一步提升。

综合起来，《论语·尧曰》是在个体与历史文化、个体与社会、个体与他人、个体与自我的关联之中廓开个体成人的整体视域，可以说是对《论语·学而》之为学主旨的呼应。我们再进一步分析：从以人文化成天下到"修己以安百姓"，到"修己以安人"，再到"修己以敬"，这其中隐含的似乎就是《大学》所云的"古之欲明明德于天下者，先治其国；欲治其国者，先齐其家；欲齐其家者，先修其身"②，以"明明德于天下"作为根本性视域，以"治其国""齐其家"作为现实视域，以"修其身"作为基本着力点，由此而廓开个体成人的整体视域。

值得一提的是，如果从《论语·学而》到《论语·微子》，诸种对话整体上是直接以孔子为中心而展开，那么到《论语·子张》这里，孔子已经成为被谈论的对象，弟子开始进入话语的中心，这无疑意味着教育之代际更替的开始，由此而把孔子及其弟子的活动置于历史变迁的整体性情景之中，从而把个体成人的视域置于历史时空之中。如果《论语·微子》主要是孔子自己追述历史，那么《论语·子张》就是孔子自己成为历史，成为历史中的被追述者；而《论语·尧曰》则是进一步把孔子与尧、舜、禹、汤、文王、武王并置，在突出孔子之于历史文脉的重要地位的同时，表明文教传统的赓续。孔子一辈子学而不厌，诲人不倦，是在用自己整个的生命描绘着中华文教之蓝图。孔子心心念念的乃是尧、舜、禹、汤、文王、武王、周公之道。孔子文教体系的建立，正是一种把自我置身历史脉络之中，自觉"吾其为东周乎"③（《论语·阳货》）的实践方式。显然，

（接上页）平是也。是乃孔子常常讽道之辞云尔。彼孔子者，覆生人之器者也。上之尧舜之不遭，而禅不及己；下之无汤之势，而己不得为天吏。生人无以泽其德，日视闻其劳死怨呼，而己之德涸然无所依而施，故于常常讽道云尔而止也。此圣人之大志也，无容问对于其间。弟子或知之，或疑之不能明，相与传之。故于其为书也，卒篇之首严而立之。"（柳宗元：《柳河东全集》，北京：中国书店，1991年，第49页）有人这样评价："柳氏盖以孔门弟子推尊孔子，以为祖述尧、舜，宪章文、武，故缀之于先王之后，有以王者自任之意。此说因文献不足，实难求证。"（刘强：《论语新识》，第548页）

① 钱穆：《论语新解》，第474页。

② 陈晓芬、徐儒宗译注：《论语 大学 中庸》，第250页。

③ 杨伯峻译注：《论语译注》，第205—206页。

从《论语·微子》到《论语·尧曰》是进一步向着历史与文化、过去与未来、他人与社会整体地打开自我，在立足现实人世、效法往圣先贤、赓续文教传统的过程中达成自我人格的完善。这意味着个体生存视域转换的必然性，个体成人终将面对历史与永恒。积极地融入这个世界，赓续文教传统，就成为我们生命发展的必然选择。

如果《论语·学而》是提出学以成人的主旨，《论语·为政》是提供学以成人的现实指向，那么整部《论语》提示我们的，首先是为政以德，即牢牢地坚守持续的——而非一次性的修德的人生要旨，也即不管是"学而优则仕"，还是"仕而优则学"，学始终贯穿其中；其次不仅仅是出仕，出仕只是为政的实践方式之一。亦如《论语·为政》所记：

> 或谓孔子曰："子奚不为政？"子曰："《书》云：'孝乎惟孝，友于兄弟，施于有政。'是亦为政，奚其为为政！"

在孔子眼里，为政显然不只是出仕。用皇侃的说法："言施行孝友有政，家家皆正，则邦国自然得正。亦又何用为官位乃是为政乎？"[1]换言之，"施行孝友"，本身即"有为政之道"[2]。孝作为一种伦理规定，其意义是把基于自然血亲的人伦之情提升为稳定的伦理行动，"将个人对父母的爱提升为伦理规范，以期塑造良好的人格"[3]。正是在人格塑造的意义上，"孝友"之教本身就是一种政治实践。孔子曾云，"苟有用我者，期月而已可也，三年有成"[4]（《论语·子路》），"沽之哉！沽之哉！我待贾者也"[5]（《论语·子罕》）。孔子也曾多次跃跃欲试[6]，但其一生更多是以传承尧、舜、周公之

---

① 皇侃撰：《论语义疏》，第 40 页。
② 李炳南：《论语讲要》，第 34 页。
③ 徐梵澄：《孔学古微》，第 157 页。
④ 杨伯峻译注：《论语译注》，第 154 页。
⑤ 同上书，第 104 页。
⑥ 《论语·阳货》中孔子与子路的两则对话可见一斑："公山弗扰以费畔，召，子欲往。子路不说，曰：'末之也已，何必公山氏之之也？'子曰：'夫召我者，而岂徒哉？如有用我者，吾其为东周乎！'"（同上书，第 205—206 页）"佛肸召，子欲往。子路曰：'昔者由也闻诸夫子曰："亲于其身为不善者，君子不入也。"佛肸以中牟畔，子之往也，如之何？'子曰：'然。有是言也：不曰坚乎，磨而不磷；不曰白乎，涅而不缁。吾岂匏瓜也哉？焉能系而不食？'"（同上书，第 207 页）尽管两次都未成行，但其间还是隐约可见孔子那种时不待我、用之于世、不想着"系而不食"的匏瓜之冲动。

道,建立文教体系作为政治基础,即以君子的培育作为其参与政治的方式①。如果前一种方式是为政以德,即以德作为政治的基本规定性,那么后一种方式就是以德为政,即以德的培育作为政治的基础。"政者,正也。"②(《论语·颜渊》)政治的本质就是在天、地、人之间养正自我的生命,确立自我生命的正道,由此形成个体置身天、地、人之间的合理秩序。《中庸》所谓"天地位焉,万物育焉"③,即让天、地之间的万物各安其位,各自都能够得到充分的生长化育,这才是政治的根本指向。《论语》后半部分提示我们,为政的核心是立德于天、地、人之中,即以尧、舜、周公以来的文教传统,成就个人德行的完善,以对天地大道的坚守来面对现实人世,面对并不完善的人世,"知其不可而为之"④(《论语·宪问》),由此而勇敢地面对宇宙无限,活出个体生命的主动性与尊严;也即不管外在环境如何,人都要选择过一种合乎正道的生活,活出自我生命的充实与壮美;也即活在不完善的人世之中,面对逝者如斯的境遇,总会有一种不可避免的悲情,但我们毅然选择"知其不可而为之"时,就显示出一种生命的执着与韧性之美,活出有限生命的恒久性价值;也即我们可以在有限的生命时间中寄托对天下空间与未来时间的关怀。很有意思的一点是,《论语·子张》之所以放在《论语·微子》之后,其间隐约传递着这样的含义,即圣人之道超越现实政治。换言之,圣人之道不因现实政治的堕落而衰败,圣人之道的赓续恰恰成为拯救现实政治的方式。学以成人,学以成德,这就是《论语》"一以贯之"、穿越时空、昭示于今的生命教诲。

皇侃曾言:"自《学而》至《尧曰》凡二十篇,首末相次无别科重。"徐醒民记李炳南《论语讲要》时亦云:"《论语》二十篇,为鲁论篇数。其中章次,不相联属。"表面上看,《论语》的篇章杂乱无序,但当我们细细品味,其间的精神旨趣有如一汪清泉,润泽心灵。

---

① 《礼记·学记》云:"君子如欲化民成俗,其必由学乎。玉不琢,不成器。人不学,不知道。是故古之王者,建国君民,教学为先。"(杨天宇撰:《礼记译注》,上海:上海古籍出版社,2004年,第456页)孔子思想与实践的转向之中,实际上已经蕴含"建国君民,教学为先"的雏形。有人认为曾子著《礼记·学记》,不管怎样,我们都可以发现《论语》与《礼记·学记》之间的传承关系。

② 杨伯峻译注:《论语译注》,第145页。

③ 陈晓芬、徐儒宗译注:《论语 大学 中庸》,第289页。

④ 杨伯峻译注:《论语译注》,第178页。

　　整部《论语》所打开的正是个体人格发展与灵魂上升的基本路径,有如一部以《论语·学而》为起点而逐步打开的完整乐曲。前面是漫长的序章,是个体成人的自我积蓄与提升;接下来是整体地融入现实,打开个体理解并融入现实政治生活的可能性;最终成于个体面对复杂现实的人性坚守以及对并不完善的人世之不离不弃,由此而让个体人格完成于并不完善的现实世界之中,于族类以至人类生命共同体之中。不难发现,整部《论语》隐含的正是《大学》开篇所言“大学之道,在明明德,在亲民,在止于至善”①的为学序列。“明明德”重在自我身心的敞亮,着重于博文约礼,即个体如何面对礼文之世界;“亲民”重在人与人的联通,即个体如何面对人与人之间的关联;“止于至善”则进入更宽广的天地时空,在天、地、人的整体关联之中确立自我生命的位置,凸显个体安身立命之根本。在这个意义上,我们可以说,正是因为《论语》已经隐含古典中国个体成人的内在结构序列,才会有《大学》中“明明德”“亲民”“止于至善”之清晰表达。②

　　我们再回到《论语·学而》的开篇,大致可以这样说,“学而时习之,不亦说乎”③乃是凸显以学明德,学以成人;“有朋自远方来,不亦乐乎”④乃是以学及人,走向他人;“人不知而不愠,不亦君子乎”⑤乃是学以行道,而非求个人的闻达。换言之,《论语·学而》开篇即隐含着“明明德”“亲民”“止于至善”的为学路径。在这个意义上,整部《论语》正是《论语·学而》开篇所蕴含的“明明德”“亲民”“止于至善”这一潜在精神结构的扩展。个体由“明明德”而“亲民”而“止于至善”,三个阶段相续而生,逐步提升。《论语》提示我们的就是一条精神上升之路,是“述而不作”又“温故而知新”的孔子所阐扬的个体成人之道。而这莫不正是中华民族文教传统昭示于世的引领个体成人之曲折而高远的生命大道?

---

① 陈晓芬、徐儒宗译注:《论语　大学　中庸》,第 249 页。
② “子程子曰:‘大学,孔氏之遗书,而初学入德之门也。’于今可见古人为学次第者,独赖此篇之存,而论、孟次之。学者必由是而学焉,则庶乎其不差矣。”(朱熹撰:《四书章句集注》,第 4 页)这里提示了两个关键点:一是《大学》乃孔氏之遗书;二是《大学》本身揭示了古人为学之次第。《大学》是否为孔氏之遗书,或相传为曾子所作,均存疑,但《大学》跟孔子的思想紧密相关,这一点是肯定的。
③ 杨伯峻译注:《论语译注》,第 1 页。
④ 同上。
⑤ 同上。

　　我们来看柏拉图《理想国》第七卷中的洞穴喻①，个体成人乃是从洞穴底部转身，逐步走出洞穴，即走出无知之境，去眺望太阳，也即追求至善的过程。"我们一旦看见了它，就必定能得出下述结论：它的确就是一切事物中一切正确者和美者的原因，就是可见世界中创造光和光源者，在可理知世界中它本身就是真理和理性的决定性源泉；任何人凡能在私人生活或公共生活中行事合乎理性的，必定是看见了善的理念的。"②问题就在于："那些已达到这一高度的人不愿意做那些琐碎俗事，他们的心灵永远渴望逗留在高处的真实之境。"③苏格拉底给予柏拉图的示范乃是无条件地返回城邦。"我们作为这个国家的建立者的职责，就是要迫使最好的灵魂达到我们前面说的最高的知识，看见善，并上升到那个高度；而当他们已到达这个高度并且看够了时，我们不让他们像现在容许他们做的那样。……我们的立法不是为城邦任何一个阶级的特殊幸福，而是为了造成全国作为一个整体的幸福。它运用说服或强制，使全体公民彼此协调和谐，使他们把各自能向集体提供的利益让大家分享。而它在城邦里造就这样的人，其目的就在于让他们不致各行其是，把他们团结成为一个不可分的城邦公民集体。"④换言之，一个人的发展不能只追求自我的完善，人之为人乃是在城邦之中并且指向城邦。正因为如此，那业已上升到洞穴外的哲人还需要重返洞穴，即返回城邦，致力于城邦整体的福祉，这一下降的过程恰恰是个体灵魂进一步完善的过程。

　　对照柏拉图的洞穴喻，我们大致可以说，《论语》前半部分类似引导个体走出洞穴的过程，后半部分则类似重返洞穴的过程；前半部分是孔子引导弟子学以成人，成为理想的有德行的君子，后半部分则是孔子提示弟子走向现实，成为面对现实的仁德的君子。如果《论语·微子》中的隐士代表着试图逃离黑暗洞穴，找到至善之光，却又不愿意返回，只求个人逍遥之人，那么孔子就是那灵魂业已走出洞穴，找到至善之光，却依然返回，勇敢而审慎地——"我则异于是，无可无不可"⑤（《论语·微子》）——面对"今之从政者殆而"⑥（《论语·微子》）、"滔滔者天下皆是也"的现实，"一以贯之"地坚

---

① ［古希腊］柏拉图：《理想国》，郭斌和、张竹明译，北京：商务印书馆，1986年，第272—275页。
② 同上书，第276页。
③ 同上。
④ 同上书，第279页。
⑤ 杨伯峻译注：《论语译注》，第221页。
⑥ 同上书，第218页。

持着己善与人善相统一的人生选择,最终在文教传统的赓续之中完善自我,由此而给后世的人们确立个体成人的法则。即个体成人不仅仅是为了自我的完善,而是始终把自我置于家国的视域之中,"己欲立而立人,己欲达而达人"①(《论语·雍也》),致力于国家甚至天下所有人的福祉。

三、从温热到冷静:《论语》的精神转变

我们再从《论语》字里行间所体现的精神特质来看,同样可以发现其间的变化节律:前面九章因为其核心乃是对个体如何学以成人的激励,尽管其时间已经涵盖孔子的晚年,所谓"甚矣吾衰也! 久矣吾不复梦见周公"②(《论语·述而》),单就其间透露出来的生命气象而言,此处已明显呈衰微趋势,但就引导弟子学以成人的视角而言,整体表现出来的精神特质乃是自信乐观、积极向上,隐含着孔子带领诸弟子一心向学、欣欣向荣的生命气象。

《论语·八佾》尽管是从"八佾舞于庭,是可忍也,孰不可忍也"③开始,但这里的重心乃是孔子重建礼乐的信心——"人而不仁,如礼何? 人而不仁,如乐何"④(《论语·八佾》)。这里直截了当地把仁作为礼乐的根基,由仁而礼,显示出孔子重建礼乐的根本路径,可谓掷地有声。"周监于二代,郁郁乎文哉! 吾从周。"⑤(《论语·八佾》)这是孔子对周朝礼乐的肯定,向往之心跃然纸上。孔子评价《关雎》"乐而不淫,哀而不伤"⑥(《论语·八佾》),隐含着对《诗经》独特之美的体验与欣赏。孔子谓《韶》"尽美矣,又尽善也"⑦(《论语·八佾》),谓《武》"尽美矣,未尽善也"⑧(《论语·八佾》),这是孔子对《韶》《武》音乐的赞美,结合《论语·述而》"子在齐闻《韶》,三月不知肉味"⑨,可知这里同样包含着孔子对《韶》的喜爱与向往。

---

① 杨伯峻译注:《论语译注》,第 72 页。
② 同上书,第 76 页。
③ 同上书,第 24 页。
④ 同上书,第 25 页。
⑤ 同上书,第 30 页。
⑥ 同上书,第 32 页。
⑦ 同上书,第 36 页。
⑧ 同上。
⑨ 同上书,第 79 页。

《论语·里仁》以"里仁为美"，可以说是清晰明了、不乏武断地表明孔子为仁的理想，其间洋溢着孔子对其所执着的为仁之道的自信与洒脱。

> 子曰："里仁为美。择不处仁，焉得知！"
>
> 子曰："不仁者，不可以久处约，不可以长处乐。仁者安仁，知者利仁。"
>
> 子曰："唯仁者能好人，能恶人。"
>
> 子曰："苟志于仁矣，无恶也。"
>
> 子曰："富与贵，是人之所欲也，不以其道得之，不处也。贫与贱，是人之所恶也，不以其道得之，不去也。君子去仁，恶乎成名？君子无终食之间违仁，造次必于是，颠沛必于是。"①

《论语·公冶长》《论语·雍也》《论语·泰伯》都是以有德行的君子之典范为出发点，阐释学以成人的可能性路径。其中《论语·公冶长》主要是孔子褒扬平凡而"可妻"②的公冶长，明智的南容，具有君子榜样的子贱，不佞的冉雍，有自知之明的漆雕开，闻一知十的颜回，闻而行之的子路，敏而好学、不耻下问的孔文子，有君子之道的子产，善与人交的晏平仲，其愚不可及的宁武子，不念旧恶的伯夷、叔齐，以巧言、令色、足恭为耻的左丘明，以及好学的孔子自己。③ 由此而以这些身边或历史中的鲜活榜样以及各自身上体现出来的德行来提示个体成人的路径。

我们再来看《论语·述而》孔子自述所言。"志于道，据于德，依于仁，游于艺"④，这是孔子对个体成人路径的清晰表达；"自行束脩以上，吾未尝无诲焉"⑤，这是孔子对自我教育实践的自信回顾；"不愤不启，不悱不发，举一隅，不以三隅反，则不复也"⑥，这是孔子对自我启发式教学方式的充分认可；"用之则行，舍之则藏，惟

---

① 杨伯峻译注：《论语译注》，第37—39页。
② 同上书，第46页。
③ 同上书，第46—59页。
④ 同上书，第76页。
⑤ 同上。
⑥ 同上书，第77页。

我与尔有是夫"①、"富而可求也,虽执鞭之士,吾亦为之。如不可求,从吾所好"②,
这是孔子对自我人生选择的充分自信。接连几章,洋溢的正是孔子对自我思想之成
熟、对为师志业之爱、对个人求学志向的无比自信。我们接着看《论语·述而》这
两章:

> 子曰:"饭疏食,饮水,曲肱而枕之,乐亦在其中矣。不义而富且贵,于我如
> 浮云。"③
> 叶公问孔子于子路,子路不对。子曰:"女奚不曰:'其为人也,发愤忘食,乐以
> 忘忧,不知老之将至云尔。'"④

这两章可以说是孔颜之乐的集中表达,是一个人安于学道行道、乐在其中的生动
体现。

《论语·子罕》同样如此。尽管这篇有孔子"凤鸟不至,河不出图,吾已矣夫"⑤的
感叹,但更多是"文王既没,文不在兹乎。天之将丧斯文也,后死者不得与于斯文也;天
之未丧斯文也,匡人其如予何"⑥所体现出来的自信与担当。孔子欲居九夷,有人这样
说:"陋,如之何?"孔子回答:"君子居之,何陋之有?"⑦这里洋溢着孔子自许为君子的
生命自信。"子曰:'吾自卫反鲁,然后乐正,《雅》《颂》各得其所。'"⑧这是孔子对整理
《雅》《颂》而乐正的自我肯定。

从《论语·乡党》到《论语·卫灵公》,《论语》体现出略有不同的精神气象。我们
再来看《论语·乡党》开篇两章:

> 孔子于乡党,恂恂如也,似不能言者。其在宗庙朝廷,便便言,唯谨尔。⑨

---

① 杨伯峻译注:《论语译注》,第77页。
② 同上书,第78页。
③ 同上书,第80页。
④ 同上书,第81页。
⑤ 同上书,第102页。
⑥ 同上书,第100页。
⑦ 同上书,第104页。
⑧ 同上书,第105页。
⑨ 同上书,第111页。

朝，与下大夫言，侃侃如也；与上大夫言，訚訚如也。君在，踧踖如也，与与如也。①

这里显示出孔子进入现实生活场域的基本姿态，一种小心而审慎的姿态。从《论语·乡党》开始，对话的场域更多地转向现实生活，转向现实政治实践，其实质就是转向现实的他人。尽管从《论语·乡党》到《论语·卫灵公》，这些篇章中也偶有欢快的情境，比如"子路、曾皙、冉有、公西华侍坐"这一章孔子和弟子自由言志，但我们从孔子对子路"其言不让"的"哂之"、对曾皙"莫春者，春服既成，冠者五六人，童子六七人，浴乎沂，风乎舞雩，咏而归"的"喟然"之"叹"②（《论语·先进》），依然可以看出孔子的审慎，整体情绪偏沉郁。比较典型的是孔子面对颜渊之死表现出来的"噫！天丧予！天丧予"③（《论语·先进》）之哀恸；孔子面对少德、无德之现实政治中的人时，话语中隐含的是对礼崩乐坏的判断，比如"季康子问政于孔子曰：'如杀无道，以就有道，何如？'孔子对曰：'子为政，焉用杀？子欲善而民善矣。君子之德风，小人之德草。草上之风，必偃。'"④（《论语·颜渊》），这里显示的恰恰是现实政治中的少德与无德。

我们再来看《论语·阳货》开篇：

阳货欲见孔子，孔子不见，归孔子豚。孔子时其亡也，而往拜之。遇诸涂。谓孔子曰："来！予与尔言。"曰："怀其宝而迷其邦，可谓仁乎？"曰："不可。好从事而亟失时，可谓知乎？"曰："不可。日月逝矣，岁不我与。"孔子曰："诺。吾将仕矣。"⑤

阳货是季孙氏家臣，名虎，专鲁国之政。⑥ "阳货（阳虎）是封建等级制意义上的士，借卿大夫专权之势而执掌国政之典型。"⑦ 不难发现，阳货就是孔子所面对的现实

---

① 杨伯峻译注：《论语译注》，第 112 页。

② 同上书，第 135 页。

③ 同上书，第 128 页。

④ 同上书，第 145 页。

⑤ 同上书，第 203—204 页。

⑥ 朱熹《论语序说》云："定公元年壬辰，孔子年四十三，而季氏强僭，其臣阳虎作乱专政。故孔子不仕，而退修诗、书、礼、乐、弟子弥众。"（朱熹撰：《四书章句集注》，第 44 页）

⑦ 姚中秋：《〈论语〉大义浅说：可大可久的生命之学》，第 545 页。

中的为政者,即传统士人的典型。换言之,阳货代表着孔子欲躲之而不及的现实中的为政者。孔子尝试去改变,但面对阳货之流显然无力改变,故只能"道不同,不相为谋"①(《论语·卫灵公》)。接下来《论语·阳货》云:

> 子曰:"性相近也,习相远也。"
> 子曰:"唯上知与下愚不移。"②

　　这两章表面上是对人性的一般性描述,但其间有着明显的现实指涉,即其重要来源乃是对现实人性的冷峻之判断。现实的人性不容乐观,唯有不断返回开端,施以人性的优良教化,但教化之路因为"下愚不移"同样表现出不易,而这正是孔子致力于文教、诲人不倦的理由。我们再来看《论语·阳货》中的接连几章,其意旨大抵相近:

> 子曰:"礼云礼云,玉帛云乎哉?乐云乐云,钟鼓云乎哉?"
> 子曰:"色厉而内荏,譬诸小人,其犹穿窬之盗也与?"
> 子曰:"乡原,德之贼也。"
> 子曰:"道听而涂说,德之弃也。"
> 子曰:"鄙夫,可与事君也与哉?其未得之也,患得之。既得之,患失之。苟患失之,无所不至矣。"
> 子曰:"古者民有三疾,今也或是之亡也。古之狂也肆,今之狂也荡;古之矜也廉,今之矜也忿戾;古之愚也直,今之愚也诈而已矣。"
> 子曰:"巧言令色,鲜矣仁。"③

　　玉帛与钟鼓被当成礼乐本身,礼乐徒有其文,这是对现实之礼乐状况的判断;"色厉而内荏",有如小人;没有是非原则,谄媚的"乡原"姿态;道听途说,不愿意踏踏实实下足功夫;"既得之,患失之",患得患失;狂而荡,矜而忿戾,愚而诈;巧言令色,全然丧失生命质朴的本色;这些都是对现实中的为政者,实际上也包括潜在的为政者的德行

---

① 杨伯峻译注:《论语译注》,第 193 页。
② 同上书,第 204—205 页。
③ 同上书,第 209—211 页。

状况之判断。正因为如此,才会有接下来孔子"予欲无言"的感慨:

> 子曰:"予欲无言。"子贡曰:"子如不言,则小子何述焉?"子曰:"天何言哉。
> 四时行焉,百物生焉,天何言哉!"①(《论语·阳货》)

这里的"予欲无言"一方面是提示子贡以及诸弟子以无言之教,把他们引向自我与天的悟对,提升个人作为学习主体的自觉;另一方面则同样隐含着孔子对现实中的学习者状况的失望,孔子期待学习者能学以成己,学达性天,但现实中学习者急于求成,不足以广吸博纳,自我涵化,而"徒以言语求道",故"孔子有见于道之非可以言说为功,不如默而存之,转足以厚德而敦化"。② 直到《论语·阳货》结尾两章孔子所言"唯女子与小人为难养也。近之则不孙,远之则怨""年四十而见恶焉,其终也已"③,都是对现实中的人性状况并不乐观的表达。

从《论语·学而》到《论语·子罕》,《论语》整体上是一种乐观向上的精神特质。从《论语·乡党》开始,那种丰沛而向上的精神特质逐步转向一种包容、冷静、务实的姿态。就人性的角度而言,前者重在激发人性之潜能,故体现出来的更多是对人性向善的期待;后者由于个体要面对复杂的现实生活,故持守一种审慎的人性论,不是祈求简单地改变他人与社会,而是更多地从自我的完善出发,推己及人,稳妥地走向他人与世界。正因为如此,从《论语·乡党》到《论语·卫灵公》,同样有大量的孔子与弟子之间的对话,其间潜在的意蕴是要把弟子的成长、成人置于现实政治之中,也就是要引导弟子直面个体成人的现实境遇,同时保持自我独立的人格与完善的心志。我们来看《论语·卫灵公》开篇两章:

> 卫灵公问陈于孔子。孔子对曰:"俎豆之事,则尝闻之矣;军旅之事,未之学也。"明日遂行。④
> 在陈绝粮,从者病,莫能兴。子路愠见曰:"君子亦有穷乎?"子曰:"君子固穷,

---

① 杨伯峻译注:《论语译注》,第 211 页。

② 钱穆:《论语新解》,第 428 页。

③ 杨伯峻译注:《论语译注》,第 214—215 页。

④ 同上书,第 181 页。

小人穷斯滥矣。"①

　　孔子并非全然不懂军事,言"军旅之事,未之学也"乃是搪塞之辞。② 卫灵公关心的是军队陈列之法,孔子关心的是治国以礼。面对此种现实,孔子的选择是离开。接下来面对"绝粮,从者病,莫能兴"的困境,孔子教导弟子的乃是"君子固穷",即任何时候都能够坚守君子之道。这里所隐含的正是夫子之道:面对现实政治的无力,孔子转而寻求培育年轻力量,教导他们面对现实的困境而坚守学以成人的正道。在这个意义上,我们就可以更好地理解《论语·卫灵公》中孔子与子贡的对话:

　　　　子曰:"赐也,女以予为多学而识之者与?"对曰:"然。非与?"曰:"非也。予
　　一以贯之。"③

　　孔子提示弟子的不仅是学问的"一以贯之"之道,更是一个人如何面对现实而坚持自身的生命方式,即经由个人学问的"一以贯之"而保持自身面对现实的独立的个性。即使是现实中,如接下来孔子对子路所言"知德者鲜矣"④,作为学者,我们依然要努力为之,以求得自我的完善。我们再来看《论语·卫灵公》中接下来孔子的若干话语,同样可以这样来理解:

　　　　子曰:"躬自厚而薄责于人,则远怨矣。"
　　　　子曰:"不曰如之何如之何者,吾末如之何也已矣。"
　　　　子曰:"群居终日,言不及义,好行小慧,难矣哉!"

----

① 杨伯峻译注:《论语译注》,第 182 页。

② 《论语·子路》中孔子曰:"善人教民七年,亦可以即戎矣。"(同上书,第 161 页)又曰:"以不教民战,是谓弃之。"(同上书,第 162 页)两章内容都属战略性的见解。"孔子不是军事家,但也并非不闻'军旅之事'。卫灵公问陈于孔子,时在灵公四十二年,已是这位老国君最后的时日,国事已混乱不堪。这年春上,公叔氏在蒲叛乱,孔子极力主张讨伐,卫灵公没有采取行动。在卫灵公毫无作为的情况下,再来问军阵之事,已没有什么意义,因此孔子回答'军旅之事未之学也',是最好的搪塞之辞。"[黄瑞云:《〈论语〉的编纂及其特点》,《湖北理工学院学报》(人文社会科学版)2016 年第 33 卷第 6 期,第 55 页]

③ 杨伯峻译注:《论语译注》,第 182 页。

④ 同上。

　　子曰："君子义以为质，礼以行之，孙以出之，信以成之。君子哉！"

　　子曰："君子病无能焉，不病人之不己知也。"

　　子曰："君子疾没世而名不称焉。"

　　子曰："君子求诸己，小人求诸人。"

　　子曰："君子矜而不争，群而不党。"

　　……

　　子贡问曰："有一言而可以终身行之者乎？"子曰："其恕乎！己所不欲，勿施于人。"①

　　面对不完善的现实，我们能做的就是立足于自身的完善，"躬自厚而薄责于人"，常问"如之何如之何"，"群居终日"而能言及义，"义以为质，礼以行之，孙以出之，信以成之"，多关心自己，提升能力与功业，凡事多"求诸己"，"矜而不争，群而不党"，"己所不欲，勿施于人"。正如《论语·公冶长》子贡与夫子的对话：

　　子贡曰："我不欲人之加诸我也，吾亦欲无加诸人。"子曰："赐也，非尔所及也。"②

　　子贡的话语中隐含着"吾亦欲无加诸人"的前提乃是别人之不"加诸我"，而孔子提示子贡，人"加诸我"是我们自己无法控制的，我们能做的乃是自己不"加诸人"。换言之，我们不能主宰人，只能从自己出发。在这里，孔子拳拳关注的乃是立足于个人的自我完善。不管现实状况如何，孔子寄希望于弟子的乃是"君子谋道不谋食。耕也，馁在其中矣；学也，禄在其中矣。君子忧道不忧贫"③（《论语·卫灵公》），由此而"知及之"，"仁能守之"，"庄以莅之"，动之以礼④，而后"可大受"⑤（《论语·卫灵公》），也即

---

① 杨伯峻译注：《论语译注》，第 186—188 页。

② 同上书，第 51 页。

③ 同上书，第 190 页。

④ 《论语·卫灵公》云："子曰：'知及之，仁不能守之，虽得之，必失之。知及之，仁能守之，不庄以莅之，则民不敬。知及之，仁能守之，庄以莅之，动之不以礼，未善也。'"（同上书，第 191 页）

⑤ 同上。

承担现实大任之仁德的君子。

从《论语·微子》到《论语·尧曰》,《论语》在问题视域更加广阔的同时,德行发展的严峻性也明显强化。我们来看《论语·微子》开篇:

> 微子去之,箕子为之奴,比干谏而死。孔子曰:"殷有三仁焉。"①

这里隐含着三层含义:一是个体成人的历史溯源,即把个体成人置于历史视域之中;二是寻求历史上仁德的榜样,即微子、箕子、比干作为殷之"三仁";三是提示"三仁"的现实处境,显示为仁的不易。《论语·微子》接下来两章同样如此:

> 柳下惠为士师,三黜。人曰:"子未可以去乎?"曰:"直道而事人,焉往而不三黜? 枉道而事人,何必去父母之邦?"
>
> 齐景公待孔子曰:"若季氏,则吾不能;以季孟之间待之。"曰:"吾老矣,不能用也。"孔子行。②

柳下惠"三黜"而不离"父母之邦",显示"直道而事人"之不易;齐景公一句"吾老矣,不能用也",孔子不得不离开,显示孔子行道之不易。《论语·微子》接下来四章,记孔子与楚狂接舆、长沮、桀溺等南方诸位隐者之交接。不管是适时离开还是选择坚守,为仁之路都很艰难。"孔子从礼乐之邦流落至此,说明道之难行。"③这实际上奠定了《论语·微子》本身不乐观的精神特质。尽管为仁之路坎坷,或如子路所言"道之不行,已知之矣"④(《论语·微子》),亦如《中庸》中孔子所言"道之不行也,我知之矣"⑤,但孔子依然抱持着"鸟兽不可与同群,吾非斯人之徒与而谁与"的信念,以六艺之教为依

---

① 杨伯峻译注:《论语译注》,第216页。
② 同上书,第217页。
③ 姚中秋:《〈论语〉大义浅说:可大可久的生命之学》,第590页。
④ 杨伯峻译注:《论语译注》,第220页。
⑤ 陈晓芬、徐儒宗译注:《论语　大学　中庸》,第293页。我们可以比较一下:《论语·微子》中子路说的是"道之不行,已知之矣",《中庸》中孔子说的是"道之不行也,我知之矣",从中可以推测,"道之不行"的判断出自孔子,至少子路的判断根源于其追随孔子所获得的经验。

托，以传承仁道为己任，坚定地立身现实人世之中。① 正如《史记·孔子世家》所云："故孔子不仕，退而修诗书礼乐，弟子弥众，至自远方，莫不受业焉。"②

《论语·子张》是弟子对孔子的追述，亦如《论语·微子》中孔子之追忆远古先贤，孔子自身也成为追忆的对象，由此而显示孔子所传述之道在弟子身上的赓续。我们来看《论语·子张》这两章曾子所言：

> 曾子曰："吾闻诸夫子：人未有自致者也，必也亲丧乎！"
>
> 曾子曰："吾闻诸夫子：孟庄子之孝也，其他可能也；其不改父之臣与父之政，是难能也。"③

钱穆这样解释："人情每不能自尽于极，亦有不当自尽乎极者。惟遇父母之丧，此乃人之至情，不能自已，得自尽其极。若遇父母丧而仍不能自尽其极，则人生乃无尽情之所，而人心之仁亦将渐灭无存矣。"④这里所提示的乃是仁心的发动始自人伦亲情。"天命之谓性，人皆禀有仁心，然未必自觉，人于父母生时也未必皆能尽孝起敬。然父母死亡，凡为子女者，莫不哀痛至极。此即仁心之自然呈现而不能自已者。孔子以为，于此自觉，扩而充之，即可进于仁。仁既然内在于人，必在生命某个时刻自我呈现，则凡人莫不可以进于仁，唯在自觉与否耳。"⑤孟庄子"不改父之臣与父之政"的难能之孝，既是对《论语·学而》孔子之语"三年无改于父之道，可谓孝矣"⑥的跨越时空之应答，也是作为孔子的弟子对夫子之道的审慎而冷静之坚守。接连两个"吾闻诸夫子"，

---

① 陈寅恪居中山大学之时曾经有一段自白："以义命自持，坚卧不动，不见来访之宾客，尤坚决不见任何外国人士（港报中仍时有关于寅恪之记载），不谈政治，不评时事政策，不臧否人物——然寅恪兄之思想及主张毫未改变，即仍遵守昔年'中学为体，西学为用'之说（中国文化本位论）……但在我辈个人如寅恪者，则仍确信中国孔子儒道之正大，有裨于全世界，而佛教亦纯正。我辈本此信仰，故虽危行言殆，但屹立不动，决不从时俗为转移。"（吴学昭：《吴宓与陈寅恪》，北京：清华大学出版社，1992年，第143页）那让陈寅恪"虽危行言殆，但屹立不动，决不从时俗为转移"的内在基础正是对"中国孔子儒道之正大"的确信与承担。从陈寅恪身上，我们亦可以想见当年孔子仁心不移之气象。

② 司马迁：《史记》，杨燕起译注，长沙：岳麓书社，2021年，第1958页。

③ 杨伯峻译注：《论语译注》，第228页。

④ 钱穆：《论语新解》，第460页。

⑤ 姚中秋：《〈论语〉大义浅说：可大可久的生命之学》，第609—610页。

⑥ 杨伯峻译注：《论语译注》，第8页。

乃是郑重地表示曾子把过去闻之于夫子的话语带入其当下与周遭他人的交往、对话之中,带入《论语》的编纂之中,带给未来的人们,重返一条"告诸往而知来者"①(《论语·学而》)、"践迹"而"入室"["不践迹亦不入于室"②(《论语·先进》)]的个体成人路径。我们再结合《论语》开篇所云,如果《论语》开篇主要内容是讲一个人自我为学以及孔子和弟子相与论学,即回答"学而时习之,不亦说乎? 有朋自远方来,不亦乐乎",那么《论语》到末篇就是孔子和弟子一起直面宽广的现实而生发出"人不知而不愠,不亦君子乎"的真切应答与生动解释:尽管时人并不理解、认同孔子,但他依然执着而为,不离不弃,这其中所昭示的正是以身示范、以生命来示范的君子人格。正因为如此,《论语》的篇章结构大抵契合《论语》开篇的精神特质,即从"学而时习之""有朋自远方来"之"说""乐"到"人不知而不愠"的冷静。

从微子到孔子,其间隐含的主旨是孔子无力直接地改变现实政治,转而以文教体系的建立,致力于年轻人的培育来践行个人的文教理想,凸显个体成人的代际更替与代际视域。《论语·尧曰》则是在尧、舜、禹、汤、文王、武王而孔子的更宽广的历史脉络之中显示孔子思想与实践的根本用意与价值所在,由此凸显个体成人的文明视域,即文化传承与文明相续的生命意义。"大道不行,然后退而修学。修学不是为了学术本身的繁荣,而是为了前述古人,后俟来者,在旧学新知的变化中损益文质,通变古今,保持这条道路的上下贯达,往来条畅,通过修学而来实现天道人事的蓦然常新。"③如果面对现实政治的孔子是不成功的,甚至被人形容为"累累若丧家之狗"④(《史记·孔子世家》),那么作为文教体系创立者的孔子无疑是成功的,实际上这也是孔子知其不可而依然能够坚持不懈的理由。无疑,后期孔子对现实人世改进的信念更趋成熟,乃是一种悲观之中的审慎、乐观,是一种明知人性与社会改进之艰难而不放弃的姿态。孔子以一种对天命的接纳与由此而来的包容、冷静、平和与时中的姿态,加上一种不离不弃的人间大爱,坦然面对现实的成败得失,倾心于文教体系的建立与文教传统的赓续,形成自我热烈而坚定的生命姿态。这提示我们,一个人选择学以成人、学为君子,就需要把自我置于更宽广的历史文化视域之中,意识到这条道路并不容易,需要我们勇敢

---

① 杨伯峻译注:《论语译注》,第 10 页。

② 同上书,第 132 页。

③ 柯小刚:《道学导论(外篇)》,上海:华东师范大学出版社,2010 年,第 2 页。

④ 司马迁:《史记》,第 1969 页。

地面对其间的艰辛，并在其中健全自己的人格。

四、从"明明德""亲民"到"止于至善"：《论语》背后的精神旨趣

我们再来分析其间精神转变的大致过程："明明德"作为个体生命上升的过程，一个人完全可能以"学而时习之"的姿态发展自我，并在此过程中"不亦说乎"，体现出自我生命因为"学而时习之"所带来的充实和喜悦。"亲民"的过程则是个体走向他人与社会的过程。如果"学而时习之"所带来的生命之乐是由内而外、发自内心的本然之悦，那么"有朋自远方来"之乐，则更是一种主观、客观相结合的生命磨砺之乐。即一方面自我主动地以积极开放的姿态接纳他人，另一方面在人与人的相处之中历练自我，比之于"学而时习之"的单纯之悦，"有朋自远方来"之乐更多一点现实性。而当一个人更深入地走向社会，在更宽广的视域之中理解自我与社会的关系，深度地理解自我生命的有限性和周遭世界的不完善性与复杂性，一个人需要切实地理解"人不知"的根本处境，并依然能够保持"而不愠"的生存样态，唯其如此，一个人才能够真正达成置身理想与现实、当下与历史、有限与无限之中的自我完善。《论语》所提示于人的就是积极向上地发展自我，达观包容地走向社会，理解并在接纳现实世界复杂性的基础上完善自我。其间的精神特质乃是发展自我时的乐观向上，走向社会时的从容淡定，完善自我时的沉着坚毅。

如果我们把《论语》开篇视作孔子自身思想与生命的缩影，是孔子学以成人思想之集中体现，也是《论语》编纂的导引，那么整部《论语》就是这一引线的展开。在这个意义上，《论语》的编纂者无疑深谙孔子思想的精髓，细微之中体现了对孔子思想的承续。

正因为如此，《论语》作为孔子及其弟子教育智慧的结晶，其间所传递出来的潜在教诲就是：个体成人意味着个体从少年立志开始，在"学而时习之"中充分地打开自我，培育人性向善的生命信念，带出个体的仁心自觉，一步步弘扩之，走向高明之德；学有余力，个体转向现实他人，始终立足于自我德行之磨砺，学会接纳他人不完善的现实，恕让他人，同时不放弃自己的努力，持续而渐进地走向他人与世界，以时中的姿态面对现实政治的复杂性，形成自我与他人、社会的有机联结，促成自我人格在现实中持续地历练与自我生长；进一步把自我置于更宽广的历史时空之中，意识到自己置身天地时空之中的天命，承认自我生命的有限性，始终抱持着对现实人世的爱，觉知并坚守自己的使命，努力为之，让自我有限的生命融入这个世界，形成与这个世界的共在。所

谓"止于至善",不是让自我栖居于高明之德的浪漫之中,不是让自我逃离世界,而是让自我有限的生命深度地融入这个世界,接纳现实的不完善,执着地爱这个世界,不离不弃,"知其不可而为之"。唯其如此,我们才真正成为立身天地之中、"知者不惑,仁者不忧,勇者不惧"的中华民族堂堂正正之君子。在这个意义上,所谓"明明德"乃是个体小我的自身完善,是个体成长的起始性阶段;所谓"亲民"乃是社会中自我的逐步打开,是个体成人在彼此磨砺中得到发展、趋于成熟的阶段;所谓"止于至善"乃是天地大我的逐步形成,是个体人格的完成阶段。如果说"明明德"着眼于个体在学习中的自我打开,"亲民"是自我向着周遭他人的生命打开,那么"止于至善"就是个体向着族类生命共同体的整体打开。"止于至善"之"止",正是个体融入生生不息的族类生命共同体之中,"至善"的根本含义就是族类生命共同体的生生不息。正是族类生命共同体的生生不息,让个体获得永恒性的依据,由此而超越虚无。这其中,隐含的正是一个人从立志向学而开启自我成长之路,到转向置身社会空间的砥砺自我与逐步成熟,再到向着历史人文与天地人事的人格完善之个体成人序列。

如果《论语》的主体部分是孔子释礼归仁,凸显孔子以仁为中心的思想体系之建立,凸显孔子对尧、舜、周公以来文教传统的发扬,那么《论语》以《尧曰》为终篇,在一定意义上所提示的正是孔子仁学思想向着文教传统的复归,成为文教传统的一部分,孔子自身也在这种转化中完成其自我人格的根本性超越。正如《史记·太史公自序》所言:"先人有言:'自周公卒五百岁而有孔子。孔子卒后至于今五百岁,有能绍明世,正《易传》,继《春秋》,本《诗》《书》《礼》《乐》之际?'意在斯乎!意在斯乎!小子何敢让焉。"[1]在这里,司马迁同样是经由父亲的教诲而自觉到自身赓续文教传统之使命担当。正如徐梵澄所说:"汉代的伟大历史学家司马迁,东方的希罗多德,曾计算出从周公(死于公元前1104年)到孔子间隔五百年,从孔子到他的时代也是五百年。司马迁十分珍视并自豪于他个人生在这样的节点或时会上,从而有幸跟随先贤的脚步。司马迁肩负着特殊的使命,他的著作《史记》可以媲美于孔子留下的文字。"[2]这其间隐约道出了孔子之成为圣者人格、大人格的文化根源,即让自我充分地融入中华民族文教传统的根脉之中,致力于文教传统的赓续与绵延,个体自身也在承前启后的过程中达成自我人格的整体超越。这里实际上隐含着中国古典视域之中,或者说中国文化视域之

---

①　司马迁:《史记》,第3922页。

②　徐梵澄:《孔学古微》,《序》第4页。

中个体成人的根本路向，即个体成人最终完成于自我向着中华民族文教传统的复归，向着人与文持续互动建构起来的生生不息之生命共同体的融入①，个体也因此而超越虚无以及现实人生的匮乏与无力。这其中隐含的正是生命共同体的长久维系何以可能的古典路径。这也正是置身乱世、无力改变现实政治的孔子依然能够泰然处之的根本原因，他深情的目光业已超越不完善的现实而转向过去、现在与未来的整体性时间，转向天下，转向宽广的族类甚至整个人类生命共同体，并在其中抵达永恒，个体自然生命的偶在性也由此而转向文化价值生命的永恒性。② 晚年，"为了寻求问题的根源，孔子着手整理诗歌，涵盖所有诵诗和赞词，将音乐和礼仪导向正轨。这不是激进的革命，却有转化之力，其效用在人群中逐渐彰显"③。在这个意义上，《论语·尧曰》所提示于我们的正是一个人深度自我认识的可能性路径：如果个体成人的根本在于人的自我认识，那么一个人深度的自我认识，即个体超越现实生存空间而置身天地永恒视域之中的自我认识，究其根本指向而言一定是族类以至人类生命共同体的生生不息。由此，我们也可以更深入地认识孔子对文教传统的创制与守护的根本意义：对斯文的关怀，究其根本而言，正是对文教传统所呵护的个体成人之本原的关怀。正是在这里，我们可以清楚地看出，孔子所敞开的生命理想，虽然立足于俗世，但表现出一种极其宽广的精神性。④

---

① 《论语·子路》云："子适卫，冉有仆。子曰：'庶矣哉。'冉有曰：'既庶矣，又何加焉？'曰：'富之。'曰：'既富矣，又何加焉？'曰：'教之。'"（杨伯峻译注：《论语译注》，第 153 页）庶之、富之、教之，就是促成人之繁衍生息与文之传承不已的基本实践方式。

② 正如《孟子·滕文公下》所言："世衰道微，邪说暴行有作，臣弑其君者有之，子弑其父者有之。孔子惧，作《春秋》。《春秋》，天子之事也。是故孔子曰：'知我者其惟《春秋》乎！罪我者其惟《春秋》乎！'"（杨伯峻译注：《孟子译注》，北京：中华书局，2008 年，第 116 页）孔子晚年作《春秋》，关注的乃是天子之事，意在为后世确立合乎道义的政治法则，以促成族类以至人类生命共同体的完善。正如徐梵澄所论："《春秋》无关个人行为，是国家治理的标指。每当人们在叛乱或革命中迷失方向，总会转向《春秋》，以《春秋》为准建立新王朝。《春秋》……不能预测国家前途，却可以提供正确和适宜的行动、形式、规范和例证，供人遵循。"（徐梵澄：《孔学古微》，第 107 页）

③ 徐梵澄：《孔学古微》，第 91 页。

④ 徐梵澄这样说道："他没有过贫穷的生活，而是过着合乎于贵族身份的相对富足的生活。……大体上说，孔子遵照古礼过着非常健康和舒适的生活，在成熟的老年自然地离去。他不似耶稣被钉死在十字架上，不似佛陀归于涅槃，也不似老子如印度隐士（Vanaprastha）一样遁去。如此这般，孔子难道就不是精神导师了吗？"（同上书，第 208—209 页）换言之，孔子自身表现出来的正是一条立足俗世而显现出个体精神之超越性的生命路径。

我们再来看《左传·襄公二十四年》穆叔(叔孙豹)与范宣子的对话,就会有新的认识:

> 二十四年春,穆叔如晋。范宣子逆之,问焉,曰:"古人有言曰,'死而不朽',何谓也?"穆叔未对。宣子曰:"昔匄之祖,自虞以上,为陶唐氏,在夏为御龙氏,在商为豕韦氏,在周为唐杜氏,晋主夏盟为范氏,其是之谓乎?"穆叔曰:"以豹所闻,此之谓世禄,非不朽也。鲁有先大夫曰臧文仲,既没,其言立。其是之谓乎!豹闻之,大上有立德,其次有立功,其次有立言,虽久不废,此之谓不朽。若夫保姓受氏以守宗祊,世不绝祀,无国无之,禄之大者,不可谓不朽。"①

我们对照《论语·尧曰》,就会发现其间在思考路径与精神旨趣上的一脉相承。首先,是视域的扩展,一是时间视域的扩展,即从当代扩展到历史,二是空间视域的扩展,即从一家一姓扩展到天下;其次,是基于视域扩展来谈论"死而不朽",即超越时间与空间的限制而追求某种永恒性的事物,也即个体如何可能超越自我生命的有限性而通达永恒;最后,由此而来,个体对永恒性的诉求就必然意味着从一己小我之中走出来,转向更宽广的族类甚至人类生命共同体。孔颖达这样解释:"立德,谓创制垂法,博施济众……立功,谓拯危除难,功济于时……立言,谓言得其要,理足可传。"②孔颖达的解释可谓深得要义。这里的"立德"不仅是个人的"明明德",还是立大德,"明明德"于更宽广的历史时空之中,把个体德行的发展置于更宽广的族类生命共同体持续发展的视域之中,即从"明明德"走向"亲民"而"止于至善","创制垂法,博施济众",为后世提供可持续的礼法制度,"博施于民而能济众"③(《论语·雍也》);"立功"乃是在其时代努力去实践"博施于民而能济众"的理想,"拯危除难,功济于时";"立言"同样不只是个人意见的表达,还是要"言得其要,理足可传",即让自我的言说合乎道,贴近历史发展的内在理性,唯其如此,我们所立之言才有可能传之久远。

我们再来分析《论语》篇章结构的内在理路:第一篇到第九篇,侧重孔子以言教弟子,即立言于弟子心中;第十篇到第十七篇,侧重孔子自己和弟子一起融入现实政治,

---

① 杜预注,孔颖达疏:《春秋左传正义》卷三十五,武英殿十三经注疏本,北京:线装书局,2013年,第205—209页。

② 同上书,第208页。

③ 杨伯峻译注:《论语译注》,第72页。

意在立功于其时代；第十八篇到第二十篇，侧重孔子自觉融入尧、舜以来的文教传统，以文教体系的创立与坚持而求得中华民族文教传统的赓续，其实质就是"立德"，立大德于中华民族的历史时空之中。① 孔子也由此超越自我生命时间的有限性而达于个体精

---

① 正如《史记·孔子世家》所记："子曰：'弗乎弗乎，君子病没世而名不称焉。吾道不行矣，吾何以自见于后世哉？'乃因史记作《春秋》，上至隐公，下讫哀公十四年，十二公。据鲁，亲周，故殷，运之三代，约其文辞而指博。故吴楚之君自称王，而春秋贬之曰'子'；践土之会实召周天子，而《春秋》讳之曰'天王狩于河阳'。推此类以绳当世。贬损之义，后有王者举而开之。《春秋》之义行，则天下乱臣贼子惧焉。"（司马迁：《史记》，第1997—1998页）孔子之作春秋，就是一种为后世垂范的政治行动。《史记·太史公自序》云："孔子知言之不用，道之不行也，是非二百四十二年之中，以为天下仪表，贬天子，退诸侯，讨大夫，以达王事而已矣。"（同上书，第3923页）孔子所拳拳眷顾的乃是何以确立天下人行动的准则，达于王道之事。正如徐梵澄所言："孔子不断地寻求服务于君王的机会，又不断地失败。及至晚年退隐之时，除去编写《春秋》和其他文献书籍之外，已再无机会去施展抱负了。而这又是极其艰巨的工作，首先在规正名分，其次在价值辩护。孔子希望后人能凭借他所留下的遗产实现其高远的理想。而此时，他所能把控的仅仅是一支笔而已。"（徐梵澄：《孔学古微》，第16页）反过来，我们也可以说，孔子直到晚年依然不放弃最后的努力，那就是用心中的笔墨来书写历史，以之为后世垂范。所谓"王者之迹熄而《诗》亡，《诗》亡然后《春秋》作。晋之《乘》，楚之《梼杌》，鲁之《春秋》，一也；其事则齐桓、晋文，其文则史。孔子曰：'其义则丘窃取之矣。'"（杨伯峻译注：《孟子译注》，第148页）孔子作《春秋》乃是继承《诗经》之褒善贬恶的大义，由此而让作为普通历史书写的鲁之《春秋》变成为后世政治实践立法的《春秋》，由此才会有孟子所谓"昔者禹抑洪水而天下平，周公兼夷狄、驱猛兽而百姓宁，孔子成《春秋》而乱臣贼子惧"（同上书，第168页）。非常有意思的是，孟子的说法跟《论语·尧曰》开篇的书写路径异曲同工，都是把孔子置于尧、舜以来的圣王传统之中，其间隐含的正是立大德的要义。我们再来看《汉书·萧望之传》中的一段："三年，代丙吉为御史大夫。五凤中匈奴大乱，议者多曰匈奴为害日久，可因其坏乱举兵灭之。诏遣中朝大司马车骑将军韩增、诸吏富平侯张延寿、光禄勋杨恽、太仆戴长乐问望之计策，望之对曰：'《春秋》恶士匄帅师侵齐，闻齐侯卒，引师而还，君子大其不伐丧，以为恩足以服孝子，谊足以动诸侯。前单于慕化乡善称弟，遣使请求和亲，海内欣然，夷狄莫不闻。未终奉约，不幸为贼臣所杀，今而伐之，是乘乱而幸灾也，彼必奔走远遁。不以义动兵，恐劳而无功。宜遣使者吊问，辅其微弱，救其灾患，四夷闻之，咸贵中国之仁义。如遂蒙恩得复其位，必称臣服从，此德之盛也。'上从其议，后竟遣兵护辅呼韩邪单于定其国。"（班固：《汉书》，马玉山、胡恤琳选注，太原：山西古籍出版社，2004年，第262—263页）公元前57年，匈奴内乱，部落之间相互争战。有人建议汉朝皇帝，认为这是难得的机遇，可派兵一举将匈奴歼灭，永远消除边患。众人咨询萧望之，萧望之引《春秋》中的故事，说之以仁义之道。汉朝皇帝听从了萧望之的建议，派遣特使护送单于复位，匈奴内战终止，各部落重归和平。在这里，《春秋》中的几句话，使邻族免于灾害。同样的事情发生在1048年的宋朝。西夏国君李元昊死，留有幼子，朝政把持在三个将军手中。有人建议宋仁宗分别授以三个将军官爵，使权力分散，西北边疆才会获得些许安宁。朝廷内部照例展开了一场争论，大臣程琳基于同样的原因，引《春秋》中同样的内容，建议采取汉朝对待匈奴的策略。宋仁宗采纳了程琳的建议，并取得良好的效果。（徐梵澄：《孔学古微》，第108—109页）不难发现，孔子所阐发的仁爱理念、仁政理想和隐含在《春秋》中的仁德精神传布在中华民族的历史发展过程中，成为重要的政治法则与宝贵的精神财富。

神的不朽。亦如《史记·孔子世家》所云:"天下君王至于贤人众矣,当时则荣,没则已焉。孔子布衣,传十余世,学者宗之。自天子王侯,中国言六艺者折中于夫子,可谓至圣矣!"①

　　值得一提的是,当我们把《论语》内在的精神结构大致区分为"明明德",而"亲民",而"止于至善"之时,三者之间并非截然分开,毋宁说是一个彼此呼应、相互渗透的有机整体。"明明德"与"亲民"乃是一个双向互动的过程。"明明德"本身是向着他人打开自我,是在理想世界中走向"亲民";"亲民"是出于"明明德"而走向他人,是在积极走向他人的过程中进一步历练、敞亮个体的德行,即进一步"明明德"。"明明德"与"亲民"的互动与拓展,让个体融入更宽广的他人,融入代际的绵延之中,最终融入历史长河与文教传统的赓续之中,并在其中找到生命的归属,个体也由此而"止于至善"。就体用关系而言,"明明德"是以"明德"来充盈自我生命本体,即"明体";"亲民"是以走向他人与社会来"达用";"止于至善"是以"达用"的扩展与提升,而让自我生命本体得以融入更宽广的文化生命共同体之中,由此而臻于自我生命本体的提升与完善。正是体用之间的持续互动,推动着个体成人之境界的不断提升。

　　非常有意思的是,当我们沿着《论语》二十篇的发展脉络悉心体会之时,就会发现其间似乎隐含着个体成人的由正而反而合的辩证法:第一篇到第九篇侧重孔子对弟子的正面引导与个体在"仁远乎哉? 我欲仁,斯仁至矣"②(《论语·述而》)的主体自觉之中逐步打开自我理想人格的塑造之路;第十篇到第十七篇侧重把弟子的成长置于诸种现实境遇之中,置于个体生命整体发展的历程之中,在开放的视域之中促成个体以现实的磨砺而成人,让个体人格发展注入现实的内涵;第十八篇到第二十篇则侧重让个体在直面不完善之现实境遇的过程中,拓展个体成人的时间与空间,在历史与天地的整体视域之中引导个体追求自我完善的可能性,即在历史人文的赓续之中完善自我的德行、人格,最终让自我融入文教传统之中,寄托自我生命的永恒关怀,置于个体生命的有限之中而从容地面对世界的永恒与无限,臻于个体人格的完整性生成。正如徐梵澄所言:"自我延伸之路线有两条,一条是转向道德伦理领域,扩展至处于同一平面上的大众;另一条是向内或向上转对在上的神性,即形而上学领域,个人得以纵向提升。"③孔子所选择的方式乃是转向大众,"儒学向外转的努力旨在社会进步,大众成

---

① 司马迁:《史记》,第 2003 页。
② 杨伯峻译注:《论语译注》,第 85 页。
③ 徐梵澄:《孔学古微》,第 58 页。

长,人类整体最终得以超越"①,个体也由此而达成一种精神性的"神圣圆成"②。正是在这个意义上,徐梵澄称"孔子是一位精神导师,而非道德说教者"③,无疑切中肯綮。换言之,孔子的用意并不是简单地训以道德规范,而是以自我整体生命的投入来引领个体精神的提升。我们常常把孔子看低,变成单纯的道德训诫,但其实孔子最终要解决的并不仅仅是现实问题,而是个体如何转向天道、面对永恒的根本性问题;孔子也不仅仅是以其言来教,而是以其整个生命来提供示范。由此,我们就很容易理解孔子的因材施教,即孔子面对不同的弟子、同一弟子的不同时机,因人、因时施以不同的教育,根本用意就在于孔子和弟子一起进入当下,开启个体在此时此地寻求自我超越的精神之路,并激励个体心灵上升的力量。

我们综合起来看:从《论语·学而》第一章开始,可谓个体成人的启航,"十有五而志于学"④(《论语·为政》),个体从立志向学开始,逐步打开自我积极向上的人生,以个体活泼而敏锐的心智,在理念的世界之中去追求高明之德;从《论语·先进》开始,孔子更多是面向作为现实为政者的弟子施教,个体成人逐步转向现实,承受宽广而复杂的现实性,让理想的高明之德接受现实的磨砺;从《论语·微子》开始,个体成人转向更宽广的历史时空,个体不得不在更宽广的历史时空之中面对自身存在的有限性,向死而生,面对个体终有一死的人生而获得有限生命价值向着无限之域的延展。如果"明明德"是立足于个体理智世界的自我完善,是个体生命"复其初"⑤的行动,"亲民"是个体置身现实社会中的彼此磨砺,是"既自明其明德,又当推以及人"⑥的实践,那么"止于至善"是个体置身历史与永恒之域达成自我人格的整体历练。由此,"止于至善"显现出另一层含义——个体正是在面对永恒与无限之域而获得自我精神的归属,即将自

---

① 徐梵澄:《孔学古微》,第 58 页。

② 同上书,《序》第 7 页。

③ 同上书,第 68 页。

④ 杨伯峻译注:《论语译注》,第 13 页。

⑤ 朱熹这样解释:"明,明之也。明德者,人之所得乎天,而虚灵不昧,以具众理而应万事者也。但为气禀所拘,人欲所蔽,则有时而昏;然其本体之明,则有未尝息者。故学者当因其所发而遂明之,以复其初也。"(朱熹撰:《四书章句集注》,第 4 页)有人这样解释:"明德,谓至德,是指人生之初所秉赋于天的最美善的德性,亦即所谓'人之初,性本善'的'善性'。此'明德'受后天利欲所蔽致使昏而不明,须通过学习以明之,故曰'明明德'。"(杨天宇撰:《礼记译注》,第 800 页)这里的解释大抵是朱熹解释的翻版,即从自我天赋善性出发,使之彰明,生发出高明之德。

⑥ 朱熹撰:《四书章句集注》,第 4 页。

我整体地融入生生不息的族类甚至人类生命共同体之中,在现实人世找到自我生命孜孜以求的努力方向与面对永恒的终极依托。"止于至善"是一个人超越现实,抵达永恒与无限,寻求个体精神稳定依据的表达。在这个意义上,"止于至善"就不仅仅是朱熹所言的"尽夫天理之极,而无一毫人欲之私也"①,即超越私欲而趋向神圣的天理,而是怀着鲜活的人间之爱而趋向永恒天道与活泼人事的合一,也即怀着大爱、超越小我而真实地转向对族类甚至人类生命共同体完善的促进之中。

其间蕴含着个体成人之基本阶段与隐秘路径,三个阶段大抵对应个体成人的少年阶段、青年阶段与成年阶段。第一个阶段凸显个体成人的正面塑造,即个体人格理想的激励,树立少年志向;第二个阶段侧重个体成人的负面磨砺,即个体人格历经现实复杂性的打磨,以仁爱之心走向他人与社会,担当社会责任,充分历练自我;第三个阶段则是个体超越现实,在更高的历史与天地视域之中完成人格发展的自我整合,促成个体人格的最终完善,这种完善并不是向着世界逃离,而是怀着深广的爱执着地活在并不完善的现实世界之中。② 当我们从正、反的辩证视角来看时,所谓"明明德""亲民""止于至善"的"大学之道",就有了另一层含义:个体成人始于少年阶段的"明明德",即从正面确立个体成人的价值理想;发展于青年阶段的"亲民",即积极走向他人,逐步意识到社会与人性的复杂性,并开始直面这种复杂性;成于"止于至善",即个体人格在接纳现实的基础上保持自我超越的姿态,进而在趋向人道与天道的整体视域中臻于自我人格的完善,个体也由此而实质性地进入成熟的人生阶段。由此,我们可以伴随着《论语》研读的深入而逐步开启自我精神成长的道路。

其中隐约传递着古典中国所开启的个体成人之基本秩序:个体立志向学,以人的自我完善即"明明德"作为个体成人的初始目标,这个阶段大抵接近个体走向哲学;个体走向他人,以成就他人即"亲民"作为个体成人的深化目标,这个阶段大抵接近个体

---

① 朱熹撰:《四书章句集注》,第 4 页。

② 或许这正是《论语》最后三章编纂者意欲留给后人的精神启迪,是弟子把孔子的精神影像经由《论语》而永恒地留在中华民族的历史时空之中。范仲淹《岳阳楼记》结尾云:"嗟夫! 予尝求古仁人之心,或异二者之为。何哉? 不以物喜,不以己悲。居庙堂之高,则忧其民;处江湖之远,则忧其君。是进亦忧,退亦忧。然则何时而乐耶? 其必曰'先天下之忧而忧,后天下之乐而乐'乎! 噫! 微斯人,吾谁与归?"(上海辞书出版社文学鉴赏辞典编纂中心编:《古文鉴赏辞典》(宋金元),上海:上海辞书出版社,2021 年,第 1125 页)范仲淹的深情告白可以说就是置身时间之中对孔子精神的历史回应。

走向政治；个体进一步趋于成熟，打开自我存在更宽广的时间与空间视域，以个体人格在天地永恒视域之中的完善即"止于至善"作为根本目标，这个阶段大抵接近个体走向历史。这里实际上也提示了一个我们今天如何读《论语》的可能性时间序列：少年阶段读《论语》，侧重读第一篇至第九篇；青年阶段读《论语》，可以深入研读第十篇至第十七篇；成年阶段读《论语》，则可以精研第十八篇至第二十篇。

我们再回到《论语·学而》开篇，当孔子跟弟子讲述"学而时习之，不亦说乎？有朋自远方来，不亦乐乎？人不知而不愠，不亦君子乎"，孔子是要把其间所昭示的生命结构一开始就植入年轻个体的生命结构之中：个体成人首先关乎自身，我们在"学而时习之"的过程中打开自身，获得自我生命的愉悦；同时，个体成人始终离不开他人，个体成人乃是一个向着他人持续敞开的过程，接纳他人，和他人共同欣赏、相互磨砺，带出个体成人的开放性结构；个体成人始于立志，"人不知而不愠，不亦君子乎"，孔子是要在个体为学之开端，确立以"人不知而不愠"的有德行的君子作为个体成人之基本目标。换言之，孔子一开始就是把个体成人置于更宽广的视域之中，置于个体与他人、社会彼此关联的视域之中，甄定为学的目的，提示个体树立关爱他人与社会的目标，同时又不热衷于追求外在的声誉，学以成己。这里涉及一个关键性的问题：在孔子这里，没有孤立个体的自我完善，个体成人一开始就需要被置于向着他人与社会敞开的整体性视域之中，人我相通，公德私德一体，互动发展，整体建构。

《论语·学而》第二章云：

> 有子曰："其为人也孝弟而好犯上者，鲜矣；不好犯上而好作乱者，未之有也。君子务本，本立而道生。孝弟也者，其为仁之本与！"①

孝悌之所以作为个体为仁之本，乃是因为家庭场域作为个体自然生命切近的空间，可以有效地唤起个体的仁爱之心，即以孝悌为基本实践路径来培育个体的仁德，进

---

① 杨伯峻译注：《论语译注》，第2页。有子的话一方面看到了孝悌作为个体为仁之本，即由孝悌而延展到公共政治生活中的忠信之可能性，在这一点上契合孔子的仁德理念；但另一方面，有子过于强调犯上作乱，没有看到孔子对上下之相互关系的认识，并非强调单方面的道德义务。"有子主张'不犯上'，孔子则说事君之道，'勿欺也，而犯之'，认为君臣乃一互相对待之关系，'君使臣以礼，臣事君以忠'；君臣相与，必须合乎道义，所谓'以道事君，不可则止'。"（刘强：《论语新识》，第6页）在这一点上，有子显然不如孔子高明。

而扩展到公共政治生活领域。"在某种程度上,家族是社会的堡垒,如果家族培养出良好的成员,他在社会中就是良好的个体。"①个体成人由孝悌而忠信,一步步导引着个体仁心的敞开;反过来,仁心的扩展让个体融通孝悌与忠信,贯通公共领域与私人空间。"本立而道生",为仁之本的确立本身就内含着个体通往更宽广之公共生活的可能性。基于仁心而打开的孝悌、忠信之交往实践,也不仅是个体生命的规约,更是个体生命视域的打开与个体精神的历练。由孝悌而忠信,从家而国,从私人领域而公共生活,贯穿其中的正是"一以贯之"的仁道。② 个体的公共政治实践究其内在支持而言正是仁爱之心③,仁爱心灵的培育与扩展,融通私人领域与公共领域,带出个体人格的完整性。"从孔子或儒家的视域而言,没有不关乎公共的私德,也没有不从私德入手的公德。舍个人的成德而谈公共道德、集体责任乃至人类团结,都是无根之木、无源之水。只有当个人对自我有所承当,才能对集体乃至人类有所承当。否则,力小而任重,必不能为。而个人的道德,也只有在不断扩充乃至融入宇宙大我的过程中,才能找到自身立足的真实依据和本源。……对于孔子来说,个人的成德,必须要在公共生活的实践、伦理角色的担当中去完成;而个人的成德实践,反过来也关乎良善的社会关系的实现,美好的社会教化的形成。"④从"明明德""亲民"到"止于至善",其间

---

① 徐梵澄:《孔学古微》,第 157 页。

② 公德、私德的区分是现代人的一个观念。梁启超在 1902 年提出,中国传统只讲私德,在公德方面毫无建树;但就在次年,他发现离开私德侈谈公德终究蹈空不实,于是转而主张以私德修养为第一义,以私德为公德的基础(梁启超编著:《梁启超修身三书》,彭树欣整理,上海:上海古籍出版社,2016 年,《编者前言》第 1—2 页。何益鑫:《成之不已:孔子的成德之学》,上海:复旦大学出版社,2020 年,第 22—23 页)。

③ 孟子在这方面进一步得到凸显:"王子垫问曰:'士何事?'孟子曰:'尚志。'曰:'何谓尚志?'曰:'仁义而已矣。杀一无罪非仁也,非其有而取之非义也。居恶在? 仁是也;路恶在? 义是也。居仁由义,大人之事备矣。'"(《孟子·尽心上》。杨伯峻译注:《孟子译注》,第 246—247 页)在孟子这里,真正的士就是由仁义行。居住于仁而行走由义,仁成为个体现实行动的本体基础,所谓"仁,人心也;义,人路也"(《孟子·告子上》。同上书,第 295 页)。徐梵澄这样评论:"无数历史事实证明,无论多么完善和完整的规章法律(如今名为'计划'),多么出色的体制,都会衰颓,渐至无用。除非有高上之心思以远见,更重要的是,以善意对其不断地维护、更新和改善。善意在古代称为'善心',神圣之爱(仁)为其宅舍。在此'仁'中存有给予和保持生命的巨大权能。正当地应用这一权能,可为社会乃至个人福乐的不竭之泉。这给予和保持生命的力量即为'天地之大德',即为'恩典(Grace)'。那就是'人类应居于其中的安适宅舍',亦即是所有学者的志向所在。"(徐梵澄:《孔学古微》,第 189 页)

④ 何益鑫:《成之不已:孔子的成德之学》,第 23 页。

不仅仅是个体成人的历时性生命发展序列，同时也是个体成人在当下的共时性生命发展样态，即作为个体生命在当下的自我打开方式，个体"明明德"的过程同时就是自我向着"亲民""至善"之域而敞开自我高明德性追求的过程。

从"学而时习之""有朋自远方来"到"人不知而不愠"，个体成人之路在人与人的关联视域之中展开；到后期，孔子提出"不怨天，不尤人，下学而上达"①（《论语·宪问》），由此而把"人不知而不愠"中着眼的人与人的关系转换成"知我者其天乎"②（《论语·宪问》）的人与天的关系，在自我与天道合一之中进一步廓开心灵的境界，进而以人与天的关系引领人与人的关系，带出个体成人的超越性。当一个人立足于自我的完善，而又不断向他人打开自我，进一步"下学而上达"，由此而在人与天合一的过程中不断趋向"至善"之域，让自我完善在更宽广的时间与空间，这其中所显现出来的，岂不正是孔子"一以贯之"的生命实践大道？

五、《论语》作为"论语"：让"伦理""轮转"于当下

我们从孔子与弟子的关系来看《论语》的篇章结构，大致可以这样分析：前面九篇主要是孔子向弟子言说；从第十篇开始，孔子把弟子带入现实生活中继续言说，《论语·子张》则是孔子卒后弟子接着孔子言说，《论语》终章再一次回到孔子，不仅是对《论语》的总结，也是对孔子的尊重。其间隐含的另一层含义就是弟子在接着孔子言说的同时，我们依然还需要再次回到孔子，由此而凸显《论语》之为"论"的多重意义。皇侃《〈论语义疏〉自序》云："舍字制音，呼之为'伦'。……一云'伦'者，次也，言此书事义相生，首末相次也；二云'伦'者，理也，言此书之中蕴含万理也；三云'伦'者，纶也，言此书经纶今古也；四云'伦'者，轮也，言此书义旨周备，圆转无穷，如车之轮也。"③《论语》并非孔子话语的简单

---

① 杨伯峻译注：《论语译注》，第176页。

② 同上。

③ 皇侃撰：《论语义疏》，第2页。《论语注疏解经序序解》云："然则夫子既终，微言已绝，弟子恐离居已后，各生异见，而圣言永灭，故相与论撰，因采时贤及古明王之语合成一法，谓之《论语》也。郑玄云：'仲弓、子游、子夏等撰定。论者，纶也，轮也，理也，次也，撰也。'以此书可以经纶世务，故曰纶也；圆转无穷，故曰轮也；蕴含万理，故曰理也；篇章有序，故曰次也；群贤集定，故曰撰也。"（何晏注，邢昺疏：《论语注疏》，北京：中国致公出版社，2016年，《论语注疏解经序序解》第1页）以此观之，皇侃这里所引《论语》之"论"的多重意义，当出自郑玄。

堆砌,其间隐含着某种次序。我们需要越过《论语》片段化的师生言说去理解其间的次序,理解其间所蕴含的伦理。此种伦理不仅面向孔子的弟子,而且生发在历史时空之中,联结过去又面向未来,"经纶今古",流转未来。《〈论语义疏〉自序》云:"'语'者,论难答述之谓也。……此书既是论难答述之事,宜以'论'为其名,故名为《论语》也。然此'语'是孔子在时所说,而'论'是孔子没后方论。'论'在'语'后,应曰'语论'。而今不曰'语论'而云'论语'者,其义有二:一则恐后有穿凿之嫌,故以'语'在'论'下,急标'论'在上,示非率尔故也。二则欲现此'语'非徒然之说万代之绳准,所以先'论',已备有圆周之理。理在于事前,故以'论'居'语'先也。"①换言之,就实际发生次序而言,乃是"语"在"论"先,即先有孔子和弟子交往时的诸种言谈,后有弟子在孔子死后的汇纂;就汇纂意图与价值的生发逻辑而言,则是"论"在"语"先,汇纂的理由乃在于以"语"来显现其"论","论"引导着"语"的打开。名之为"论语",其用意是"上以尊仰圣师,下则垂轨万代"②。

我们再来看孔子和弟子如何谈论德政:

子曰:"道之以政,齐之以刑,民免而无耻;道之以德,齐之以礼,有耻且格。"③(《论语·为政》)

季康子问政于孔子曰:"如杀无道,以就有道,何如?"孔子对曰:"子为政,焉用杀?子欲善而民善矣。君子之德风,小人之德草。草上之风,必偃。"(《论语·颜渊》)

孟氏使阳肤为士师,问于曾子。曾子曰:"上失其道,民散久矣。如得其情,则哀矜而勿喜!"④(《论语·子张》)

我们把此三章结合起来分析:第一章是孔子直接面对弟子阐述为政之道,突出仁政相对刑政的优越性;第二章是孔子面对作为为政者而执着于刑政的季康子提出德政的意义与路径;第三章是曾子面对即将出任士师的阳肤阐发如何践行"上失其道"背景

① 皇侃撰:《论语义疏》,第3—4页。
② 同上书,第1—2页。
③ 杨伯峻译注:《论语译注》,第12页。
④ 同上书,第229页。

下的仁政。在这里，孔子是仁政理念的倡导者与践行者，曾子则秉持了孔子的仁政理念，并用之于特殊的情境之中，让孔子的仁政理念得以有效落地；同时也是孔子"一言而可以终身行之"之恕道的体现，可谓深得孔子仁爱之道的精髓，并用之于政事。综合起来我们可以发现，一方面是孔子的德政理念本身在弟子身上的传承，由此而使得孔子思想作为"伦理"而"轮转"在弟子身上；另一方面是孔子进入政治的方式同样地赓续在弟子的实践之中，由此而使得孔子的实践方式本身即"论（说）"的方式"轮转"在弟子身上。在这个意义上，可以说《论语·子张》整篇内容都是《论语》作为"伦"与"轮"的实践，是孔子和弟子的对话实践在历史之中"轮转"起来，从而让其间的伦理在代际论说之中"轮转"起来。

《论语·子张》最后四章都是子贡对孔子的辩护与褒扬：

> 卫公孙朝，问于子贡曰："仲尼焉学？"子贡曰："文武之道，未坠于地，在人。贤者识其大者，不贤者识其小者。莫不有文武之道焉。夫子焉不学？而亦何常师之有？"①

> 叔孙武叔语大夫于朝曰："子贡贤于仲尼。"子服景伯以告子贡。子贡曰："譬之宫墙，赐之墙也及肩，窥见室家之好。夫子之墙数仞，不得其门而入，不见宗庙之美，百官之富。得其门者或寡矣。夫子之云，不亦宜乎？"②

> 叔孙武叔毁仲尼。子贡曰："无以为也！仲尼不可毁也。他人之贤者，丘陵也，犹可逾也；仲尼，日月也，无得而逾焉。人虽欲自绝，其何伤于日月乎？多见其不知量也。"③

> 陈子禽谓子贡曰："子为恭也，仲尼岂贤于子乎？"子贡曰："君子一言以为知，一言以为不知，言不可不慎也。夫子之不可及也，犹天之不可阶而升也。夫子之得邦家者，所谓立之斯立，道之斯行，绥之斯来，动之斯和。其生也荣，其死也哀，如之何其可及也？"④

---

① 杨伯峻译注：《论语译注》，第 230 页。
② 同上。
③ 同上书，第 231 页。
④ 同上书，第 231—232 页。

　　卫公孙与子贡的对话谈及的是孔子为学的内容与方式;叔孙武叔对孔子的诋毁
与子贡的两段回答主要涉及孔子的贤德,时人只能识言语出众的子贡之贤,而不足
以识孔子之贤,子贡为之而辩,并把孔子比作日月,以表示对孔子的敬仰①;陈子禽与
子贡的对话同样涉及时人对孔子之贤认识的不充分,子贡进一步予以辩护,并提升
到天的高度。在这里,孔子的意义在弟子与时人的辩护之中逐步得以提升。这里一
方面提升历史舆论对孔子的形塑,另一方面意味着作为历史之中的后人,我们同样
需要为孔子辩护。孔子死后依然成为人们谈论的主题,与此同时,民众并不真正理
解孔子,故需要弟子持续辩护,不仅仅是为了孔子本身,同时也是为夫子之道辩护。
"子贡曰:'纣之不善,不如是之甚也。是以君子恶居下流,天下之恶皆归焉。'"②
(《论语·子张》)如孔子,子贡在此也洞悉了人性的幽暗:每个人都期待有人比自己
差,而自己"恶居下流",故"纣之不善"成为历史之中众人皆归之恶。在此,子贡并
非为"纣之不善"辩护,而是发现了历史和舆论对历史人物的塑造。③ 孔子一旦进入
历史,同样面临精神衰变的可能,而这正是子贡为孔子辩护的重要原因。④ 时人"不得

---

① 《孟子·滕文公上》云:"昔者孔子没,三年之外,门人治任将归,入揖于子贡,相向而哭,皆
　　失声,然后归。子贡反,筑室于场,独居三年,然后归。"(杨伯峻译注:《孟子译注》,第94
　　页)《史记·孔子世家》云:"孔子葬鲁城北泗上,弟子皆服三年。三年心丧毕,相诀而去,
　　则哭,各复尽哀;或复留。唯子赣庐于冢上,凡六年,然后去。"(司马迁:《史记》,第2000—
　　2001页)这里可以和子贡的言语相映衬,说明子贡对孔子的敬仰绝非谀辞,而是发自内心
　　的真诚的言语。
② 杨伯峻译注:《论语译注》,第229页。
③ 朱熹这样解释:"下流,地形卑下之处,众流之所归。喻人身有污贱之实,亦恶名之所聚也。
　　子贡言此,欲人常自警省,不可一置其身于不善之地。非谓纣本无罪,而虚被恶名也。"(朱熹
　　撰:《四书章句集注》,第178页)朱熹的解释,提示人要自我警省,同时也提示众口对恶名的
　　塑造。钱穆对此的解释是:"或言恶人皆归之。其自为恶虽不甚,而众恶皆成其恶。……子
　　贡之言,戒人之勿置身不善之地也。"(钱穆:《论语新解》,第462页)钱穆乃是从劝善层面来
　　解释此章。无疑,劝人为善与警惕恶名的塑造两个方面都很重要。强调历史和舆论对历史
　　人物的塑造,使得其后子贡对孔子的辩护顺其自然。
④ 非常有意思的是,苏格拉底述而不作,其弟子柏拉图继承并发扬了苏格拉底的思想。柏拉图
　　撰写的苏格拉底对话,以及中后期以苏格拉底之名而撰写的对话,在一定意义上同样是为苏
　　格拉底辩护。在这一点上,中西古典哲人的确有相似之处。

其门而入"，读不懂孔子，不识孔子之美，亦不足以识孔子之美。① 子贡以"夫子之墙数仞""仲尼，日月也，无得而逾焉""夫子之不可及也，犹天之不可阶而升也"比喻孔子，把孔子从虽高而可见的数仞之墙到日月，再到不可及之天，在为孔子辩护的同时，也一步步把孔子置于历史的高处，作为永恒性的精神参照，以超越置身历史之中的精神衰变。

孔子人虽死，其人连同其思想却依然活在弟子的传述之中。由此，夫子之道经由弟子不断传承与辩护，以"轮转"的方式走向未来。② 当弟子在孔子死后还心心念念着夫子之人与夫子之道时，我们实际上可以看出，这正是夫子之道"为之不厌，诲人不倦"③（《论语·述而》）的结果。在这个意义上，我们来理解贯穿孔子人生的"为之不厌"与"诲人不倦"，其生命意义就清晰地呈现出来："为之不厌"重心乃是自我生命的充实与提升，"好古，敏以求之"④（《论语·述而》），即以历史文化资源来拓展自我、提升自我，努力让自我生命达于道，"不怨天，不尤人，下学而上达。知我者其天乎"，成就

---

① 非常有意思的是，根据《论衡·讲瑞》记载："子贡事孔子一年，自谓过孔子；二年，自谓与孔子同；三年，自知不及孔子。当一年、二年之时，未知孔子圣也；三年之后，然乃知之。以子贡知孔子，三年乃定。世儒无子贡之才，其见圣人不从之学，任仓卒之视，无三年之接，自谓知圣，误矣！"（王充撰：《论衡》，长沙：岳麓书社，2015年，第207页）从这里可知，子贡认识孔子之圣，亦经历了一个过程，一个从自负而打开自我、趋向孔子进而认识孔子之圣的生命过程。这一过程，同时也是子贡自我认识得以深化与提升的过程。这一方面提示子贡对孔子的赞誉并非谀辞，而是基于自我精神的转变；另一方面也提示我们，依子贡之才尚且如此，我们更需要切实而持续地努力，方有可能走近夫子之道，知孔子之圣，并在此过程中达成个体生命的转向与自我提升。这其中隐含着个体主体性发展及其自我超越的内在路径，即从基于自我主体能力发展的个体主体性如何转向一种基于文化精神范型的类主体性打开，由此而导出个体主体性发展的自我超越，避免个体主体性发展的自我封闭。实际上，我们今日教育培养的主体性恰恰是基于前者，这样的主体性导向的恰恰是个体主体性发展的自我封闭。这是值得我们深度思考的现代教育的根本性问题。

② 《孟子·离娄下》中孟子言："君子之泽五世而斩，小人之泽五世而斩。予未得为孔子徒也，予私淑诸人也。"（杨伯峻译注：《孟子译注》，第148页）孟子感慨自己未能成为孔子的弟子，只能私下向他人间接地学习夫子之道，以"私淑弟子"自居。与此同时，孟子特别景仰孔子，《孟子》中大量引用孔子与弟子的对话，以孔子的行为方式为例证，《孟子·公孙丑上》中称颂其"出于其类，拔乎其萃，自生民以来，未有盛于孔子也"（同上书，第68页）。孟子怀抱着"乃所愿，则学孔子也"（同上）的心愿追随孔子，创造性地赓续夫子之道，可谓孔子及其思想"轮转"于历史之中的典范。

③ 杨伯峻译注：《论语译注》，第75页。

④ 同上书，第81页。

自我高明之德;"诲人不倦"其根本意义就是自我向着他人生命的延伸,即夫子之道、夫子之德、夫子之整个人格的深入人心。这意味着孔子思想之"论"以"伦"的方式进入历史"轮转"之中的基础,正是学而不厌与诲人不倦,与此同时,"为之不厌"与"诲人不倦"相统一的姿态本身又是置身历史之中的孔子给予后人的生命示范,而弟子不断传承夫子之道①,并努力为夫子身后遭遇的误解辩护,这正是弟子对夫子之"诲人不倦"的回应。这里实际上给予我们双重提示:一方面我们要不断学习孔子,学习夫子之道;另一方面我们同样要学习子贡,如同子贡一般积极地面对历史之中孔子思想的衰变,着力为孔子思想解释和辩护,促成夫子之道的当下化,即让《论语》"轮转"于当下。②

　　值得一提的是,子贡为孔子辩护,一是为作为引领着自我成长之师者的孔子辩护,同时也是为那融入子贡自我生命之中的孔子辩护,即为建构着自我的孔子辩护。换言之,子贡的辩护不仅是纯客观的,也是基于自我与孔子的关联来辩护。非常有意思的是,在柏拉图的《苏格拉底的申辩》中,苏格拉底这样说道:"雅典的人们,我远不是像常人想象的那样,在为自己申辩,而是为你们申辩。"③苏格拉底并不是单纯为自己申辩,而是为自己的哲学使命申辩,同时也是为雅典人申辩,甚至是为每个人申辩。④ 柏拉图的对话写作,特别是以《苏格拉底的申辩》为代表的前期对话,在很大程度上就是为苏格拉底及其所开创的哲学生活方式辩护,其间并非单纯记录、描述事实,而是立足于苏

---

① 《史记·货殖列传》云:"子赣既学于仲尼,退而仕于卫,废著鬻财于曹、鲁之间,七十子之徒,赐最为饶益。原宪不厌糟糠,匿于穷巷。子贡结驷连骑,束帛之币以聘享诸侯,所至,国君无不分庭与之抗礼。夫使孔子名布扬于天下者,子贡先后之也。此所谓得执而益彰者乎?"(司马迁:《史记》,第3878页)这里道出了子贡对夫子之道的传扬。

② 《孟子·滕文公上》云:"昔者孔子没,三年之外,门人治任将归,入揖于子贡,相向而哭,皆失声,然后归。子贡反,筑室于场,独居三年,然后归。他日,子夏、子张、子游以有若似圣人,欲以所事孔子事之,强曾子。曾子曰:'不可;江汉以濯之,秋阳以暴之,皓皓乎不可尚已。'今也南蛮鴃舌之人,非先王之道,子倍子之师而学之,亦异于曾子矣。"(杨伯峻译注:《孟子译注》,第94页)这里说明,即使是情感上眷念孔子的弟子,同样存在着背离夫子之道的可能性,需要像曾子一样为之辩护;作为后来者的孟子亦效法子贡与曾子,为先王之道辩护。

③ [古希腊]柏拉图:《苏格拉底的申辩》,吴飞译/疏,北京:华夏出版社,2007年,第110—111页。

④ 《苏格拉底的申辩》开篇即"你们",表明苏格拉底一开始就是试图为雅典人而辩。"控方发言后,轮到苏格拉底在五百人组成的陪审团面前为自己辩护。本文第一个实词是'你们',似可表明苏格拉底的申辩不是为自己而作,而是为'你们'的灵魂而宣讲和劝勉,这与后来也就是《申辩》最中心的地方(30d6—7)遥相呼应。所有雅典人都是原告,苏格拉底针对整个城邦的申辩,也是对所有人的教谕。"([古希腊]柏拉图:《苏格拉底的申辩》,程志敏译,北京:华夏出版社,2021年,第3页)

格拉底与柏拉图之间的精神联系,传达出柏拉图之于苏格拉底的哲学想象。① 当我们深入思考孔子提出的"古之学者为己,今之学者为人"②(《论语·宪问》)之时,在一定意义上并不是对"古之学者为己"事实的准确描述,而是对一种类型的描述,即给今之学者提供某种范型。在这个意义上,我们为孔子辩护,实际上并不完全是为历史上真实的孔子究竟如何去辩护,而恰恰是为历史之中那个引领我们精神成人的生命范型提供某种辩护。这意味着我们现在为孔子辩护,就其实质而言,正是为我们自己辩护,为我们成人的道路辩护,为我们心灵打开的方式辩护。

我们再来分析《论语·尧曰》的结尾:

　　　孔子曰:"不知命,无以为君子也;不知礼,无以立也;不知言,无以知人也。"

《论语·尧曰》结尾再一次回到孔子,正是"论语"之含义的显现。面对历史之中代际更替的必然性,年轻一代在走向自己的言说("语")之路时,还需要不断回到孔子,追随孔子的言说("语")中所包含着的伦理("论""伦"),由此而使得此伦理("伦")价值在代际更替之言说("语")中得以传承,意义得以激活,不断创生于当下并走向未来,在历史的绵延之中"轮转"起来。

显然,《论语》编纂者把这句话放到末章,意在让孔子再次说话。这既是对《论语》开篇的回应,也是对重新开始的期待。结束就是重新开始,每一次开始又包含着对起点的回溯,由此而凸显循环往复与向前发展相结合的含义。这提示我们,现在我们依然有必要回到孔子,聆听孔子的教诲。

"不知命,无以为君子也。"钱穆这样解释:"知命,即知天。"③"知命"乃是把个体成人引向人与天关联之域。"孔子的成德之学,不但贯穿所有人生实践与人生阶段,也关联人对天道和天命的领会。孔子在其中理解自己的历史使命与文化使命,承担人生的

---

① 有人这样解释《苏格拉底的申辩》:"苏格拉底在法庭上总共发表了三场演说。第一场是为自己的无罪所做的辩护,但显然'失败'了。第二场演说就'量刑'轻重提出自己的意见,同样也'失败了'。最后,趁陪审团和官员们还在讨论善后事宜的时候,他发表了第三场演说——这在司法上十分罕见,甚至不可能。很多学者由此看到,柏拉图的这篇著作不是'法庭实录'或'历史档案',而是文学创作。"([古希腊]柏拉图:《苏格拉底的申辩》,第1页)

② 杨伯峻译注:《论语译注》,第173页。

③ 钱穆:《论语新解》,第478页。

道义与职责。在天命中获得实践的确信,在天道中领会效法的准则。可以说,正是在天人之际,存在着孔子生命实践之学的不竭的精神源泉。"①我们现在的"命"是什么,我们作为今人之"命",不仅仅是天命,同样有历史给予我们的使命,抑或使命也就是生活在这个时代的我们之天命。关键在于,我们如何承续我们的现实与历史之"命"?作为孔子的后人,如同当年的子张、子夏、子游、子贡,我们究竟应该如何面对往圣先贤?我们是否需要以及如何可能在传承先祖之道的同时,创造性地发展孔子所开创的中华文明之道,促成中华优秀传统文化自新于当下。

"不知礼,无以立也。""礼,指一切礼文言。"②礼乐文明不仅是中华民族个体立身的本源,也是中华民族本身得以确立的精神本源。我们现在应该如何面对中华礼乐文明?抛开文教传统,中华民族何以确立自身?

"不知言,无以知人也。"从《论语·学而》的结尾③,到《论语·颜渊》孔子与樊迟的对话④,再到《论语·尧曰》终篇,孔子三次谈及"知人",可以说"知人"贯穿《论语》的始终。这无疑说明"知人"在孔子仁学体系中的重要性,同时亦提示"知人"的不易。孔子不断提及"知人",显然不仅是一种理智的推论,也是其对现实人世、人性的判断。我们不仅要读懂现实中周遭之他人,这是我们融入现实世界的基础,同样需要读懂历史之他人,这是我们融入整个历史的基础。身处现在的时代,我们真的就可以轻易地读懂周遭之他人,不屑一顾地读懂历史之他人?我们真的就可以大言不惭地说读懂了孔子?深入研读孔子,难道不是我们读懂人本身,读懂现实人世的重要的甚至是不可或缺的成长之功课?

"1. 此三知包括了知天道(命)、知人道(礼)和知他人(言)。这也就是知道了人所在的世界整体的存在真相和真理。2. 唯有知,才能行。同时,不仅知,而且行。3. 人依天道而行,依人道而行,与他人共同而行。从而,天人相交,天人共在。这就是

---

① 何益鑫:《成之不已:孔子的成德之学》,第19页。
② 钱穆:《论语新解》,第478页。
③ 《论语·学而》云:"子曰:'不患人之不己知,患不知人也。'"(杨伯峻译注:《论语译注》,第10页)
④ 《论语·颜渊》云:"樊迟问仁。子曰:'爱人。'问知。子曰:'知人。'樊迟未达。子曰:'举直错诸枉,能使枉者直。'樊迟退,见子夏曰:'乡也吾见于夫子而问知,子曰:"举直错诸枉,能使枉者直。"何谓也?'子夏曰:'富哉言乎!舜有天下,选于众,举皋陶,不仁者远矣。汤有天下,选于众,举伊尹,不仁者远矣。'"(同上书,第146—147页)

仁的完美实现。"①在这里，个体成人体现为三个基本层次："知天道（命）"是个体成人的根本指向，这意味着个体成人的根本视域乃是天地世界，个体成人的根本指向乃是融入天地视域，顺应天道、乐知天命成为个体成人的本体建构与根本标识；"知人道（礼）"是个体成人的人文依据，这意味着个体成人的根本依据乃是人文世界，是文教传统，以文化人、知书达礼乃是个体成人的基本内容与内在路径；"知他人（言）"是个体成人的现实展开，这意味着个体成人的现实取向乃是人与人的世界，个体成人就是融入他人，知己知人、立己达人、成己成人、生生不息，这正是个体成人的现实目标与实践方式。我们再对照《论语·宪问》孔子与子路所谈君子之道②，就会发现其间的相通性："知命"对应"修己以敬"，可以说，"修己以敬"的根本指向就是"知命"，即在人与天的关联之中指向天命的自觉；"知礼"对应"修己以安人"，即以合乎礼的方式融入他人；"知言"对应"修己以安百姓"，即修己最终指向一种政治实践，离不开融入更宽广的他人，"知言"以知他人乃是个体转向更宽广的政治实践的重要基础。"修己以敬"乃是古典中国视域中个体成人的逻辑起点，"修己以安人"是个体走向他人的个体性伦理实践，"修己以安百姓"则是个体走向他人之公共性政治实践③，是个体性伦理实践的扩展与提升。在这个意义上，《论语》终章再次回到个体成人这一根本主题，揭示个体成人的三层境界：敬天而安人，进而融入更宽广的他人，臻于个体人格的完善。

当我们合上《论语》，最终与我们相遇的是孔子"不知命，无以为君子也；不知礼，无以立也；不知言，无以知人也"的谆谆告诫。这其间潜在的教诲大抵就是：无论如何，我们都要积极地以"知命""知礼""知言"来融入这个并不完善也不可能完善的世界，让我们共在这个世界之中，在努力促进周遭世界之完满的过程中求得自我有限人生的完善，以提升个体成人的境界。苟如此，则圣者良苦之心毕现矣！

钱穆这样评析《论语》终章：

或曰：司马迁曰："余读孔子书，想见其为人。"后世欲知孔子，舍从《论语》之

---

① 彭富春：《论孔子》，北京：人民出版社，2016 年，第 363 页。

② 《论语·宪问》云："子路问君子。子曰：'修己以敬。'曰：'如斯而已乎？'曰：'修己以安人。'曰：'如斯而已乎？'曰：'修己以安百姓。修己以安百姓，尧、舜其犹病诸？'"（杨伯峻译注：《论语译注》，第 179 页）

③ 从宽泛的意义上来讲，两者都是政治实践，不同点在于前者更多是基于日常生活的政治实践，后者是基于国家共同生活的政治实践。

语言文字求之,又将何从? 记者将此章列《论语》之最终,其亦有俟诸百世之思乎! 望之深,而忧其不得于言,用意远矣。

　　或说此章系《论语》之终篇,特具深意。然相传《鲁论》无此章,则是郑玄以《古论》校《鲁论》而取以补其缺者。然《古论》以子张问两章别出《子张》篇,则此章是否亦为《古论语》之最后一章,在《尧曰》篇之后乎? 此已无可考。抑岂郑玄之意,谓此章乃孔子论学中总挈纲要之言,故特以系之《尧曰》篇末,以见其重终之意乎? 今皆无可深论矣。①

　　当我们试图阐发其间的深意时,不乏我们的推测,相信《论语》的编纂者以及后来的修订者比现在更熟谙孔子思想的精髓。由此,我们试图从编纂者的用意之中一窥孔子的微言大义。在这个意义上,我们试图阐发其含义,并非空穴来风。换一种说法,我们的阐释也可以是作为孔子的后来者而参与《论语》之意义的生成与建构,参与《论语》之"语"的扩展,进而活化并创生其指向当下之"论"("伦",伦理),进而让中华民族在生生不息的"语"之扩展中达成"论"("伦")的精神流转,"论"("伦")在"语"之更替之中,"语"在"论"("伦")的引领与创生之中,进而实现《论语》之为"论"("轮")的意义。由此,《论语》文本就成为一场发生在孔子、孔门弟子与后来者之间持续而开放的对话,经由此种对话,我们一起进入孔子的思想世界,并被其间的"伦理""轮转"起来,融入其中,获得生命的濡染。当孔子理想的生命大道经由《论语》而"轮转"在历史之中,夫子之道贯穿的不仅仅是夫子自身和夫子的教学生涯,也是生生不息的中华民族共同体。

　　徐梵澄云:"依泛神论的看法,宇宙间万事万物都具有神性。但是我们倾向于认为文化比其他一切事物都更具神性。……精神之超越性在万物之上,冷峻地看待人的生死乃至世界之兴衰存亡,本质上却又与我们的生死和这个世界紧密相连。依照严格的逻辑原则,这似乎是一个悖论,然实为真理,是超越了逻辑的真理。古代中国的大多数圣人,如孔子和他的弟子以及践行相同道路的人,他们的思想皆着重在人文,在尘世或精神文化之域,用力在于转化人类的低等自性,锻造其品格,擢升人类至更高层度。其影响遍布极广,恒长且持久,中国文化因此发展与繁盛。"②孔子抓住了历史之中的某

---

① 钱穆:《论语新解》,第 478—479 页。
② 徐梵澄:《孔学古微》,《序》第 11 页。

种精神特质,这种精神特质经由孔子得以扩展、发扬,又经由其弟子的编纂而融会在
《论语》之中,进而在新的历史之中"轮转"起来,成为中华民族的精神自觉,并在现在内
在地焕发其生命力量。这其间的伦理精神正是古典中国所敞开的置身天、地、人之中
个体成人的生命大道,这就是《论语》之"语"所指向的"论"之根本大义所在;我们让
"论语"不断流转("轮转"),就是让古典先贤所敞开的生命大道得以流转起来,引领一
代又一代中国人在天、地之间成人,置身其中,获得我们的"民族身份识别、文明本位认
同和文化价值信仰"①,让我们成为置身历史时间与现实空间的、有根有魂并敢于面对
时代与世界而日新其德的、顶天立地的、光明磊落又堂堂正正的中国人。

---

① 刘强:《论语新识》,《自序》第 6 页。

专题二：希腊的教化

未竟的夜间议事会教育

李长伟*

内容摘要：夜间议事会教育是柏拉图《法义》所阐述的教育的重要组成部分。这一教育的重要性在于，通过它，夜间议事会成员得以被培育出来，成为城邦法律的保护者。夜间议事会教育主要由两部分构成——辩证法教育与神学教育。前者教导未来的夜间议事会成员学会从"多"中寻求"一"，后者则教导未来的夜间议事会成员把握灵魂以及天体中的理智。不过，对于谁是学生、谁是教师、具体的学习时间安排，柏拉图并没有作出清晰、明确的界定，甚至认为学习时间的安排是一个不可以书面讨论的秘密。就此而言，夜间议事会教育是未竟的教育。《法义》的最后，未竟的夜间议事会教育转向了《理想国》中的哲人教育。对于这一转向，需要谨慎对待，因为两种教育有差异。

关键词：夜间议事会；教育；辩证法；神学

当柏拉图以哲学的眼光审视教育，教育也必然以整体的面相呈现在他的面前。柏拉图《理想国》中的教育是整体的，从基础教育始，至高等教育终。同样地，柏拉图《法义》中的教育也是整体的，且整体性更强，从胎教开始，到幼儿教育，再到基础教育，随后进入观察者教育，最后以最高等的夜间议事会教育结束。

《法义》中的夜间议事会教育，是哲人教导未来的夜间议事会成员，使他们最终成

---

* 李长伟，男，山东省淄博市人，湖州师范学院教师教育学院教授，湖南师范大学古典教育研究中心研究员，主要研究方向为教育哲学。

为具备完满德性的真正的夜间议事会成员的实践活动。这一教育出现在《法义》的最后一卷。这一安排不仅意味着《法义》所欲建构的城邦教育的高潮和结束，也意味着城邦立法工作的真正完成。一部论述法律的《法义》，竟然以这样的教育结束，只能再次说明，立法即教育：立法的终结，也就是教育的终结；反过来说，教育的终结，也就是立法的终结。立法与教育，本就是二位一体的存在。不过，在指出了未来的夜间议事会成员要接受辩证法教育和神学教育之后，柏拉图并没有对夜间议事会教育作出进一步详尽的论说，这使得夜间议事会教育是未完成的教育。柏拉图为什么没有完成对这一高等教育的论说？这是一个值得思考的问题。

一直以来，教育学者深深沉浸在柏拉图的巅峰之作《理想国》所呈现的哲人教育之中，普遍忽视柏拉图最后的著作《法义》中的教育，更是严重忽视夜间议事会教育，似乎它根本就不是柏拉图的教育的重要组成部分。鉴于夜间议事会教育的重要性以及教育研究长期以来对它的忽视，笔者尝试对它进行较为细致和完整的分析。

一、夜间议事会：锚，抑或理智与感官的融合

夜间议事会，在《法义》第十卷已经被提及了，说它在"改造所"附近，并提到其成员与被监禁的异端者之间的对话。不过，夜间议事会的组成部分，第一次出现在第十二卷的对观察者的论述之中，但柏拉图并没有对夜间议事会进行连续的深入的论述，而是转向了如下问题：对外邦人的接待、是否更合适私法，关于人或党派与别方缔结或宣战，关于为母邦效劳的人是否求回报，关于公库的财政收入，献给诸神的礼物，审判程序，管理判决执行的法律，关于丧礼的立法。关于丧礼的立法是整个立法的终点，因为政治生活的终点是死亡。如此这般，从城邦制定的第一项法律，即婚姻法开始，到城邦制定的最后一项法律，即丧葬法结束，城邦的立法基本完成。

不过，雅典人并不认为立法的工作真正完成了。雅典人的这一观念，是可以理解的。进言之，法律虽然关注一般性原则，但它又关联着具体的、变化的、多样的生活，因此需要不断纠正和完善，但在完善立法的过程中，又要警惕不能因为情形变化而偏离法律原初的精神，否则法律就会失去同一性，进而失去存在的正当性。这就意味着，城邦的法律在确立之后，立法的工作仍旧没有完全完成，法律还需要"保护"它的力量，以免法律在建立后发生偏移和腐化。由此，雅典人说，除非为新生之物提供完善和永久的保护，否则它就是一件"未竟的事业"。对于雅典人的这一言辞，克勒尼阿斯

（Kleinias）是不明白的："确保这种防护的，难道不是狄俄尼索斯合唱队，或者是用于培养新一代的法规，这种法规几乎禁止变革，至少禁止对根本法的变革，最后但并非最不重要的是，这种防护难道不是由监察官来保证的？"①为了解释这一问题，雅典人引入了为希腊人歌颂的命运女神，他们依次是拉克西斯（Λάχεσιν）、克洛托（Κλωθὼ）和阿特洛珀斯（Ἄτροπον）。雅典人特别强调了第三位女神阿特洛珀斯，说她是命定之物的救主，她像一个女子那样，"用第三种旋转赋予纺线［960d］不可逆转的力量"②。对于城邦的立法者来说，鉴于目前的法律因欠缺一种不可改变的力量而影响到了法律的稳固，立法者就必须如阿特洛珀斯那样将不可逆转的力量赋予法律，从根基上稳固法律。问题是，究竟谁能够为城邦的政制和法律提供切实的稳固的基础？雅典人给出了答案——夜间议事会。夜间议事会，之所以是夜间的，是因为成员的聚会发生在太阳即将出来却又没有出来的时候，他们有闲暇去讨论有关城邦存亡的严肃事务。夜间议事会的成员是混合的，既包括十位最年长的法律维护者、因德性获奖的人、去外邦观察法律的观察员，也包括他们每个人分别挑选的陪同他们的三四十岁的年轻人。

应该如何理解夜间议事会对城邦法律的保护和拯救的功能呢？雅典人将城邦类比为航船和生灵，以此解释夜间议事会的功能。如果城邦是航行在大海上的航船，风浪会使其摇晃不定，甚至有倾覆的风险，那么夜间议事会就是城邦这一航船上的锚，可以锚定和拯救航船。如果城邦是生灵，变动的周遭世界会损害和威胁生灵的安全，那么夜间议事会就是城邦这一生灵的理智与最高贵的感官——老年人的理智与年轻人的感官，当两者融为一体时，能够为这一生命有机体提供正确的保护和拯救。航船喻与生灵喻是相通的，因为掌舵者与水手的合作，其实就是理智与诸感官的合作，这一合作就是保护和拯救城邦航船的锚。

不过，仅仅通过类比法知道夜间议事会是航船上的锚，是生灵中的理智与感官的融合，还无法让我们透彻地把握夜间议事会保护和拯救城邦法律的功能，因为仍然有这样一个尚待解释的问题——夜间议事会凭什么就成为锚？

夜间议事会之所以是保护和拯救城邦法律的锚，根本原因在于夜间议事会拥有诸

① ［美］列奥·施特劳斯：《柏拉图〈法义〉的论辩与情节》，程志敏、方旭译，北京：华夏出版社，2011年，第180页。
② 林志猛：《柏拉图〈法义〉研究、翻译和笺注》（第二卷），上海：华东师范大学出版社，2019年，第260页。

德性之首的理智。理智使得治邦者能够正确地瞄准一个目标,思虑如何实现这个目标,以及判断谁能够给出高贵的建议。如果治邦者缺乏理智,也就是缺乏特定目标意识以及缺乏实现特定目标的能力,那么必然会随意行事,使城邦处于飘摇动荡之中。在雅典人看来,这些观点是有现实解释力的。就当时城邦的立法技艺而言,"因为每个城邦所立法规的不同部分都盯着不同的目标"①,使得每个城邦尽管都有各自的以维护正义秩序为目的的法律,但诸种法律的存在并不稳固,而是处于游移不定之中,进而导致城邦正义的秩序出现问题。城邦的种种法律,若要得到坚实的保护和拯救,只能依赖夜间议事会的理智的目标确定和实现之本体功能。这一论断,可以通过分析夜间议事会成员的构成给予确证。我们已知,夜间议事会的成员有老年人,且老年人不是一般的老年人,用雅典人的话来说,"[965a]老年人是理智的影像,因为他们出类拔萃,能审慎思考诸多值得探论的事物,深思熟虑"②。按照厄奈斯特·巴克(Sir Ernest Barker)的分析,夜间议事会的总人数为 100 以上,年过五十的成员有 50 人以上,是一个"白胡子机构"③。出类拔萃的、理智的老年人成为夜间议事会的主导性力量,保证了夜间议事会是理智的议事会。夜间议事会中的年轻人的高贵感官固然重要,但它们仅仅作为辅助,服务和服从于老年人的理智,并在老年人对严肃事务的交谈中接受教育。

二、辩证法教育与德性样式

无论是航船喻中的锚,还是生灵喻中的理智与感官,就城邦构成者角度而言,他们都是灵魂,伴随身体的只是外表而已。人的灵魂,不是被完全规定的物质,也不是完全神圣的,它是自然的,但又不是自动的,这意味着灵魂德性的卓越和完善只能依赖立法者所施加的良善的教育影响。非理性的暴力,无法塑造出完善卓越的灵魂。因为是保护和拯救城邦法律的锚,因为是紧盯着城邦唯一目标的理智,更因为是教导年轻人的最卓越的教育者,所以夜间议事会成员成就自己所依赖的教育,就不可能是《法义》第七卷所展示的虽然精致但普通的多数人的教育,而是更严格的、更精确的精英教育,抑

---

① 　林志猛:《柏拉图〈法义〉研究、翻译和笺注》(第二卷),第 262 页。
② 　同上书,第 264 页。
③ 　[英]厄奈斯特·巴克:《希腊政治理论》,卢华萍译,长春:吉林人民出版社,2003 年,第 482 页。

或是作为少数的统治者的教育。

如果未来的夜间议事会成员所受的教育是比之前更严格的教育，那么这种更严格的教育究竟是怎样的一种教育？依据雅典人随后的言说，我们可以知道，这种更严格的教育首先是一种辩证法教育。未来的夜间议事会成员必须学会辩证法，也就是交谈的技艺，然后才能够凭借理智去准确地确定目标并思虑目的以及判断达成目标的高贵建议。不过，必须指出的是，倘若贴近《法义》的文本，人们会发现，雅典人并没有提及辩证法。雅典人在提及更严格的教育后，只是说了从"多"中寻求"一"的探究方式：

> 难道我们没说过，那个顶尖的匠人和护卫者，在每件事上都必定不仅能注意到多，也能追求并知道一，正因为知道一，[b10]他就能以整全视角安排一切指向那个目的？……[965c]有没有什么方式，比起能从诸多不相似之物看到一种样式，会有更精确的视角和思考？……对凡人而言，没有任何比这更清楚的探究方式了。①

既然雅典人没有明确提出辩证法，那么凭什么能够说雅典人给出的从"多"中寻求"一"的更清楚的探究方式就是辩证法？这个问题并不那么难以回答。在柏拉图那里，辩证法的字面含义是"对(dia-)话(logos)"②，稍微展开说，就是"讨论、辩驳、提问与回答"③，也就是戏剧对话式的逻各斯方式。这一对话是在柏拉图的本体论和认识论的背景下展开的。进言之，柏拉图的本体论，把世界分为现世的、具体的、流变的、杂多的可感世界与超越的、抽象的、永恒的、"一"的可知世界，且把后者视为真实的世界，前者只是对后者的分有和模仿。柏拉图的认识论，把知识与意见区分开来，认为前者是确定的、绝对的，是"一"，后者是不确定的、相对的，是"多"。辩证法就是引导对话者从"多"出发去寻求"一"的一种技艺。

既然辩证法是一种帮助人们从"多"中寻求"一"的技艺，那么对于未来的夜间议事会来说，其成员就必须学会这一技艺。因为夜间议事会存在的根本价值，就在于它所拥有的理智能够帮助立法者正确地洞见"唯一"的目标，进而使城邦法律因为明确了

---

① 林志猛：《柏拉图〈法义〉研究、翻译和笺注》(第二卷)，第264—265页。

② 张志伟编著：《西方哲学十五讲》，北京：北京大学出版社，2004年，第63页。

③ 包利民：《生命与逻各斯：希腊伦理思想史论》，北京：东方出版社，1996年，第203页。

"唯一"的目标而被保护和拯救。如果夜间议事会丧失了寻求"唯一"的目标的能力,让城邦陷入多种目标的主宰之中,那么它就必然失去存在的正当性。

雅典人不仅知晓辩证法这一更清楚的探究方式,而且将辩证法实际地运用于理智对立法的"唯一"的目标的寻求之中。这一实际的运用过程,也是对两位对话者的教育过程——引导他们重视并学会运用辩证法。

《法义》的前面几卷,已经明确了整个立法的"唯一"的目标是德性。德性又被分为四种——理智、勇敢、节制和正义,理智则是这些德性的首领,其他德性都要向理智看齐。对于这一点,克勒尼阿斯是知道的。不过,当雅典人问政治技艺中的理智所指向的那个目的究竟是什么时,被雅典人视为人的理智的克勒尼阿斯和墨吉罗斯(Megillus)却不能回答。这似乎有些让人感到困惑。列奥·施特劳斯的解释是:"看起来,答案并不是说,这里所说的单一目标就是德性。因为,无论立法有多么重要,治邦者的技艺也不会因它而穷尽,因此,立法目的在于德性这一事实,并不能证明政治术的目的也是德性。这可能是克勒尼阿斯没能回答政治术的单一目标这个问题的原因。"①潘戈则以为,他们的无知和迷惑可以理解:若他们回答说,理智的目标是其他三种德性,那就陷入了循环言说,因为他们已经承认其他三种德性应该着眼于理智;若他们回答说,理智的目标是理智本身,其他三种德性只是达到理智沉思的手段,那这种回答未必适合政治的理智,同时也会损害其他三种德性的高贵性。②或许,上述的解释过于复杂了,我们可以这样解释,克勒尼阿斯未能回答这一问题的原因在于未能从现实的政治术中上升,他仍然停留在现实政治术所着眼的多样的目标当中,当雅典人问他政治术的"唯一"的目标时,他是不知道的。既然克勒尼阿斯不知道政治理智所指向的"唯一"的目标,那就要去寻求。问题是,如何以及到哪里去寻求呢?雅典人此时给克勒尼阿斯展示了辩证法这一探究方式。雅典人说德性有四种,这显然意味着它们每一个都是"一",否则就不会有四种德性;所以四种德性又只是"一",即德性样式:勇敢是德性,理智是德性,其他两种也是德性。雅典人又说,就四种德性的差别来说,人们不难理解,但为何四种德性不是"多"而是"一",这一问题并不容易被人理解。有意思的是,克勒尼阿斯并不清楚雅典人所说的二元性和统一性问题。于是雅典人就教导他,

---

① [美]列奥·施特劳斯:《柏拉图〈法义〉的论辩与情节》,第182页。

② [美]潘戈:《政制与美德:柏拉图〈法义〉疏解》,朱颖、张清江译,北京:华夏出版社,2011年,第148页。

不妨把自己分为提问者和回答者。雅典人如此说,分明是在教导他运用辩证法去从"多"中寻求"一"。因为辩证法不是独白的技艺,而是对谈的技艺。不过,克勒尼阿斯对辩证法陌生,他不知道如何运用。雅典人只好亲自示范这一技艺,首先着眼于差异性的"多",解释了勇敢与理智为何是"二"(对差异的区分和把握是辩证法的第一步):灵魂中的勇敢存在于野兽和孩子中,它不需要理性,就可以自然产生;灵魂中的理智则与之相反,它需要理性,没有理性,灵魂在任何时候都不可能产生它。在解决了勇敢与理智为何是"二"后,柏拉图要求克勒尼阿斯跟他说一说,四种德性为何是"一"。对于四种德性为何是"一"的问题,显然是难的,因为它涉及辩证法中的从意见向真理的上升,这个上升需要"彻底的一跃"①;因为绝对的真理彻底脱离了意见与肉身,只存在于理念世界中。由此可以理解,既然克勒尼阿斯对为何是"二"的问题尚且回答不了,就更不用说去回答为何是"一"的更大的难题了。

应该如何看待雅典人对克勒尼阿斯的教导?的确,对话中的克勒尼阿斯,无论简单的题还是难题,都回答不上来,只是不断说"当然""此话怎讲""你要如何解释""你说的是实情"等,他显得很无知。他被雅典人戏弄了吗?"如果认为雅典人在同他玩一个残酷的游戏,或者在戏弄他,那就太可耻了,但他这样做是为了阐明夜间议事会,因为,像克勒尼阿斯这样的人,会成为夜间议事会中绝非无足轻重的部分:那个议事会的很多成员都没有能力提问和解答最为重要的问题。他们缺乏有关提问及解答的真正技艺,即交谈(dialektikē)的真正技艺。"②如此说来,雅典人与克勒尼阿斯对话的真实意图是通过不那么精确和完整地示范辩证法,提醒并教导克勒尼阿斯这位未来城邦的立法者以及夜间议事会的重要成员要重视和学习辩证法,不如此就无法真正为城邦法律提供安全保障。

进言之,对于夜间议事会的成员来说,如果不熟悉辩证法,不能运用辩证法正确地从"多"中寻求"一",不能寻求到城邦立法的"唯一"的目标——伟大又高贵的、作为"一"的德性,即使他们知其名,那也是可耻的,因为定义比名称更重要。更进一步说,若欲成为夜间议事会成员,就必须接受辩证法教育,必须学会运用辩证法,以为在教导者的引导下,把握了真理就万事大吉,是错误的。这是因为夜间议事会不仅要为城邦确立真正的"唯一"的目标并思虑这一目标如何达成,更为重要的是,夜间

---

① 转引自包利民《生命与逻各斯:希腊伦理思想史论》,第 203 页、第 209 页。
② [美]列奥·施特劳斯:《柏拉图〈法义〉的论辩与情节》,第 183 页。

议事会的成员是城邦最重要的、最首要的教育者,通过他们对年轻人进行善的教育,城邦才会后继有人,确保护卫城邦的力量的存在;同时,他们也可以通过辩证法进行自我教化,继续探究和捍卫真理,因为真理绝不可能一次性获得,真理在不断探究的过程之中。倘若夜间议事会只是负责为城邦提供锚,不负责教化,把教化的工作交给不卓越的诗人和其他人,一个完全可以预见的后果是,它所提供的锚必定会因为年轻护卫者的无知和愚蠢而被忽视和抛弃,城邦也因此陷入动荡不安之中。另外,这些教育者若要给出正确的、卓越的教化,自身就必须先受比多数人更为严格的、更为精确的教育,这严格的教育就是辩证法教育。当未来的夜间议事会成员在辩证法教育中习得了辩证法,就不仅可以继续用辩证法在聚会中探究真理,同时也可以教导年轻人。《法义》中所谈及的夜间议事会围绕法律及其母邦以及各门有用的学问而展开面对面的交谈,其实就是辩证法,那些陪同老年人的年轻人亦在老年人的对话中获得了良好的教育。正是意识到了辩证法以及辩证法教育的重要性,雅典人才要求神圣政体的护卫者有必要去"强迫"夜间议事会成员掌握辩证法,学会用辩证法从多种德性中寻找到作为"一"的德性。

雅典人认为有必要去"强迫"夜间议事会成员运用辩证法去精确地看到"一",这显示出辩证法在夜间议事会教育中首要的、至高的地位。辩证法在夜间议事会教育中的重要地位,不可避免会让人想到辩证法在《理想国》哲人教育中的地位。在《理想国》中,数学、几何、天文学是法律的序言,辩证法则是法律的正文。"当一个人企图靠辩证法通过推理而不管感官的知觉,以求达到每一事物的本质,并且一直坚持到靠思想本身理解到善者的本质时,他就达到了可理知事物的顶峰了。"①就此而言,《法义》与《理想国》中的辩证法是相通的,都以直接把握"一"或理念为目的,都处于教育的最高位置。与此相关的一个问题是,既然两者是相通的,《理想国》又写在《法义》之前,那柏拉图为什么不在《法义》中直接言明辩证法?"避免这个名称,大概因为它是特别表示苏格拉底的特点的,而他并未出席那次对话。由于同一理由,在《蒂迈欧篇》里也谨慎地避开了这个词。"②不过,对于这个问题,人们没有必要过分关注,柏拉图只是没有直接言明辩证法,但实际已经明显地展现了辩证法。

---

① ［古希腊］柏拉图:《理想国》,第 298 页。

② ［英］A. E. 泰勒:《柏拉图:生平及其著作》,谢随知、苗力田、徐鹏译,济南:山东人民出版社,1991 年,第 703 页。

对于辩证法，还有两个问题需要交代一下。（1）当雅典人提出夜间议事会必须运用辩证法去寻求作为"一"的德性时，克勒尼阿斯想知道要怎么促成这事①，也就是说，他想知道如何正确地运用辩证法，以最终看到作为"一"的德性。这显然涉及作为教师的雅典人的辩证法教育在具体地、切实地实施，也就是引导克勒尼阿斯通过辩证法的具体展开去看到德性样式。不过，对于克勒尼阿斯的要求，雅典人并没有给予满足。为什么会这样？难道是因为克勒尼阿斯不具有可教性吗？（2）在结束对"德性的统一性与多样性"这一主题的考察之后，雅典人随后又将辩证法运用于对"美（高贵）和善之间关系"这一主题的考察，认为不仅要知道两者是"多"，也要知道和论证两者是"一"。不过，他并没有对两者的关系作出进一步阐释，也没有对两者与德性的关系作出论述（如果立法技艺的"唯一"的目标是德性，那么自然就需要交代两者与德性的关系）。至于为什么如此，是一个值得思考的问题。②

三、神学教育与虔敬德性

未来的夜间议事会成员必须接受更为准确的教育——辩证法教育。通过辩证法的学习，不仅要把握德性样式，还要把握美（高贵）与善的样式。雅典人认为，在夜间议事会成员把握了美（高贵）和善的差别这一属于严肃主题的真理之后，也必定能够在言辞中给予充分阐释，并在行动中实践之。进言之，他们必须有能力依据自然去判断哪些言辞和行动是高贵的，哪些言辞和行动是不高贵的。需要注意的是，雅典人在这里并没有明确美（高贵）的样式与善的样式的关系，却在这番要求法律维护者在严肃主题上的知行合一的论述中，暗示了"政治理智或睿哲主要关注的是高贵或美好，而非善"③，这一点是值得思索的。

顺着法律维护者必须具有对高贵事务的关注，雅典人引入了神学教育（"神学"第一次出现是在《法义》第十卷），并要求法律维护者必须学习神学上的论证，成为真正敬神之人，不努力学习者、不敬神者，不可以成为高贵的法律维护者。

---

① 林志猛：《柏拉图〈法义〉研究、翻译和笺注》（第二卷），第265页。
② ［美］列奥·施特劳斯：《柏拉图〈法义〉的论辩与情节》，第186页。
③ ［美］潘戈：《政制与美德：柏拉图〈法义〉疏解》，第149页。

[966c]那么,关于诸神的一种最高贵之事,我们岂不已严肃地讨论过:诸神存在,并握有决定性的力量——我们要了解这点,尽人力所能去了解这些事务,并认识到[c5]城邦中大多数人只遵从法律的主张? 而那些参与监管的人,若不努力掌握关于诸神存在的一切证据,就不会受认可? 这种不认可岂不是为了确保,[966d]一个人若不神圣且不致力于这些事务,就不会当选为法律维护者,也不会在德性上受到认可?①

这段文字,包含如下四点:(1)"诸神存在,并握有决定性的力量"是《法义》已经讨论过的严肃的主题,也是高贵的主题之一,但雅典人并没有说它是最高贵的主题,比德性的样式和善的样式都高贵②;(2)对于这一严肃的、高贵的主题,城邦中的大多数人只需要遵从城邦法律对诸神的相关规定即可,但法律维护者必须尽力掌握关于诸神存在的一切证据,也就是对诸神的存在进行充分的论证和推理。概言之,就是必须努力学习神学;(3)倘若法律维护者不努力学习神学,就绝对不可能成为法律维护者;(4)未能把握神学,未能对神的存在进行充分论证的人,在德性上也是有欠缺的,不会得到他人的认可。这四点充分表明,城邦法律的基础是理性论证的神学,而不是习俗意义上对神的确信,当然更不是无神论。由此,法律维护者必须致力于研究"诸神存在"这一事关城邦存亡的高贵的主题,努力给出诸神存在的证明。至于为什么不是无神论,而是确证"诸神存在"并具有决定性力量的神学才是立法和城邦的基础,《法义》第十卷作出了清楚的解释。

既然对"诸神存在"的证明以及奠基于证明的对诸神的虔敬,对法律维护者或者夜间议事会成员而言是重要的、根本的,那么接下来的重要工作,就是通过教育让他们掌握神学知识,真正成为虔敬的有神论者。进言之,神学是一种由推理而来的知识,而不是一种不需要推理的意见,而知识不是人生来就能够自动掌握的,知识能够且必须通过教与学获得。由此可以说,神学必须通过教育才能够被未来的夜间议事会成员习得和掌握。问题是,让未来的夜间议事会成员变得真正虔敬的神学教育,究竟是怎样的呢? 雅典人作出了简要而复杂的叙说。

---

① 林志猛:《柏拉图〈法义〉研究、翻译和笺注》(第二卷),第265—266页。
② [美]列奥·施特劳斯:《柏拉图〈法义〉的论辩与情节》,第186页。

有死的人不可能对诸神保持持之以恒的敬心，除非他具备下面的这些条件：首先，他必须掌握我们正在陈述的两个主题，即灵魂比所有的受生之物更早，灵魂是不朽的，并且支配着所有的形体；此外，他必须掌握那曾被人们热烈地讨论过的，我们可以把它当作是听来的东西，即一方面，寓居在星体中的理智是万物的向导，[e]二方面，必须懂得这门知识所根据的学科；还有，他必须对缪斯的知识与这些知识学科共有的东西有过考察，以便将此知识恰如其分地运用到实践和品行的法则上；最后，他必须能够对所有的理性之物说出个所以然来。[968a]无论谁，若不能将这些知识的习得与大众美德的获得结合起来，他就永远成不了一个在我看来对整个城邦称职的执政官；他只能做拥有执政权力者的仆人。①

笔者的具体分析如下：

（1）学习灵魂学。通过对灵魂学的学习，领会自我运动的灵魂早于所有受生之物，是最古老的、最神圣的，也是不朽的。柏拉图将灵魂学视为神学教育的第一个科目，原因有两个方面：一是能够自我运动的不朽灵魂，是"诸神存在"的证据；二是自我运动的不朽灵魂作为万物运动的本原，必定拥有最完满的德性，然后它将最完满的德性流溢到它所支配和推动的万物之中，让万物拥有了各自完满的德性，这显然亦是在说诸神德性的最完满。无论是哪一种原因，对灵魂学的学习必然会唤起人们对至高之神的虔敬，这是将物质视为本原的物质主义所不能给出的。

（2）学习关于天体中的理智的学问，以及这门学问的预备性学科——数学和天文学。柏拉图之所以认为需要学习关于天体中的理智的学问，原因很清楚，因为天体中的理智主宰着天体的有序运动，或者说，正是理智使得天体的运动是必然的、有序的，而不是偶然的、混乱的。这一必然的、有序的运动证明着"诸神存在"，因为诸神就是理智，进而会坚定人们对神的持久的虔敬。至于为什么要学习《法义》第七卷提及的数学和天文学，主要是因为数学和天文学能够让夜间议事会成员洞察天体运动在同一个轨道上，而不是四处漫游。这一对天体运动之必然性的认识，是把握诸神的理智支配天体有序运动的前提性知识。也就是说，仅仅认识到天体运动的必然性，是推导不出"诸神存在"的，因为还缺乏另一个更为根本的前提——自我运动的灵魂是整个宇宙的本

① 译文主要源自对布舒奇英译本的中译，同时综合了林志猛的译本。［法］卡斯代尔·布舒奇：《〈法义〉导读》，谭立铸译，北京：华夏出版社，2006 年，第 222—224 页。

原。阿那克萨哥拉(Anaxagoras of Clazomenae)这样的自然哲人就是承认了天体运动的必然性,却不承认灵魂对元素的优先性,也不承认"诸神存在"。不过,若根本就不承认天体运动的必然性这一必要却不充分的条件,那么也就无法推导出"诸神存在"。在这个意义上,学习数学和天文学这样的基础性学科,对于把握关于天体中的理智是绝对必要的。

(3)对于虔敬品质的培养来说,灵魂学以及对据说存在于天体中理智的学习,在夜间议事会教育中,比通过辩证法对德性样式以及美(高贵)与善的样式的把握,似乎更为重要。这一点是列奥·施特劳斯发现的。① 在他看来,由(1)与(2)可知,即便夜间议事会成员掌握了前两个研究主题——关于诸德性与单个德性以及美(高贵)与善的样式,本身并不产生敬神的习惯。这么说来,由(1)与(2)组成的第三项研究,是三项研究中最高的。进言之,这项研究是在结尾才提到的,而结尾似乎是最好的。另外,第三项研究中,理智是宇宙秩序的根基,在这种秩序里并通过它,作为灵魂品质的德性,成为可能。既然德性通过理智就是可能的,那么通过辩证法去把握作为诸德性之首的理智的目标——德性样式——就变得没有必要了:从诸德性进入作为诸德性之首的理智,然后再进入作为理智的目标的德性样式,过于烦琐了,直接从诸德性进入理智就可以。

(4)夜间议事会成员所学习的灵魂学、关于天体中理智的学问、数学、天文学,尽管其间有差异,但共同之处是皆以理性推理为根本,这自然就使不需要理性推理的习俗主义的"神观"不会成为夜间议事会神学教育的内容。进言之,夜间议事会成员,他们是哲人或者说接近哲人的人,不是献身于奥林波斯诸神的监察官,由此可以说,神学教育的目的,虽然是夜间议事会成员对诸神的持久的、坚实的虔敬,但这一虔敬并不是传统习俗意义上的对奥林波斯诸神的虔敬,而是对灵魂理智自身的虔敬。或者说,夜间议事会成员所敬奉的神是理性神而不是习俗神。当然,我们又要特别注意,理性神与习俗神的区分,在夜间议事会成员那里不是绝对的。这是因为,夜间议事会成员除了是哲人或接近哲人的人,他们还是城邦的最高统治者,他们必须面对城邦中理性不足的大多数人,这意味着若要说服大多数人,还需要借助奥林波斯诸神。不过,奥林波斯诸神存在种种恶德,需要改造,改造诸神的摹本就是哲人的理性神。就夜间议事会成员作为教化民众的统治者而言,理性神与习俗神存在着密切关系,前者改造后者,让

---

① ［美］列奥·施特劳斯:《柏拉图〈法义〉的论辩与情节》,第187页。

改造后的后者教化民众，使其变得虔敬。由此，就整个城邦的教育来说，存在两种神学教育，一是面向夜间议事会成员的高等教育，一是面向大多数人的普通教育，前者学习理性神，后者学习经过理性神改造的习俗神。

（5）对诸神的虔敬的培养，不仅需要分科学习，还需要综合学习，且需要将以综合的方式获得的知识应用于政治伦理实践，实现知行合一。用柏拉图自己的话来说，即"他应明白这些学问与涉及缪斯之事的共同之处，还应把这种见识和谐地运用到涉及性情的习俗和礼法中"①。这番话表明：①缪斯的知识与神学的两个要点以及对神学来说不可或缺的数学、天文学有共同之处，也可以说，前者分有了后者；②需要将洞见到的共同知识和谐地运用于涉及性情的习俗和法律当中。这一教育观念的深刻之处在于，它提醒教育者和学习者，要注意诸多的知识不是各自封闭的，而是有共同之处的；亦要注意理论研究和学习的目的，不是供研究者在自家的阁楼上孤芳自赏，而是将所学习到的理论运用于具体实践，让具体的实践趋于向好。这里值得一提的是，学界对于缪斯的知识究竟是什么，存在不小的争议，有人认为是音乐，也有人认为是哲学。②对此问题，我们不妨从教化的角度，将缪斯的知识视为以和谐为特征的音乐。柏拉图一直把和谐的音乐视为教育的内容以及教育的重要方式。对于夜间议事会成员来说，当他们把握了神学知识，知晓了神性的核心意义亦是"和谐"③，就可以运用分有了神学知识的和谐的音乐，去和谐地作用于涉及性情的习俗和礼法，即和谐地教化和塑造自由民的性情。另外，还有一点，就是柏拉图指出的，要将所学习到的知识运用于有合理解释的事情上，即能够对这样的事情作出解释。对于这一点，不需要做更多的解读，它所表达的仍旧是知识需要在运用中体现存在的价值，甚至可以说，这样的运用也是对所学知识的检验和完善。

（6）夜间议事会的神学教育之目的，是大众德性的获得与诸多知识的习得（前述的灵魂学、理智、神学、天文学、缪斯的知识），倘若受过教育的夜间议事会成员达不到这样的对人的规定，那就没有资格成为夜间议事会成员。与《理想国》比较，《法义》中的这一规定是特别的，因为大众德性也被纳入教育的视野当中，而在《理想国》中，哲人

① 林志猛：《柏拉图〈法义〉研究、翻译和笺注》（第二卷），第 267 页。
② ［法］卡斯代尔·布舒奇：《〈法义〉导读》，第 223 页。
③ 付子堂主编：《法治理想国：柏拉图〈法律篇〉研读实录》（全二册），桂林：广西师范大学出版社，2018 年，第 798 页。

王的完整德性中是不包括大众德性的。这就像波波尼奇（Christopher Bobonich）所指出的那样，"《法义》似乎与《王制》（441d—443e）相反，视高等知识与真正的意见两者都是美德的'领导'"①。不过，虽然柏拉图并没有将最高级的知识和研究与大众德性和意见分离开来，进而只注重对前者的习得，但两者仍然有主从、本末和高低之别，即前者才是夜间议事会成员的是其所是，不具备前者的，就只能做统治者的助手。

（7）通观整个神学教育，《法义》第十卷所提及的关于神的三个论证中，第二个论证、第三个论证被忽视了，不属于虔敬教育的内容。具体言之，《法义》第十卷的开篇谈及了人们不敬神的三个原因：①不相信神的存在；②相信神的存在，但认为神不关心人类；③相信神关心人类，但诸神很容易被人用献祭和祷辞引诱而远离严格的正义。雅典人批判了这三种不敬神的情形，分别给出了人应该敬神的三个论证：①通过运动论和灵魂学，证明神的存在，驳斥自然哲人和智术师的无神论②；②通过分析神不关心人类的内在矛盾，论证神对人类的关心：神的知识、能力和美德是无限的，人又是诸神的财产，神怎么会不关心人类呢③；③神拥有完满的德性，怎么能够被坏人的献祭和祷辞引诱而变得不正义？坏人生前的罪恶是神的惩罚，他们死后，灵魂也将落入可悲的境地④。既然这三个论证都直接关系到敬神，以培育虔敬德性为目的的神学教育就需要把三个论证完整地纳入教育的内容。问题是，雅典人根本就没有提及第二个论证和第三个论证，这意味着第一个论证就可以确保夜间议事会成员的虔敬。这意味着什么呢？是不是意味着在作为哲人的雅典人看来，神学的本质是哲学，哲学的本质是以推论的方式寻求本原或始基，哲学家根本就不相信什么奥林波斯神的存在以及对诸神的信仰，其真正虔敬的，实际是无神世界中的本原或始基。当然，哲人仍然极其重视神学，只是这神学是哲学改造后的神学（第二个论证和第三个论证），因为大多数人的自然天性，决定了他们对城邦的善的捍卫，不可能通过理性论证去完成，也不可能通过暴力惩罚去完成，只能通过遵从神的教诲和意志去完成。正是出于这一考虑，哲人把神学确立为法律的基础。由此，对于夜间议事会成员的虔敬品质的培养，第一个论证就足够了，第二个论证和第三个论证是基于改造的奥林波斯神的角度的论证，它们所确

① ［法］卡斯代尔·布舒奇：《〈法义〉导读》，第 223 页。
② 林志猛：《柏拉图〈法义〉研究、翻译和笺注》（第一卷），上海：华东师范大学出版社，2019 年，第 164 页。
③ ［法］卡斯代尔·布舒奇：《〈法义〉导读》，第 62 页。
④ 林志猛：《柏拉图〈法义〉研究、翻译和笺注》（第一卷），第 170 页。

保的只是夜间议事会成员教化下的大众的虔敬德性的养成,对于哲人来说,类似《理想国》中的高贵谎言。总之,这里所展示的仍然是两种不同类型的教育:面向夜间议事会成员的高等教育与面向大众的普通教育。

神学教育的结束,也是《法义》第十二卷对夜间议事会成员的教育的结束,因为雅典人紧接着以建议的方式宣布了城邦的最后一项法律:夜间议事会由以这种方式接受最高教育的人组成,他们依法作为护卫者,保护和拯救城邦,共同参与城邦的教育工作。当然,雅典人随后又重新提及对年轻的夜间议事会成员的教育,不过,对于这种教育的详细规划,雅典人没有任何叙说。既然如此,我们就有必要对辩证法教育与神学教育的关系进行一番审视,从整体上把握对年轻的夜间议事会成员的教育。

对于两种教育之关系,雅典人并没有作出解释,这使得雅典人的论说从辩证法教育转向神学教育时,显得有些突然。这里我们尝试作出分析。在辩证法教育中,雅典人强调运用辩证法从"多"中寻求"一",这个"一"不是别的,是样式或理念,是事物的本原。正因为本原,万物才是个什么。辩证法之所以重要,是因为它能够以推论去把握本原。再看雅典人随后陈述的神学教育。神学是以推理的方式确证神的学问,是对神的存在的论证,是对何谓神学的最佳阐释。神是本原。如此这般,辩证法与神学,就没有根本的差异,都是以推理的方式去把握本原。两者的差异在于,神学对神的论证依赖运动论,即以灵魂的自我运动和星辰的有序运动为论证的前提和根据。这里的运动是本原演化为万物的过程,即通过运动论,理念或"一"与万物或"多"关联起来。辩证法则能够以推论去追踪这一运动过程,也就是能够从"多"中寻求"一"。就此而言,神学与辩证法的道路似乎是相反相成的:"相反"是说神学展示了"一"生成"多"的过程,辩证法则展示了从"多"中跳跃到"一"的过程;"相成"是说神学与辩证法的目的都是确证本原。如果我们的理解是正确的,那么就意味着,雅典人提出的辩证法教育和神学教育是内在相关的,它们相异又相通,共同构成整体性的高等教育。

更进一步,无论是辩证法教育还是神学教育,最终目的是完满德性的培育。完满德性是城邦法律的指向,是城邦政体稳固的基石。因为有怎样的德性,就有怎样的城邦——德性是单一的,城邦是不稳固的;德性是完满的,城邦就是稳固的。完满德性的养成,既体现在辩证法中,也体现在对诸神的论证中。通过辩证法,城邦的护卫者把握了作为"一"的德性样式。这一德性样式,显然是最完满的,否则就不可能成为诸德性的根据。如此这般,学习了辩证法,城邦护卫者就在接触德性样式的过程中,获得了完满的德性,进而稳固了城邦。在神学的论证中,灵魂(神)是自我运动而非依靠他者的非自我运动,这意味着灵魂(神)自身的活动状态是最完满的,也就是说,灵魂(神)拥有最完满的德性;灵魂(神)的自我运动推动着万物的永恒运动,于是万物的运动也因灵魂(神)完满的德性而拥有完满的德性。如此这般,学习了神学的夜间议事会成员就在论证中认识到灵魂(神)的完满并在对灵魂(神)的虔敬中努力趋向一种神样的拥有完满德性的人生,进而稳固了城邦。如此这般,辩证法教育、神学教育、本原、德性和政治就都关联在一起了。

四、未竟的夜间议事会教育

在结束了对培养虔敬德性的神学教育的论说之后,雅典人宣布了城邦的一项法律:夜间议事会成员将依法成为护卫者,以拯救城邦和教化公民。克勒尼阿斯也表示同意。不过,虽然在建立夜间议事会上,雅典人不仅有这方面丰富的经验和研究,同时也乐于协助两位多里斯人,另外雅典人还认为兴许还能找到其他人的帮助,但是在管理夜间议事会的法律上,雅典人不认为他们有资格去立法,除非夜间议事会已经建立,由夜间议事会制定。雅典人之所以将建立与管理夜间议事会的法律的主体区分开来,也许一个原因是,城邦不是哲人王城邦,而是次好城邦,次好城邦的管理需要的是理智而不是哲学,即使是雅典哲人也没有权力为如何管理夜间议事会立法。

如此这般,在立法明确要建立夜间议事会之后,需要面对的最直接的问题是思虑如何去建立夜间议事会。这一个问题毫无疑问就是教育问题,因为一个客观无疑的真理是,人必须通过教育才能够成为人,夜间议事会成员也唯有通过教育才能够成为合格的、现实的夜间议事会成员。这一教育的过程就是最卓越的教师教导未来的夜间议事会成员成为老年人主导的夜间议事会成员的过程。于是,在教育的论题中断后不久,雅典人与其他两位对话者的论题,重新聚焦于对未来的夜间议事会成员的高等教育上去了。这次的聚焦所给出的教育规划不应该是粗线条的,而应该是详尽细致的,否则单纯的重述没有任何意义。不过,颇为意外的是,雅典人随后描述的教育规划却不甚清晰和详尽,缘由不是雅典人故意如此,而是客观上难以做到:

> 无疑,首先要造一份名册,罗列[968d]那些在年龄、学习能力、性情和习惯方面都符合护卫者本性的人。但接下来,要发现该学哪些东西,或成为其他对此已有所发现之人的学生,并不容易。此外还有[d5]时间问题——各学科应在什么时

候学,占用多长时间。书面讨论这些事务徒劳无益,因为学习者们自身并不[968e]清楚,这个学科是否在正确的时间学习,直到每个人将此学科的知识吸收进灵魂前。因此,说关乎这些事务的一切都是不可名状的秘密(ἀπόρρητα),尽管这样说不对,但我们也没法预先描述出来,因为预先描述这些事务,也完全无法澄清我们[e5]正在讨论的事情。①

关于夜间议事会教育,雅典人讲了如下几点:

(1)雅典人首先提及了教育的一个原始开端就是"谁是学生"的问题,这一问题相当重要,因为不确定教育对象,教育就没法开始。

在雅典人看来,夜间议事会教育的对象必须是在四个方面符合护卫者本性的人,这些方面包括年龄、学习能力、性情和习惯。雅典人的这一规定,并不难以理解。对于古典教育哲人来说,无论城邦类型如何,古典教育从来不会平等地面向所有人,因为人们在自然天性上存在差异,而自然天性是人们受教育的基础,所以不同的自然天性对应着不同层次的教育类型:对于奴隶来说,他们的天性使其根本无法接受教育;对于大众来说,他们普通的天性使其可以接受普通的基础教育;对于夜间议事会成员来说,他们卓越的天性使其有资格接受高等教育。不过,护卫者在什么年龄开始接受高等教育,需要具备怎样的学习能力,需要拥有怎样的性情和习惯,雅典人并没有告诉人们。人们只能透过雅典人提及的四个方面,知道高等教育必须考虑受教育者的年龄,不可以开始于任意一个年龄阶段;知道学习能力或理智能力与涉及理智的性情和习惯不可偏废,都是高等教育的基础和目的。与之不同,《理想国》中的哲人王教育注重的是理智能力的培养,而不是性情和习惯的培养,这显现着《法义》中的"德性"概念亦属于实践哲学,而不仅仅属于形而上学。

另外,就着"谁是学生"的问题,需要补充的是,由于夜间议事会由代表"理智的影像"的老年人和代表敏锐感官的年轻人组成,因此学生或受教育者应该包括两类人——一定年龄的卓越的老年人和一定年龄的年轻人。至于,这两类学生所受的教育是否有差异,以及有怎样的差异,柏拉图并没有明说,他笼统地称这两类人为"他们",并不加区分地阐述了对他们的教育。不过,无论就常识还是就理论来说,对两类人的教育肯定是有差别的。依据柏拉图的论说,可以给出这样的推论:①无论是老年人还

---

① 林志猛:《柏拉图〈法义〉研究、翻译和笺注》(第二卷),第267页。

是年轻人,作为未来的夜间议事会成员,他们都必须具有卓越的自然天性,都要接受辩证法教育和神学教育,但因为年龄、经验和前期所受教育的差异,老年人所受的教育会比年轻人所受的教育更为精确、更有深度;②年轻人所受的教育是持续的,当受过更为精确的教育的老年人成为夜间议事会成员之后,他们会用他们的智慧和哲学的洞见继续对年轻人进行良好的教化。

(2)雅典人随后提及,"要发现该学哪些东西,或成为其他对此已有所发现之人的学生,并不容易"。

分解一下,这一点涉及三个问题:发现护卫者应该学习哪些内容;如何成为熟悉学习内容的卓越教师的学生;无论是"发现"还是"成为",都不容易。这两个问题,即"学习什么"和"谁来教育学生",与"谁是学生",共同构成了教育和教育哲学的三个根本问题。不过,这两个根本问题,雅典人认为都不容易解决。对于年轻的夜间议事会成员应该学习什么,就科目来说,雅典人在《法义》第七卷和第十二卷实际上给出了答案,那就是数学、天文学、辩证法、神学。既然如此,雅典人仍然思虑护卫者应该学习什么,就应该是"这些学科的详尽规划"①。实事求是地说,在诸多的知识中选择适合护卫者深研的,又具有教育性的内容,的确不容易。除此之外,在发现已经掌握了相关学习内容的卓越教师后,劝说他去教化年轻的夜间议事会成员,让后者成为他的学生,竟然也不是一件容易的事情。对此,应该如何理解呢?按常理来说,拥有高级知识和高级能力的人,他高贵的灵魂与常人的灵魂有相通之处,那就是对不朽的追求——对于这一人们对不朽的追求,柏拉图在《斐德若》篇中有精彩的阐释。如果常人通过生育后代实现不朽,那么这些高贵的灵魂就是通过生育灵魂实现不朽。生育灵魂,就是教育年轻的卓越灵魂,即将自己灵魂中的美好栽培到年轻人的灵魂中,让他在后者的灵魂中繁盛茁壮。现在的问题是,这些有着高贵灵魂和高贵知识的教师,竟然不愿意接受已经被选拔出来的具有卓越的自然本性的年轻的护卫者!为什么会这样?难道这里面真的暗示着哲人教师与城邦之间的一种张力,也就是说,哲人爱智慧,致力于探寻理念,那是他生命的意义所在,而次好城邦的统治者的培养,与智慧和理念的寻求没有什么关系,而且还会在这个过程中,因为城邦的不纯粹而遮蔽对智慧和理念的追寻,抑或这是雅典哲人的一种故意的说辞,以激发城邦的立

① 林志猛:《柏拉图〈法义〉研究、翻译和笺注》(第三卷),上海:华东师范大学出版社,2019年,第303页。

法者对哲人更为主动和热烈的追求,甚至是对哲人的强迫? 谈及强迫,就不免想到《理想国》中类似的教化困境。洞穴喻中被解放的哲人,在出洞后看到善的理念之后,就不再愿意回到洞穴去教化洞内的公民,为此,柏拉图论证说,统治者应该出于正义,去强迫哲人下降。如此说来,可否说《法义》中亦暗示着一种正义的强迫:夜间议事会的存在如此重要,事关城邦的存亡,掌握了高贵知识的哲人教师岂可袖手旁观,不愿意以教育的方式介入呢? 可问题是,强迫可能吗? 总之,这是一个值得玩味的开放性问题。

(3) 雅典人提及的第三点,涉及教育时间问题:"各学科应该在什么时候学,占用多长时间"。进言之,它涉及各学科以何种顺序安排,以及每门课程应该安排多长的时间去学习。对于这两个问题,雅典人认为书面讨论徒劳无益,因为直到学习者将各学科知识吸收进灵魂之前,学习者自身并不清楚正确的时间安排。雅典人还说,这些教育细节是"没法预先描述"的、"不可名状的秘密"。

应该怎样看待雅典人的这番看法? 首先,雅典人所提及的时间问题,实际是前述的"学习什么"这一问题的进一步拓展和延伸。因为一旦确定了学习的诸多科目,自然就需要安排各学科学习的次序以及确定每一门学科的学习所需要的时间长度,这是很自然的教育逻辑,否则教育和学习就是混乱无序的。其次,对于时间问题,为什么无法进行书面讨论?《法义》第七卷不也书面讨论了大众教育中的科目的学习次序和时间安排吗?《理想国》第七卷不也书面讨论了哲人王教育中的诸多科目的学习次序和时间安排吗? 为什么到了夜间议事会教育,书面讨论这些问题反而徒劳无益了? 难道唯有学习者真正体验了各学科的学习过程之后,才能够给出正确答案吗? 这样的说辞显然缺乏说服力,因为护卫者本就是受教育者,他们需要接受在理智能力、知识水平、教育能力上高于自己的卓越的教育者的引导,而不需要亲身去体验和洞察科目的次序以及科目的时间安排。若不是这样,夜间议事会教育岂不就成为自我教育,护卫者岂不是仅凭亲身的学习体验,就能够解决时间问题? 问题是,一个无法否认的、确凿无疑的事实是,年轻的护卫者还不是真正的夜间议事会成员,他们并不具备自我教育的能力,他们在智识上的欠缺,使其即使亲身去体验了,也无法给出正确的科目次序和科目的时间安排。这意味着,他们需要教育他们的教育者。再进一步,即使把解决时间问题的任务交给年轻的护卫者,也相信他们能够解决问题,但由于每个人的经验是不同的,护卫者最终也无法归纳出一个让人们都认同的教育方案。这意味着,教育问题的解决,根本上不可能通过对学习者经验的归纳,而只能依赖卓越的教育者基于自身经验的理论思考。更何况,雅典人自己已经表明,作为老年人,其拥有十分丰富的经验和研究,既然如此,为何要在时间问题上放弃书面讨论呢? 一旦放弃了书面讨论,那么时间问题就是无解的,进而教育就是不可能的,夜间议事会也是不可能的,城邦的拯救也是不可能的。最后,雅典人说这一问题无法通过预先的描述来诉说,这一说辞同样让人难解和困惑。毫无疑问,教育是复杂的,教育时间的安排也是复杂的,但不能因为复杂就将之视为无法预先描述的秘密。的确,夜间议事会是城邦的新事物,这自然使得对夜间议事会成员的教育也是新的,但新教育一定不是全新的,作为哲人的雅典老年人,对此已经有大量的经验和研究,是可以作出预先描述的(《法义》第七卷中,雅典人在年老时知道了埃及的数学和天文学之后,就以不知道它们而感到羞愧,进而将其积极引入新的教育规划中,这其实就是预先的描述)。更为重要的是,预先的描述是教育走向完善的第一步,即预先的描述被作出后,它是可以在以后的教育实践和教育思考中得到逐步完善的。第一步相当重要,如果第一步都不能迈出,那对教育意见的审视、澄清和完善是不可能的。

虽然雅典人在时间问题上的言辞让人困惑不解,但想必有自己的理解。若人们努力进入其角度去思考,也许这样的一种解释是合理的:"'我们也没法事先将之描述出来',实际上,这就等于说,试着事先说服民众接受每门进修科目的正当性和合理性,完全无望。"①之所以说是合理的,是因为雅典老年人的真正身份是哲人,而哲人与大众在自然天性上是根本不同的,在对教育事务的理解上也是根本不同的。这种差异,使哲人在以哲学的眼光去把握所学科目的次序和时间等问题时,必然与民众不同,不能被后者理解,即使民众是年轻的护卫者——他们并不是未来的哲人,因为真正的年老的夜间议事会成员,是"理智的影像"。事实上,在《法义》的谈话中,另外两个对话者虽然已经是受过教育的老年人,但他们常常遗忘雅典人的教导,譬如克勒尼阿斯对确信神的存在的两个论证的遗忘。如此这般,就可以说,不是雅典人不能作出预先的描述,而是即使预先描述出来,无知的大众和学习者也不能理解和认同。哲人与大众的张力,在古典哲人那里,永远都是存在的,即使在次好城邦,统治者主动邀请哲人参与教育,哲人也乐于协助教育,但其内心始终是清醒的。

与我们的理解相似,杜宾根学派的斯勒扎克(Szlezák)给出了他的理解,即认为受

---

① 林志猛:《柏拉图〈法义〉研究、翻译和笺注》(第三卷),第 303 页。

教育者自身尚未成熟，这使得哲人对他们进行高级内容的传授毫无意义。"这样的内容他称之为 ἀπρόρρητα（aprorrheta）——即'不可提前传授的东西'，因为如果在接受者尚未足够成熟之前传授它们的话，'任何东西都不会被澄清'（《法义》968e4—5）。"①除此之外，值得一提的是，斯勒扎克敏锐地看到了书面讨论的限度，即思想在往本原上升时，缺乏作者在场的书写文字有它的限度。

> 为什么偏偏是哲学处理本原的一部分要预防成文的散布呢？在书写批判的背景下，答案清晰易见：对象越复杂，就越容易导致误解，并由之引发无根据的蔑视，而面对这种情况，缺乏作者在场的文字无从为自身辩护（参《斐德若》275de）。这样的蔑视对柏拉图而言显然不是无关紧要的：如果人们想到，对他来说，理念的世界拥有一个"超越天际"和"神圣"的地位，这就变得完全可以理解。……既然就其根本而论，本原理论在哲学中是前提最多的，那么就无从凭借"无能力充分教导真理"（《斐德若》276c9）的书写来进行充分的预备教育，由此将之书写成文只能与自己的意旨相违背。②

斯勒扎克的解释，对于我们理解雅典人的言论（书面讨论徒劳无益；"不可名状的秘密"；"没法预先描述"）确实有一定的帮助，因为文字与口头传播相比，的确有它的限度。不过，它还无法解释，为什么柏拉图在《理想国》中能够对哲人教育给出相当详尽的书面规划，其中也包括关于学习时间的书面规划，而到了《法义》，却认为书面讨论这些问题徒劳无益？总之，这是一个开放的、值得深思的问题。

让我们回到《法义》的文本当中。面对雅典哲人对夜间议事会教育之艰难的描述，致力于创建马格尼西亚城邦的克勒尼阿斯陷入困境之中，因为夜间议事会教育绝不能够被放弃，否则城邦就是建立了诸多的法律，也会因为缺乏作为锚的夜间议事会的保护和拯救而身处动荡飘摇之中。于是，克勒尼阿斯继续求问雅典哲人："异乡人噢，接下来该如何是好？"对于雅典哲人来说，既然最高教育如此艰难，那么坚持详述一个明确又正确的最高教育，就一定会冒极大的风险，不过，雅典哲人同意和两位对话者一起去冒这个大风险。

---

① ［德］托尔斯·A. 斯勒扎克：《读柏拉图》，程炜译，南京：译林出版社，2009 年，第 75 页。
② 同上书，第 74—75 页。

　　朋友们啊,可能就像谚语说的那样,对我们而言,"它在于共同和中道"(ἐν κοινῷ καὶ μέσῳ),我们若愿意让整个政体冒险,要么掷出三个六,要么如他们说的,掷出三个骰子的最大点(κύβους),[969a]那就势在必行。我也会和你们一道冒险,对于眼下再度成为讨论主题的教育和抚养,进行解释并说明我的意见。这个风险的确不小,非比寻常。①

　　雅典人"冒的风险必然关系到如何从城邦的顶部开始建立城邦,或者如他所说,关系到[352]如何[在掷骰子时]第一次就掷出三个六点(throwing a triple six on the first cast);如果克勒尼阿斯在缺少最好的运气的情况下(without the luckiest of all throws)就开始建立城邦,那么,他所冒的风险可以说最大胆(ἀνδρειότατος)"②。正因为如此,在即将开始这场教育冒险时,雅典人试图激发起克勒尼阿斯去冒险的勇气,告诉他,通过正确创建马格尼西亚城邦,他将因此获得最高的荣耀和最勇敢的名声,后继者只是他的模仿者。因此,一旦神圣的夜间议事会建立起来,就要将城邦交给它,因为城邦唯有通过神圣的夜间议事会(理智与头脑相结合的共同体)的保护,才能够稳固长存。当然,夜间议事会的建立是需要诸多准备的,而准备的中心就是通过正确的教育塑造具有拯救德性的、完美的夜间议事会成员,从而让言辞和梦中的议事会成为实实在在的议事会。

　　前不久,我们在言辞中像梦一样触及的东西,一旦结合头脑和理智组成的共同体这一意象,就会真正成为几近完美的真实景象——也就是说,如果我们的这些人已精准地结合,教育[969c]得当,而且一经教育,他们就作为完美的护卫者,居住在这个城邦的卫城。就拯救的德性而言,我们有生之年从未见过像他们这样的人。③

　　不过,让人感到困惑的是,在随后的对话中,雅典人竟然"消失了"。长久未发言的

---

① 林志猛:《柏拉图〈法义〉研究、翻译和笺注》(第二卷),第267—268页。
② [美]伯纳德特:《发现存在者:柏拉图的〈法义〉》,叶然译,上海:华东师范大学出版社,2018年,第504页。
③ 林志猛:《柏拉图〈法义〉研究、翻译和笺注》(第二卷),第268页。

墨吉罗斯向克勒尼阿斯表达了必须千方百计地恳求雅典人参与城邦创建的观点，克勒尼阿斯表示同意，并要求墨吉罗斯也要协助，墨吉罗斯回应说"我会协助"，然后，整个《法义》就结束了！人们看不到雅典人准备详细阐述的关于夜间议事会教育的课题！职是之故，严肃的夜间议事会教育竟然成为未竟的教育！

五、转向《理想国》的哲人教育

雅典人本应开启对夜间议事会教育的详细论说，竟然在沉默中结束了对话，这是一个值得思索的问题。列奥·施特劳斯在《柏拉图〈法义〉的论辩与情节》中，以"雅典人'自然'没有作出回应"来解释。问题是，"自然"没有作出回应是什么意思？列奥·施特劳斯并没有给出解释，因为这句话也是他整本书的最后一句话。也许，我们可以在约瑟夫·克罗波西、列奥·施特劳斯主编的《政治哲学史》中的一章《柏拉图》——这一章由列奥·施特劳斯负责撰写——中找到答案。这一章以这样的一段文字结束："柏拉图将《法义》的制度逐步转变到《理想国》的制度，《法义》的终点也就是《理想国》的起点。"①如果是这样，那人们就可以理解。雅典人的沉默无声之所以是"自然"的，是因为阐释次好政制的《法义》已经完成了它的使命，对夜间议事会教育的详细阐述需要返回到早已完成的《理想国》之中，夜间议事会成员是"拥有知道真理、用语言表达真理、在行动中完成真理的能力"的哲学家②，而哲人教育是《理想国》关注的重点。如果是这样，那么雅典哲人的确没有必要重复已经在《理想国》中详细阐述的关于最高教育的规划。进言之，这一详尽规划完整体现在《理想国》第六卷与第七卷的哲人教育中。在第六卷中，柏拉图详细阐释了哲人的天性这一未来的哲人受教育的基础，同时也对哲人的天性容易被败坏作出了论述，提醒人们哲人教育的艰难。在第七卷中，则详细规定了未来的哲人应当学习的诸种科目——数学、几何、天文学、辩证法；科目学习的先后次序——数学、几何、天文学是序曲，辩证法是正文；不同内容的学习时间。这里，需要注意的是，《理想国》中并没有《法义》中有的神学这一科目，不过，按照韦尔纳·耶

---

① [美]约瑟夫·克罗波西、列奥·施特劳斯主编：《政治哲学史》（第三版），李洪润等译，北京：法律出版社，2009 年，第 78 页。"《法义》"与"《法律篇》"为同一作品的不同译名，原文为"《法律篇》"，笔者做了修改。

② [德]韦尔纳·耶格尔：《教化：古希腊文化的理想》（第三卷），陈文庆译，上海：华东师范大学出版社，2021 年，第 323 页。

格尔的看法,辩证法与神学其实是一个科目,因为它们都关注同样的最高的存在：作为万物的尺度的神被等同于"一"(《法义》中的"一"与《理想国》中善的理念是同一个东西)。柏拉图在《法义》中将其表述为城邦统治者的辩证法教育的科目。因此,立法者是与《理想国》中的统治者一样的哲学家,他们学习的最高阶段是相同的,那就是神学。①

列奥·施特劳斯的这一判断是有道理的,因为通过文本的分析,人们能够看到一个完整的闭环：对话时间从早上到晚上,再从晚上到早上；政治向哲学上升,哲学向政治下降。

> 《法义》中的对话时间是从早上到晚上,而《理想国》的对话时间是从晚上到早上,两者刚好构成了完整的一天,也就是一个整体。法律是光明的、公开的,而哲学是隐晦的、秘密的。所以我们可以说,《法义》和《理想国》是相互依存、相辅相成的……所以《法义》仍然是从政治向哲学的上升。通过对古老的传统法律制度的起源的探讨,哲人超越了传统法律制度的遮蔽,看到了法律的自然基础,最后,《法义》终结于哲人王团体(夜间议事会)的教育。也就是说,《法义》最后指向了《理想国》。而制定法律本身是从哲学向政治的下降,是从自然到人事的下降,立法就是对自然的模仿。②

这么说,《理想国》的结尾(以厄若斯神话结束)是《法义》的开始(以谈论神开篇)。就教育而言,《理想国》中哲人下降后神学教育的结束,是《法义》中普通的大众教育的开启；《法义》中夜间议事会教育的结束,又是《理想国》中哲人教育的开始。如此一来,柏拉图这位伟大的古典教育哲人,就给人们呈现出了一幅完整的教育图像：从普通的大众教育到高级的哲人(夜间议事会)教育。

不过,当人们这么分析的时候,仍然要注意这一分析所隐含的问题。夜间议事会是一个由老年人和年轻人混合的共同体,老年人是主宰,但柏拉图又称他们为"理智的

---

① ［德］韦尔纳·耶格尔：《教化：古希腊文化的理想》(第三卷),第 324 页。

② 李革新：《哲学的颂歌：柏拉图对话的现代解读》(全二册),上海：同济大学出版社,2015年,第 513—514 页。"《法义》"与"《法律篇》"为同一作品的不同译名,原文为"《法律篇》",笔者做了修改。

影像"而不是"理智"，"理智的影像"又需要年轻人敏锐的诸种感官辅助。哲人王则不是一个群体，而是一个人，他有理智，能够超越感官世界，看到善的理念。如果是这样，就不能简单地将两者等同，进而将两者的教育等同起来。进言之，夜间议事会教育中有神学教育，神学教育强调神学知识与大众美德的结合，因为夜间议事会所保护的城邦是次好城邦，包括夜间议事会成员在内的自由民都合法地拥有私产和家室，并不纯粹，他们有属于自己的大众美德；在哲人教育中，因为哲人统治的城邦是善的理念光照下的理想城邦，护卫者根本就没有私产和家室，所以哲人教育所培育的德性就是纯粹的，不包含大众美德。就《法义》而言，雅典哲人虽然致力于构建详尽的夜间议事会教育，但其自身并不是夜间议事会成员，其只是一个协助者，笔者想这也就是为什么其在最后要激发克勒尼阿斯建造城邦的勇气并称誉他会因为建造城邦而成为最勇敢者，因为真正的城邦创建者是克勒尼阿斯，而不是雅典哲人。因此，那个要被详细阐明的最高教育，不大可能是哲人教育，而是哲人协助建造的介于大众教育与哲人教育之间的一种特殊的最高教育。不过，这样说的话，仍然有一个问题，那就是为什么雅典哲人会对这一特殊的最高教育沉默不语？这么说来，《理想国》中的哲人教育与《法义》中的夜间议事会教育的关系，就显得复杂很多，人们需要谨慎对待。

人如何保护自己不受恶

——基于对《高尔吉亚》509D—527E 的解读

孔令新[*]

内容摘要：在《高尔吉亚》中，关于人如何保护自己不受恶，苏格拉底提出了两条路径。第一条是个体通过认可并同化于其所生活的共同体的主流价值取向来保护自己。这是卡利克勒斯所认可的，也是大部分普通人的本能选择。苏格拉底指出了这种路径的危险性，即此方式不仅容易使人迷失生活的方向，而且容易导致灵魂的堕落，进而严重伤害自己。第二条路径是不作恶的技艺。苏格拉底指出只有不行不义才可以使灵魂内部真正和谐、有序且充满正义，亦是对自己最大的帮助。此技艺，源于对爱智慧的生活即哲学生活是人的最佳生活的理解。此种技艺也将教化和帮助那些不会成为哲人却渴望荣誉与权力的年轻人正确地理解政治生活的意义与限度，从而学会保护自己，这也保护了政治本身。

关键词：苏格拉底；政治生活；正义

一、"人如何保护自己不受恶"主题的出现

在《高尔吉亚》前半部分，苏格拉底通过与高尔吉亚、珀洛斯的讨论，成功使两人陷

---

* 孔令新，男，博士，湖南师范大学教育科学学院讲师、硕士研究生导师。

入沉默，即便两人并不情愿，尤其是珀洛斯。虽然珀洛斯极度反感和不认可苏格拉底的观点，但在众人面前，经过权衡和犹豫①，他还是开始隐藏自己的真实态度，随后任由苏格拉底完成了自己的最终论证，并带出了一个听起来让人感觉匪夷所思的观点，即假若伤害人是对的，那么为了伤害一个人，修辞术就应尽可能帮助那些不断在罪恶中前行的人逃脱惩罚。一直在聚精会神认真听讲的卡利克勒斯再也坐不住了，他质疑苏格拉底是否在开玩笑，经苏格拉底确认后，他随即发表了长篇大论。在大肆批驳苏格拉底的观点后，他对苏格拉底提出了自己的警告，即苏格拉底若一意孤行，还是像现在这样在哲学探究的路上奋不顾身地走下去，那只会变得愚蠢且处境悲惨，大家任意一个人可打其耳光而不必受到惩罚，甚至他还会被人们抓住关进监狱，没罪也会被安个罪名乃至被处死。苏格拉底无法保护自己脱离困境，更不要提保护家人和朋友了。从此处开始，《高尔吉亚》进入了第三部分，不过，"人如何保护自己不受恶"这个主题明确出现要一直到 509D 才开始，其间苏格拉底与卡利克勒斯依次讨论了强者的定义、自制的含义、好与快乐的区别，以及秩序与纪律对灵魂的意义等问题，然后苏格拉底以一个长度相当的发言回应了卡利克勒斯之前的长篇发言，并总结说，无法在城邦中保护好自己并不是最坏的事，做这些恶事的人才更加可耻与邪恶，此时苏格拉底并没有进一步明确说邪恶的生活除了可耻之外会不会有其他的恶果。

　　不过此时的卡利克勒斯早已无心恋战，若不是高尔吉亚出面斡旋，对话或许早已结束。基于此，为了再次唤起卡利克勒斯的谈话欲望以教导之，也为了在高尔吉亚面前展示哲人的修辞术以满足高尔吉亚及教育身边听讲的诸多年轻人，苏格拉底特地集中于"人如何保护自己不受恶"这个主题，这也使得对话进一步深入。

二、人保护自己不受恶的第一条路径：与共同体相一致的技艺

　　关于人如何保护自己不受恶，苏格拉底提出的第一条路径——不仅要有避免受恶的意愿，还要有某种技艺，以此来武装自己。这种可以很好地在城邦中保护自己的技艺就是努力让自己变得与城邦掌权者是一类人。如此一来，此技艺就可以最大程度上

---

① ［古希腊］柏拉图：《柏拉图全集：中短篇作品》（全二册），刘小枫等译，北京：华夏出版社，2023 年，第 1027 页。

让人生活在城邦中不受恶的伤害了。① 苏格拉底以一个野蛮僭主掌权的城邦为例开始了其论证,此种城邦人身安全系数与生活幸福指数相对非僭主式城邦是最低的,毕竟僭主即意味着一人之下其他人皆为奴隶。若在此城邦中有某种技艺就可以很好地保护自己,那么有这种技艺在其他类型的城邦中就可以更好地保护自己不受恶了。

苏格拉底指出,同类之间关系最为亲密,若想在僭主式城邦中安身并很好地生活下去,那就只有一条路径,就是尽量变得与僭主一样。这里的一样指的是具备与僭主同样的秉性、嗜好与喜恶,并愿意做其下属。如此一来,可以想象僭主会非常放心地把这样的年轻人当作自己人,当作同类,当作可以推心置腹之人。否则,秉性不同者,若是优秀,则僭主会既怕又妒;若是平庸低劣,则会被无视。两种情况都很不妙,因此,此种技艺的关键不在于自己有多么强大,而在于是否能够变成与僭主具有尽可能同类秉性与喜好的人。在一个僭主统治的城邦中,再强大的个体也敌不过僭主的权力,再强壮也终究不过是匹夫之勇。

这种技艺显然不是苏格拉底所认可的。但仔细考虑下,我们便知道苏格拉底两千多年前描述的这种方式实际上是人类社会生活中太常见的现象了。小到一个宿舍、班级和球队,大到一个企业乃至国家,这是太常见的人们在共同体中保护自己的方式,不管这个共同体是僭主式的、贵族式的还是民主式的。苏格拉底描述的这种方式归根到底并不仅仅局限于僭主式共同体。因为僭主式共同体表现的是一种极端情境,但不极端的是统治原则本身的统治性,即僭主式共同体实质上是僭主制在统治。统治原则是任何共同体内部都存在的。僭主制作为一种统治原则即意味着是个人意志的非法统治。民主制共同体表面上看起来平等,似乎无人高高在上地统治他人,但究其根本依然有某种东西在施行统治,这施行统治之物就是平等地治理共同体的民主原则。

在这个意义上,世间的共同体无论大小都有其统治原则。这种统治原则是此共同体得以标榜自身并维系自身的依据。其具体体现就是看此共同体推崇什么又看低什么。在推崇与看低的背后就是该统治原则。② 在此共同体立足并很好地存在下去的关键就是看是否合乎其中的统治原则。比如,一名极具创新与反叛精神的员工若是去了一家崇尚权威与纪律的企业,格格不入乃至最终不得不离开是较大概率会发生的事

① ［古希腊］柏拉图:《柏拉图全集:中短篇作品》(全二册),第 1065—1066 页。
② 刘小枫编:《苏格拉底问题与现代性——施特劳斯讲演与论文集:卷二》,彭磊、丁耘等译,北京:华夏出版社,2008 年,第 27 页。

情；若是去了一家崇尚自由与开放文化的企业，如鱼得水同样也是较大概率会发生的事情。不同的企业中，不同的文化和价值观是其隐秘的统治原则，人们看不到，但若生活于其中，就会无时无刻感受到，任何共同体皆是如此。个体总是生存于某个共同体中，认清并认可此共同体的统治原则，就可以得到此共同体的保护，而越是发自内心地认可此统治原则并通过行动表现出来，就会越发得到此共同体的最大保护，这条路径看起来似乎再自然不过了。

三、第一条路径的局限与危险

前文提及的保护自己的这条路径是现实生活中大部分时刻很多普通人自然而然的选择，卡利克勒斯亦不例外。这种保护自己的技艺很合乎卡利克勒斯的想法，所以在与苏格拉底的讨论中已经完全失去兴趣，数次表达不想再把谈话继续下去的他此时重新燃起了对话的兴趣。毕竟，不久前他还自称是一个爱好这种谈话的人，说自己可以听一整天不嫌累。① 虽然在他看来，刚才苏格拉底的胡搅蛮缠让他很郁闷，因为他毕竟并非从一开始就像现在这样极度讨厌苏格拉底。如果我们还记得，这个文本的开篇第一句话就是卡利克勒斯对苏格拉底说的，他为苏格拉底错过了一场战斗盛宴而惋惜不已。即便在对苏格拉底的长篇警告中，他心中依然把苏格拉底看作与他一样的强者。只是苏格拉底总是沉迷于哲学，有走偏人生道路的危险，他试图以朋友的身份把苏格拉底拉回来，以此让苏格拉底真正过上一种上层人士应有的生活。

因此，当苏格拉底在此处稍微转换了下话题，并提出了这种保护自己的技艺，卡利克勒斯一下子兴奋起来，"你瞧见了吗，苏格拉底啊，我就准备赞扬［你］啦，［510b］只要你在哪一点上讲得美？依我看，你这一点说得就完全美"②。言下之意即苏格拉底之前的话在他看来都是有问题的，卡利克勒斯不是从是否合乎道理、合乎真理出发，而是从是否合乎自己的想法和意见出发，对苏格拉底作出了评价。他开始变得积极肯定苏格拉底，也正是因为苏格拉底刚才的观点正中其下怀。

但问题在于这种保护自己的路径本身内在地蕴含了许多局限乃至危险。我们可以通过模仿共同体的主流喜好来尽可能快地融入共同体，以便更好地保护自己并在其

---

① ［古希腊］柏拉图：《柏拉图全集：中短篇作品》（全二册），第 996 页。
② 同上书，第 1066 页。

中生存下去,但这种保护是否会长久且真实地维系下去,还只是一种幻想? 这并非不言自明而是令人生疑的。以前文所举的例子为例,一个球员为了加入以好勇斗狠、推崇铁血、喜爱犯规著称的球队,使自己也努力变成此风格的球员,以帮助自己更好地融入球队。但问题是如此风格是否真的适合自己未来的成长? 对球队而言,坚持这种球风从长远来看对球队的发展有利无害,还是会限制球队的长远发展? 一个强调纪律与顺从的企业会欢迎那些认同此价值观的员工个体,此类员工个体的升迁之旅也多半会比那些自由散漫的员工个体快些。但当越来越多认可此企业文化的个体加入企业,此种纪律与服从之风愈加坚固,但从长远来看,此种循环是否存在使体系越来越封闭,从而走向故步自封、拒绝开放与自我更新乃至自我崩溃的风险? 这些可能性是存在的,而且概率是较大的。尤其是,当共同体崩塌而不再能够维系自身的时候,其中的个体也将难以很好地保护自己。

将这种思路推进到极致,若一个共同体是邪恶的,亦即共同体的主流喜好与推崇的生活方式是邪恶的,那么根据这种思路,一个人为了在此共同体中不受恶并拥有大权,必须将自身尽最大可能与共同体推崇的价值序列同化为一样的,这样才会被共同体接纳和看重。这也就意味着,此人必须发自内心地成为一个邪恶的人,并发自内心地拥抱和有强烈的意愿去过这样一种邪恶的生活。他必须同时具有邪恶的心灵和与此一致的邪恶的行动。只有通过邪恶的行动才能够证明邪恶的心灵,只有邪恶的心灵才能够被此共同体确认为是自己的同类和一分子。

苏格拉底正是这么做的。他以城邦中掌权的僭主为例,指出根据这条路径,这个年轻人必须尽可能变得与邪恶的主人一样,“他这样预备恰恰是为了使自己能够尽量最多地行不义,且行了不义之后不接受审判”①。其结果就是“最大的恶不就会开始降临到这个因模仿主人并[攫取]能力而灵魂已经变得糟糕且残废的人头上吗”②。根据苏格拉底与珀洛斯、卡利克勒斯之前的讨论,这也就意味着这个年轻人的内心是纷乱无序和邪恶的,其人、其生活既可耻又最为不幸,亦即这个年轻人看似很快、很好地保护了自己,实际上却是亲手毁灭了自己,而且毁灭得如此彻底,把自己的人生推向了最不幸的境地,与其当初的意愿完全背道而驰。以权力来保护自己,最终被证明不过是一种幻想。

---

① ［古希腊］柏拉图:《柏拉图全集: 中短篇作品》(全二册),第 1067 页。
② 同上。

　　卡利克勒斯因为对苏格拉底展示的这条路径已经很熟悉,只是没有预料到又回到了他不认可的观点上,所以对于这个结论他的内心又一次被愤怒占据。这当然也是苏格拉底杰出的教育技艺的展示。他不仅在教育卡利克勒斯,也在教育在他身边默默听讲的年轻人。通过把他们熟悉的方式推到极致并把后果展示出来,从而以一种看似简单乃至粗暴的方式给了他们震撼,通过这种敲打的方式在这些年轻的心灵中掀起波澜。由此可以想象,对于这种保护自己的方式,当时周围的年轻人,还有我们这些读者,就应该去思考,这种看似天经地义地保护自己的方式可能是有问题的,也就是说,在模仿共同体的嗜好与喜恶之前,首先要考虑的应该是另一个更重要的问题,即这种嗜好与喜恶是否是真正的好?

　　生气的卡利克勒斯显然无法认可苏格拉底的观点,他一直都没有被说服,也不愿意去反思,因为在他看来这种方式至少可以保命,而苏格拉底坚持的观点意味着在僭主统治下生命都会朝不保夕。这其实也是不少年轻人心中的困惑。没有了生命,又谈何保护自己? 对这个问题,苏格拉底又讲了船老大的例子来提醒各位听众,生命固然重要,但生命的美好、高贵与救命可能并非一回事。人可以活多久,这种事情应该交给神。真正的问题乃是去思考“以什么方式才能在他[e5]打算生活的那段时间内活得最好”①。鉴于卡利克勒斯已经无法听进去这种道理,而只是沉溺于自己渴望成为强者或统治者的欲望中,苏格拉底只好又从两个非常现实的方面对卡利克勒斯进行了规劝和警告,当然,这也是对高尔吉亚、珀洛斯和所有听众的提醒。

　　第一个方面是,苏格拉底指出要想在城邦赢得大权,需要变得与城邦相似,“因为一定不能只是个模仿者,而要在自己天性上跟这些人相似,要是你打算[b5]跟雅典民众最终结成某种嫡亲的友谊”②。这就意味着,卡利克勒斯若想真正统治城邦,就必须学会将自身的喜好与民众的喜好保持高度一致,且要长久一致,否则即便上台掌权,若城邦发现卡利克勒斯并非自己同类,他也难逃被城邦伤害的命运,无论城邦在开始的时候是多么接纳和抬高他。卡利克勒斯日后的命运也证明了这点。但这就意味着卡利克勒斯会由此变成一个真正的民众,一个真的要被“照料”的动物。③ 这也就意味着,他也难以脱颖而出,毕竟只有发自内心的模仿才是真的模仿,

---

① ［古希腊］柏拉图:《柏拉图全集: 中短篇作品》(全二册),第 1069 页。

② 同上。

③ 同上书,第 1073 页。

只有发自内心的热爱才会带来真正的友谊。但诡异的是,这也意味着卡利克勒斯不再是他本身了。强者只有通过成为弱者的朋友才能够被喜爱并获得长久稳定的统治权,但这点要真正实现,意味着强者本身变成了真正的弱者,这是卡利克勒斯没有想过的。

苏格拉底给出的第二个方面的提醒和建议是,即便卡利克勒斯可以无视苏格拉底前面的那个提醒,认为只要自己掌权,就可以以强者的面目统治那些待管教的弱者,权力本身也无法很好地保护他。苏格拉底在努力拯救日后难逃悲惨命运的卡利克勒斯。他的建议是若有朝一日卡利克勒斯真的成为统治者,他就必须通过一些事情作出改变。这种改变就是苏格拉底说的应该通过照料而使城邦的公民尽量变得最好,否则,"施予其他任何一个善行都[514a]毫无益处"①。也就是说,卡利克勒斯必须懂得并愿意践行使城邦的公民变好的技艺。但若如此,卡利克勒斯就必须证明自己有这种能力,就像一名医生去给病人看病之前至少要有曾治好病人的练习和经历,否则卡利克勒斯将无资格去统治民众。显然卡利克勒斯拿不出证据来,他也不愿意这样做。这与苏格拉底教育格劳孔和阿尔基比亚德是类似的。② 卡利克勒斯听不进苏格拉底的劝告,不愿关心掌权后是否要好好教化民众的问题,他心里想的是到时候经常满足一下民众的需求应该就可以了。这不仅仅是卡利克勒斯一人的想法,也是珀洛斯的想法。珀洛斯对阿凯劳斯的描述恰恰表明其内心深处对做一名僭主的渴望,可以想象那些听众中也有不少年轻人持有类似的看法,他们在禁欲主义的理想与纵欲主义的欲望之中徘徊、犹豫,一如《理想国》中的格劳孔。但问题是,这些年轻人更多时候只看到了类似阿凯劳斯这类僭主外表的风光,并没有看到也不理解其内心生活的不幸,他们更多时候是以自己的想象和确信代替了对僭主生活的真正认识③,认为只要掌握了权力就不需要再作出什么改变,就可以过一种肆意的生活了④。

---

① [古希腊]柏拉图:《柏拉图全集:中短篇作品》(全二册),第 1070 页。
② [美]托马斯·潘戈尔编:《政治哲学之根:被遗忘的十篇苏格拉底对话》,韩潮等译,北京:商务印书馆,2019 年,第 197—199 页。
③ [美]伯纳德特:《道德与哲学的修辞术:柏拉图的〈高尔吉亚〉和〈斐德若〉》,赵柔柔、李松睿译,上海:华东师范大学出版社,2016 年,第 54 页。
④ [美]列奥·施特劳斯、科耶夫:《论僭政——色诺芬〈希耶罗〉义疏》,何地译,北京:华夏出版社,2006 年,第 1—5 页。

为了教育,苏格拉底提请卡利克勒斯好好回忆一下伯里克利、喀蒙、米尔提亚德与塞米司托克勒的命运。这几位著名的政治家被卡利克勒斯看重,苏格拉底则着重指出这几个人政治生活的结局都非常不尽如人意,甚至悲惨。苏格拉底说实际上这几个人在满足城邦民众的需求方面比现在的掌权者做得更好,但在引导公民的欲望以使其接受改善这个方面做得并不好,他们由此更像是"各种欲望的仆人和供应者,他们根本不懂[c5]关于它们的美和善"①。这不仅不意味着伟大,更意味着腐败与溃烂,所以他们最后被城邦毁灭了。这种毁灭不能被称为不公正,就像一个人驯服畜生,最后却导致畜生野性大发把自己踢伤,这个人不会被称为一个好的、成功的驯服者。这几位政治家同样如此,因为他们误解了政治,忽略了最重要的事情即改善人们的灵魂并使其变好。

简而言之,苏格拉底要告诉卡利克勒斯的是,即便卡利克勒斯和年轻人无视苏格拉底的警告,一意孤行,暂时通过模仿和借助运气获得了公民的信任得到统治权,若不懂得践行使人变好的技艺,那么未来的下场注定是悲惨的,伯里克利等人尚且如此,何况一般的政治家。苏格拉底紧接着谈了智者的修辞术,这实际上亦是在暗示高尔吉亚。卡利克勒斯此时无心再听,但他必须听下去,因为苏格拉底不仅说给卡利克勒斯听,也在告诉高尔吉亚一些他未能看透的东西。此时的高尔吉亚渐渐明白,若不懂得并教授年轻人何为正义和好,那么修辞学家也注定难以获得其渴望的回报,从而不能够更好地以自己期望的方式保护自己,自己的教育事业也会蒙上阴影。智者失败的教育案例已有很多,苏格拉底此时告诉高尔吉亚为什么智者会经常失败,这既是在帮助高尔吉亚,也是在努力使高尔吉亚的修辞术可以为苏格拉底的教育事业服务。

也就是说,通过模仿共同体的主流喜好与价值取向来获得认可与保护的方式并不会提供真正长远的保护,除非这个共同体是完全正义和美好的,但这又是注定不会实现的,人间不会有真正的天国。无论从哪一个方面看,通过模仿、奉承的方式获得保护最终都会归于失败,对卡利克勒斯和那些听众而言,倘若他们认真去理解和反思,就会发现,这条保护自己的路径有很大概率会使自己的人生变成一场悲剧。②

---

① [古希腊]柏拉图:《柏拉图全集: 中短篇作品》(全二册),第 1076 页。
② [美]列奥・施特劳斯著,[美]潘戈编:《古典政治理性主义的重生: 施特劳斯思想之门》,郭振华译,北京: 华夏出版社,2011 年,第 158—160 页。

四、第二条路径或苏格拉底的答案：不行不义是保护自己不受恶的最佳技艺

如此一来，我们应该如何才能够真正地保护自己在这瞬息万变的世界不受恶呢？苏格拉底指出，这样的技艺是存在的，这就是不作恶的技艺。"只要他能保护自己免于［522d］说出或作出任何不义之事，无论对人们或对神们。因为这种自我保护——我们已经多次同意——是最强的。"①苏格拉底随后在文本的最后讲述了一个神话故事。在这个神话故事中，苏格拉底告诉我们，死后审判时，很多国王或君主的灵魂很容易被认出来，就是因为其灵魂毫无健康的迹象，反而各种恶行留下了种种标记，此类灵魂对真理完全陌生，"充满了畸态和丑陋"②。此类灵魂根据苏格拉底的描述都被径直送到哈得斯的监狱，去受着最残忍、最可怕也最悲惨的折磨。苏格拉底还不忘提醒珀洛斯等人，受惩罚的灵魂中有一个就是阿凯劳斯的灵魂，之所以如此，正是因为其作恶多端，生活邪恶。

毫无疑问，不是每一个年轻人都会相信苏格拉底的这个神话故事，甚至我们也不知道苏格拉底是否相信自己讲述的这个神话故事，但这个神话故事蕴含的道理是深刻的，或者说更值得我们关注的是其指向的某种标准。对阿凯劳斯的审判所表明的乃是苏格拉底在此文本中一再坚持的主张，即过一种不受拘束、毫无节制的纵欲生活，这不会带来幸福。此种生活的最高典范就是僭主式生活，像阿凯劳斯一样，通过欺骗、谋杀、驱逐和伤害等获得权力，从而继续生活在邪恶中。这种生活最终只会走向不幸而不是幸福，最终会极大地伤害自己，作恶就是对自己的最大伤害。

这些伤害不仅指外在的伤害，比如阿凯劳斯死后所受的惩罚，而且指作恶或行不义本身就是不幸的。并非因为其结局悲惨，而是因为这种生活将会时时刻刻处于不幸与自我伤害之中。这才是最糟糕的。之所以如此，是因为其头脑中的想法是错误和邪恶的，亦即其灵魂是堕落的，不再追求正义与节制，灵魂内部是彻底的纷乱无序和疯狂。用苏格拉底之前的比喻，此类灵魂充满了各种裂缝，对好与快乐不会作出区分，或者在严格意义上就是以对快乐的追求取代和压制了对善、好的追求。按照《理想国》的

---

① ［古希腊］柏拉图：《柏拉图全集：中短篇作品》（全二册），第 1081 页。
② 同上书，第 1083 页。

描述，这就意味着灵魂三部分的秩序颠倒了。① 欲望成为最高主宰，理性/谋算反倒成为实现欲望、目的的工具。欲望的要求即身体的要求。欲望要求好吃好喝，要求更刺激的生活，而不管这些是否真的对身体和灵魂有好处，也不管获得这些的途径是否正义，而是只求自身的满足。这正是身体欲望主导灵魂的表现。但是身体欲望仅靠自身又无法理解和统一自己，比如各种欲望之间就经常互相矛盾，这是靠身体自身无法解决的。如此一来，人的行动就是分裂的，彻底被身体欲望主宰的人一定是人格彻底分裂的，其将无时无刻不生活在充满懊悔的生活中而无法自拔。这种生活注定其内在就是极其不幸的，而且会一直持续下去，除非其灵魂内部重新获得和建立了良好、稳固的秩序。

这也意味着不作恶首先要看清身体欲望与灵魂两者的地位，以作出正确的排序。虽然苏格拉底在与高尔吉亚等人的讨论中，一再指出照料身体的是医学与体育而不是烹饪与美容，照料灵魂的是正义与立法而不是智术与修辞术，但这并不意味着身体的需要与灵魂的需要可以同等看待。医学与体育代表的是某种标准，某种关于健康的身体应有的标准，这种标准是一种形式，是身体欲望无法理解的；同样智术与修辞术也并非如表面看到的那样与灵魂相关。智术与修辞术，或者说通过奉承获得承认与认可，进而可以尽快同化于其所在的共同体并获得权力，这根本上依然是对身体的一种满足。因为此时的共同体已经意味着是自己更大的身体，或者说是身体的延伸，经由修辞术可以满足身体的各种需要。也就是说，智术与修辞术根本上指向身体而非灵魂，不同于烹饪与美容直接满足身体需要的方式，它们是以指挥灵魂的方式来更隐秘地满足身体的需要。而灵魂服务身体，如前所述，正是对自己内在的伤害。因此不作恶首先就意味着正确对待灵魂与身体的关系。这并非意味着要完全地压制身体欲望，也并非意味着欲望本身就是坏的，而是意味着给予两者正确的排序，即身体欲望的满足与否要听从灵魂与理性的指引。什么时候满足身体欲望的需要，什么时候压制，以及某一种身体欲望此时也许要压制，到了另一种情境中也许又要鼓励，这都是靠身体欲望本身无法正确安排的，只有灵魂与理性才能够作出恰当而得体的指引。

之所以如此，是因为不作恶本身在严格意义上意味着知晓什么是好和正确，只有

---

① ［古希腊］柏拉图：《理想国》（节选本），靳希平选编，郭斌和、张竹明译，北京：商务印书馆，2002 年，第 169—174 页。

知道了好的真正标准才能够判定何种行为方式是作恶。如前所述,身体欲望无法告知我们这一点,因为其自身内部往往就是自相矛盾无法统一的。可以反思欲望间的这些矛盾并努力作出选择的是灵魂与理性。这也就意味着,灵魂与理性更懂得多一些关于好的道理,更值得追求幸福的个体信任,从而真正且长远地保护每个个体,使其离幸福更近而不是更远。

与此同时,由于人的有限性,虽然苏格拉底指出无人自愿作恶,但多数人总难免会犯错误。因此此时需要做的就是听从理性的指引去接受应有的惩罚,以恢复灵魂内部的正义秩序,而不是听从身体欲望的要求尽量去逃避惩罚,这一点苏格拉底与珀洛斯在前面已经讨论过了。虽然在极端的意义上接受惩罚可能意味着一个人要付出生命的代价,这也是珀洛斯、卡利克勒斯最无法接受的,他们无法接受理性的劝告,但其中的道理他们是无法反驳的。作恶之后要么逃避惩罚,要么接受惩罚,显然前者只能够使一个人在邪恶与不义中愈陷愈深,后者至少可以在较大程度上终止邪恶,并尽可能地重建灵魂内部的正义秩序。正义秩序意味着正当的想法才会带来得体且和谐一致的身体行动,愈来愈多的行动才会从根本上改变生活的糟糕状态,从而真正从根源上学会自我保护,且会保护得越来越好,这才会带来真正的自我满足,因为这是灵魂的自我满足,或曰幸福。

五、不作恶的背后: 政治生活的限度与哲学生活的力量

苏格拉底的论证和答案无法回避或必然面对的是这样一个问题,即除非我们占有了绝对真理或全部的智慧本身,否则难以真正做到不作恶。可我们又不是神,作为终有一死的有限性存在,我们不可能知晓全部的真理与智慧,此时我们应该如何行动才能够做到不作恶呢? 苏格拉底讲完最后的死后审判的神话故事后,在文本的最后一段话回应了这个问题。"但现在,你瞧吧,你本人、珀洛斯和高尔吉亚,你们三个尽管确实是现今最智慧的[527b]希腊人,但都没能证明,必须过其他某种生活,而非这种甚至在那里都显然有益的[生活]。相反,在这么多说法中,其他那些[说法]都被驳倒了,唯独这个说法依然稳固: 应该谨防行不义甚于[b5]受不义。"①也就是说,我们都无法证明某种生活方式才是人应该过的、真正完全合乎真理和智慧的、像神一样的生活,在如此

① ［古希腊］柏拉图:《柏拉图全集: 中短篇作品》(全二册),第 1085 页。

重大的问题上，我们的处境并不令人特别满意。但这并不令人绝望，反而带来了真正的希望。这希望即正因为我们意识到自己的无知，所以永不停息地去追求智慧，这恰恰成为我们能够找到的人的最佳生活。这种生活根本的特点即反思，即爱智慧，爱关于何为美好生活的智慧。爱意味着永不停息，意味着清醒地意识到自己的欠缺却永不放弃对美好的追求。这就是爱智慧的本义，亦即哲学的本义。哲学根本上是一种生活方式正在于此。这种生活方式本身对真理永远开放，却又显示了一条确定而封闭的道路。①

　　因此，在此文本中，苏格拉底才会说所有的论证中其他的都已经遭到驳斥而失败了，只有这个还是稳固的，即不作恶以真正地保护自己。这是苏格拉底通过艰苦、持续地思考与探寻得出的结果，它们不是最高意义上的真理，但至少不再是未经反省的意见，而是成熟的意见，更类似真理的片段或剪影。② 这一点在讨论保护自己的技艺之前苏格拉底也曾更加完整地强调过："要是说得更粗野点儿，用钢铁般坚固的言辞［绑在一起］，这看起来就像这样［坚固］；要是你本人或某个比你更朝气蓬勃的人不解开它们，任何人不像我现在讲的这样去讲任何东西，就无法讲得美；因为我永远只有这套［a5］相同的说法：我不知道这些东西情况怎样，但在我已经碰见的人中，就像现在，没有任何一个人能够以别的方式讲述而不变得滑稽可笑。"③也就是说，这是在爱智慧的路上发现的一个到目前为止没被驳斥的意见，它至少是不自相矛盾且融通无碍的。因此，这个论证应当被遵守，被灵魂认可和遵循。这亦是苏格拉底哲学的核心意义。我们不会知道一个最高意义上的好人（类似神一般的存在）是什么，但我们可以做到的是努力去成为一个好人，努力在心灵中建立起理性的统治，方能尽可能做到不作恶，并拥有一个和谐的灵魂秩序。毕竟，灵魂才是我们更真实的形象而非身体，伤害身体的不一定会伤害灵魂。如果我们在灵魂内部培养起强大的理性力量，那么伤害身体的就一定不会伤害灵魂了。"也请你让任何人鄙视你吧，［视你］愚蠢，并作践［你］，只要他愿意；呃对了，凭宙斯起誓，也请你鼓起勇气，［任随他］挥来［527d］毫无尊严的殴打，因为

---

① ［美］列奥·施特劳斯著，［美］伯纳德特编：《论柏拉图的〈会饮〉》，邱立波译，北京：华夏出版社，2012 年，第 6 页。

② ［美］列奥·施特劳斯：《自然权利与历史》，彭刚译，北京：生活·读书·新知三联书店，2003 年，第 125—126 页。

③ ［古希腊］柏拉图：《柏拉图全集：中短篇作品》（全二册），第 1064 页。

你丝毫不会遭受任何可怕之事，只要你实事求是地做个既美且好的人，修习美德。"①
相反，若没有这种恰当的灵魂秩序，那么人迟早会自受其害。邪恶的生活不仅是可耻
的，其内在与外在都更是一种持续且不可逆的自我伤害。对比之下，通过去过一种爱
智慧和追求真理的生活，尽可能地生活在虔诚与真理之中，才会真正保护我们的灵魂，
也就真正和最高程度地保护了我们自身。

简而言之，不作恶的技艺背后实际上是哲学生活，这也意味着只有哲人最懂得如
何保护自己，因为哲人才是那少数的真正理解自己的人。也正是在这个意义上，苏格
拉底才说自己是雅典唯一懂得政治技艺的政治家。②

但我们不可能期待每个年轻人都像苏格拉底那样去过哲学生活并成为哲人，能够
永不停息地追求智慧和真理的人总是少数。正如在这场对话中，苏格拉底面对的对
象，无论是珀洛斯、卡利克勒斯还是所有其他沉默但专注聆听、讨论的大部分年轻人，
他们更热爱的是政治生活而非哲学生活。他们很类似《理想国》中的格劳孔那样的热
血青年，几乎可以确定不会去倾心和实践苏格拉底的哲人生活，毕竟在他们看来，灵魂
的爱智慧之旅从外表上看就是一场无尽的漂泊。对这些年轻人，苏格拉底的发言和论
证，包括最后的神话故事，都是提醒他们若把政治当成最高的追求而忽略灵魂的正义
是非常危险的，这不仅不会得到真正长久的荣耀，反而可能伤害乃至毁灭自己的幸福。
要过好政治生活就要学习做一个好人，帮助自己和他人以改善灵魂，经过如此的锻炼
才可能在适当的时候进入政治生活，而不会为其所伤害。苏格拉底并非贬斥政治生
活，而是努力地告诉这些热爱荣誉的年轻人要正确地摆好政治的位置，否则权力越大
越容易毁灭自己。当然，他也给予年轻人希望，在最有权力的人中间也可以找到好人，
虽然极少，但存在，因此特别值得敬重。苏格拉底称赞这极少数人是真正高尚的人，值
得最高的赞誉。

这些都是说给那些对哲学没有太大兴趣和能力的年轻人听的，他们虽然不会成为
哲人，但至少不会再简单沉溺于修辞术而反感哲学了，他们对待哲学的态度开始变得
友好一些，且懂得一些道理。这些道理和他们自身的灵魂所渴望的事物息息相关，他
们开始有了一种更恰当的自我认识的方式。虽然大部分年轻人更大可能性是满足于
苏格拉底提供的结论而不会再花精力继续深入思考，但这也足够了。这是苏格拉底给

---

① ［古希腊］柏拉图：《柏拉图全集：中短篇作品》（全二册），第 1086 页。
② 同上书，第 1080 页。

予他们的灵魂启蒙,在他们的灵魂中确立了一种信念,即努力不作恶,努力成为一个好人而不是邪恶之人,努力在日后的政治生活中尝试改善自己和其他人的灵魂,而不仅仅是通过奉承去满足。他们会明白,这样从长远来看能够真正保护自己,并得到自己渴望的荣誉。这是苏格拉底竭尽全力给予这些年轻人的保护,也是他竭尽全力给予城邦政治的保护。

重新审视伊索克拉底在教育史上的地位[*]

王文礼^{**}

内容摘要：伊索克拉底是古希腊最有影响力的修辞学家，他通过他的教学和著作为修辞学和教育作出了突出的贡献，对他的同时代人产生了巨大的影响。但是两千多年来，人们对伊索克拉底教育的遗产争议不断。国内学者常常忽视伊索克拉底在教育史上的地位。国外一部分学者认为伊索克拉底在教育史上的地位非常重要，一部分学者认为伊索克拉底在教育史上的地位不重要。为了客观分析伊索克拉底在教育史上的真实地位，笔者分析了伊索克拉底的主要教育成就，包括创建修辞学校，培养一大批优秀的学生，将修辞学作为一种教化和培养人的工具，在教育方法的革新方面作出了重要的贡献。伊索克拉底的教育价值被后世忽视主要是因为后世教育家对哲学和教育哲学的界定模糊，原始资料的欠缺和对二手资料的依赖，柏拉图思想的垄断所产生的影响。笔者重新定义伊索克拉底在教育史上的地位：他是以文教为主流的西方教育传统的奠基者，以话语效能为基础的公民教育的践行者，以人文主义为核心的道德教育的开拓者，通识教育之父。

关键词：伊索克拉底；教育价值；历史地位

---

* 本文系 2023 年江苏省"双创计划"（文化类）课题（项目批准号：JSSCRC2023565）研究成果。感谢江南大学小学教育专业 2020 级本科生成茜在本文的写作过程中提供了大量的帮助。

** 王文礼，男，河南省商丘市人，教育学博士，法学博士后，江南大学教育学院教授、博士生导师，主要研究方向为教育史。

一、问题的提出

伊索克拉底(Isocratēs,公元前 436—公元前 338 年)是古代雅典演说家、修辞学家和教师,在古希腊雅典十大著名演说家中位居第四。他通过他的教学和著作为修辞学和教育作出了突出的贡献,对他的同时代人产生了巨大的影响。

人们对雅典的伊索克拉底教育的遗产有非凡的一致性: 两千多年来,它引起了人们的争议和表扬。柏拉图在《斐德罗篇》的结论中对伊索克拉底不吝赞美:"我认为伊索克拉底拥有较高的天赋,使他比吕西阿斯(Lysias)的演说更胜一筹;就个人品行来说,他也很高尚。我对他的感觉是,他随着年龄的增长,取得了惊人的进步,所有以前的修辞学家与他相比,都望尘莫及。"[1]据称,亚里士多德在吕克昂学院的修辞课上说:"伊索克拉底还在说话。如果我保持沉默,我会感到羞耻。"[2]伊索克拉底本人在《论交换法》中承认:"我开始意识到,即使在我的职业之外,也有一些对我的评价并不像我想的那样。"[3]然而,后来的罗马修辞学家更尊重伊索克拉底。西塞罗在《论雄辩家》中宣称:"那你看,伊索克拉底在崛起,他的学校,就像特洛伊木马一样,只有真正的英雄才能继续。"[4]昆体良在他的《雄辩术原理》中写道,"伊索克拉底的学生在每一个研究领域都是杰出的",又特别指出,"我们欠伊索克拉底的学校一个最伟大的演说家"。[5] 但是,维克多·J. 维坦扎(Victor J. Vitanza)批评了伊索克拉底思想的价值和意义,坚持认为伊索克拉底的思想是"第三帝国"文化的"先行者"。[6]

---

① 方圆、华泽编:《柏拉图作品选: 斐德罗篇》,呼和浩特: 远方出版社,2004 年,第 93 页。"《斐德罗篇》"与第 110 页"《斐德若》篇"是同一作品的不同译名,本文此处不做统一,后文第 149 页同此。

② Marcus Fabius Quintilianus, *The Institutio Oratoria of Quintilian*. Cambridge, MA: Harvard University Press,1980, pp. 3 - 14.

③ Charles Marsh, "Millennia of Discord: The Controversial Educational Program of Isocrates," *Theory and Research in Education*, 2010, 8(3), pp. 289 - 290.

④ *Cicero On Oratory and Orators*. translated and edited by J. S. Watson, Carbondale: Southern Illinois University Press, 1970, pp. 2 - 22.

⑤ Charles Marsh, "Millennia of Discord: The Controversial Educational Program of Isocrates," *Theory and Research in Education*, 2010, 8(3), pp. 289 - 290.

⑥ Victor J. Vitanza, *Negation, Subjectivity, and the History of Rhetoric*. Albany, New York: State University of New York Press, 1997, p. 140.

　　人们关于伊索克拉底教育计划优缺点的争论已经持续了两千多年。正如柏拉图和亚里士多德的估计,伊索克拉底的教育计划是误导的和低俗的,还是像后来西塞罗和昆体良评价伊索克拉底的教育计划那样,是古典教育中最成功的计划? 伊索克拉底是亨利-伊雷内·马鲁(Henri-Irénée Marrou)声称的中等知识分子,还是维克多·J. 维坦扎坚持的是希特勒"第三帝国"的先驱,还是科贝特和韦尔奇认为的现代通识教育的创始人? 作为古希腊演说文化的大师,伊索克拉底的修辞教育已经深入人心。国内学者的研究大多局限于其政治思想和修辞教育,且相比同时期的古希腊大师来说,研究成果都极少。而将伊索克拉底归入西方教育领域的研究更少,甚至没有专门介绍伊索克拉底教育思想的著作,学者只能从教育史著作中了解他的教育思想。在国内现有的教育史著作中,伊索克拉底的教育价值没有得到应有的重视。因此,本文主要研究伊索克拉底的教育价值被后世忽略的原因,并重新审视他在教育史上的地位。

二、国内外学者对伊索克拉底在教育史上地位的争议

(一) 国内学者对伊索克拉底在教育史上地位的认识

　　中国当前占主流的《外国教育史》教材或没有提到伊索克拉底的教育贡献,或仅仅只有少量的文字描述,与伊索克拉底在外国教育史上的地位并不匹配。例如,吴式颖、李明德主编的《外国教育史教程》(第三版)没有提到伊索克拉底;王保星主编的《外国教育史》也没有提到伊索克拉底;张斌贤主编的《外国教育史》(第二版)提到了伊索克拉底于公元前 302 年(年份有误)创办了修辞学校,这是古希腊最著名的学校之一,但是仅有一段文字。

　　国内其他非教材类的著作、通史对伊索克拉底的教育思想有所介绍,但是内容较少。例如,李立国著的《古代希腊教育》(2010 年)第四章《古代希腊的高等教育》第三节专门论述了伊索克拉底与修辞学校。吴式颖、任钟印总主编的《外国教育思想通史》(第二卷)之《古希腊、罗马的教育思想》(张斌贤、方晓东本卷主编)第三章《成型时期的古希腊教育思想》第三节专门论述了伊索克拉底的教育思想,并提出西方教育史专家通过对大量历史事实的考证,认为伊索克拉底在教育史上的贡献非常大。"他们认为,自由教育的理念不是始于亚里士多德,而是始于伊索克拉底,古罗马的普鲁塔克、西塞罗和昆体良都继承了伊索克拉底的教育理念,西塞罗的《共和国》与《法律》在标题

上模仿了柏拉图,但实际上进行的是伊索克拉底式的尝试,以伊索克拉底的雄辩家取代了柏拉图的哲学王。伊索克拉底所提出的使人文主义和公民意识相结合的思想,在西方一直保持着生命活力。并且,当前学校教育中的许多实际问题,如教育的性别差异、阶级不平等、教育的非专业化和较低的社会地位等,都可追溯到伊索克拉底的影响。"①滕大春总主编的《外国教育通史》(第一卷,滕大春、戴本博本卷主编)第十章《古希腊教育的衰落和智者的崛起》第五节介绍了伊索克拉底的教育思想和他创办的修辞学校。"由于他教学成绩斐然,教学切合实际的需要,因此东西方各地青年竞相前来求学,其受欢迎的程度是哲学学园所望尘莫及的。"②戴本博主编的《外国教育史》(上)第四章《智者》第五节重点介绍了伊索克拉底创办的修辞学校,但对他的教育成就和历史地位缺乏分析。③

　　在论文类中,国内学者对伊索克拉底教育思想的研究也总体偏少,比较有代表性的是1992年赵中建呼吁给伊索克拉底在教育史上以应有的地位。他认为,伊索克拉底和柏拉图(其实还可以包括苏格拉底和亚里士多德)是两种不同类型、不同方向的代表。他们的教育是西方教育史发展长河中出自同一源头的"两条竞争的小溪"。④

(二) 国外学者对伊索克拉底在教育史上地位的争论

　　公元前1世纪的古希腊学者戴奥尼夏(Dionysius)说:"伊索克拉底是他所处时代最杰出的教师;他教育出了雅典和整个希腊最优秀的学生……并使他的学校成为雅典的真正形象。"⑤美国学者M. 哈达斯(M. Hadas)则评论道:"在任何情况下,伊索克拉底都是古代最伟大的教育家。"⑥然而,在亨利-伊雷内·马鲁对古典教育的大量总结中,他公开表示自己始终更喜欢柏拉图的遗产而不是伊索克拉底的遗产:"当连续研究了柏拉图和伊索克拉底之后,必然会将伊索克拉底留在阴凉处,或多或少牺牲了他辉

① 吴式颖、任钟印总主编:《外国教育思想通史》(第二卷),长沙:湖南教育出版社,2002年,第159页。

② 滕大春总主编:《外国教育通史》(第一卷),济南:山东教育出版社,1989年,第233页。

③ 戴本博主编:《外国教育史》(上),北京:人民教育出版社,1989年,第92—93页。

④ 转引自赵中建《伊索克拉底教育思想初探》,《华东师范大学学报》(教育科学版)1992年第3期,第38页。

⑤ 转引自赵中建《伊索克拉底教育思想初探》,《华东师范大学学报》(教育科学版)1992年第3期,第37页。

⑥ 同上。

煌的对手。他的工作看起来单调乏味,他的影响肤浅甚至有害。"①

1. 伊索克拉底在教育史上的地位不重要

罗伯特·普鲁斯(Robert Prus)提出:"尽管柏拉图和伊索克拉底都是苏格拉底的学生,并强调认识的重要性,但是他们对人类认识和行动的方法是明显不同的。显然,柏拉图对教育和学术的描述更广泛,在哲学和神学上都深度参与。同样,柏拉图对西方社会的影响要比伊索克拉底大得多。尽管如此,伊索克拉底还是以更加多元化和人性化的方式致力于教育和学术研究。"②

詹姆斯·R. 缪尔(James R. Muir)坚持认为,在将自己与教育史学家分开时,"教育家和教育哲学家"也令人遗憾地将自己分开了。他们从对伊索克拉底及其教育遗产的重要认识中得出结论:"尽管有丰富的实践证据能证明伊索克拉底在教育思想和历史上有无与伦比的影响力,但是教育家的教育史给人的印象是,伊索克拉底从未存在过。"③詹姆斯·R. 缪尔发现:"伊索克拉底的教育哲学和实践从古典时代到今天的无与伦比的影响和深刻性,被历史学者广泛认可并讨论近一个世纪。充足的历史证据和哲学评价在这些学者创作的许多作品中随时可见,在整个文科历史、通识教育、人文主义和人文的起源、公立学校的起源和性质等中都记录了伊索克拉底的教育思想。那么令人惊讶的是,当我们转向教育家和教育哲学家的历史著作,包括教辅材料时,发现伊索克拉底很少被提及。"④

2. 伊索克拉底在教育史上的地位非常重要

近一个世纪以来,古典历史学家一直认为伊索克拉底是欧洲教育家[纽曼(Newman),1975 年]、现代自由主义教育之父[普鲁西斯(Proussis),1965 年]和历史上最伟大的教育家之一[诺尔斯(Knowles),1962 年]。早在 1926 年,在一本仍将伊索克拉底视为古罗马教育的基础工作的书中,奥布里·葛怀恩(Aubrey Gwynn)认为,与柏

① Henri-Irénée Marrou, *A History of Education in Antiquity*. Madison, WI: University of Wisconsin Press, 1982, p. 79.

② Robert Prus, "Defending Education and Scholarship in the Classical Greek Era: Pragmatist Motifs in the Works of Plato (c420 - 348BCE) and Isocrates (c436 - 338BCE)," *Qualitative Sociology Review*, 2011, 7(1), p. 1.

③ James R. Muir, "Is Our History of Educational Philosophy Mostly Wrong: The Case of Isocrates," *Theory and Research in Education*, 2005, 3(2), p. 168.

④ Ibid.

拉图或亚里士多德相比,伊索克拉底的教育计划需要更密切的关注,部分是因为它的内在兴趣,部分是因为它对古希腊、古罗马的教育巨大而持久的影响。①

弗朗西斯·P. 唐纳利(Francis P. Donnelly)认为,伊索克拉底可能是世界上前所未有的最伟大的校长。他的教育方法非常实用,他的学校挤满了学生。他带领他的学生经历了三个阶段的分析、批评和写作。尽管伊索克拉底因为他自身的不足,早早地停止了成为一位演说家,但他不崇拜被人们称之为"密室"的演说。未来的演说家必须尝试能影响观众的各种排列组合语言的技巧,所以他建构自己的体系。肯尼思·约翰·弗里曼(Kenneth John Freeman)在他的《希腊的学校》(Schools of Hellas)中提到,伊索克拉底学校的主要成就是产生了一大批绅士。伊索克拉底培养的著名学生数量被后人计算出来超过四十多名。尽管他在修辞理论方面被亚里士多德超越,但亚里士多德的学校培养出的学生除了德米特里厄斯(Demetrias Phalereus)之外,没有一位著名的演说家,而伊索克拉底的学校培养了一大批演说家。②

法国著名的古典主义教育史学家亨利-伊雷内·马鲁在对原始资料进行细致分析的基础上,提出伊索克拉底的教育理论发展了苏格拉底提出的相竞争的理论。"必须从一开始就强调这一事实的重要性。在历史层面上,柏拉图被打败了:他没有将他的教育理想强加于后代。伊索克拉底打败了他,成为古希腊第一位教育家,随后征服了整个古代世界。"③亨利-伊雷内·马鲁在《古典教育史》(希腊卷)中将伊索克拉底与柏拉图并称为古典传统的大师,该书第六章为《古典传统的大师之一:柏拉图》,第七章为《古典传统的大师之二:伊索克拉底》。④ 爱德华·P. J. 科比特(Edward P. J. Corbett)高度赞扬伊索克拉底,称他为"当时和现在所有拥护自由教育优点的人的守护神"⑤,是伊索克拉底决定了古希腊乃至古罗马世界(通过西塞罗)的修辞散文形式。

① James R. Muir, "Is Our History of Educational Philosophy Mostly Wrong: The Case of Isocrates," *Theory and Research in Education*, 2005, 3(2), p. 166.

② Francis P. Donnelly, "A Greek Schoolmaster Still Teaching," *The Classical Weekly*, 1915, 8(17), pp. 132 – 133.

③ Henri-Irénée Marrou, *Histoire de l'Éducation dans l'Antiquité*. Paris: Éditions du Seuil, 1948, p. 1.

④ [法]亨利-伊雷内·马鲁:《古典教育史》(希腊卷),龚觅、孟玉秋译,上海:华东师范大学出版社,2017 年,第138—200 页。

⑤ Edward P. J. Corbett, "Isocrates' Legacy: The Humanistic Strand in Classical Rhetoric," in Robert J. Connors (ed.), *Selected Essays of Edward P. J. Corbett*. Dallas, TX: Southern Methodist University Press, 1989, pp. 267 – 277.

尽管他本人从未成为过政治家,但伊索克拉底认为,适当的教育能够使一个人在公共和私人生活中进行适当的行为。①

三、伊索克拉底的主要教育成就

伊索克拉底一生都在从事教育事业,且取得了巨大的教育成就。

(一)创建修辞学校,培养一大批优秀的学生

公元前390年,伊索克拉底在雅典近郊开办了一所修辞学校,离后来亚里士多德建立的吕克昂学院很近。这所学校完全不同于柏拉图学园的秘传特性,它向一切愿意付费的人开放:和智者学派的学校相类似,任何人只要肯付钱,都可以在这里接受三到四年的完整教育,学费为1000德拉克马。② 古希腊的学校分为文法学校和学院两种,前者是教儿童识字、算术等一些基本文化知识,后者则是由智者或哲学家开设,专门教授修辞、法律或哲学,伊索克拉底创建的修辞学校应属于后者。

与当时大多数由巡回智者学派教授的修辞学校不同,伊索克拉底将自己定义为反诡辩家。他的第一部作品名为《反智者》,他后来在《论交换法》和《海伦》中再次讨论了这个主题。他教授修辞和演说的目的是保留道德,就像亚里士多德一样。然而,亚里士多德只接受那些表现出才华的人。伊索克拉底认为,即使那些才华不出众的人,也可以教授他们写作的基础知识。

亚里士多德教授修辞学,但告诫他的学生使用它要合乎道德。伊索克拉底可能更强调写作而不是说话,因为他的说话能力很差,声音很弱,据说他还很害羞。与智者学派不同,他的学校广告不是他演说能力的公开展示,而是宣传他的方法和哲学的小册子。尽管伊索克拉底实际上可能跟着苏格拉底一起学习过,柏拉图和其他人仍对伊索克拉底的写作持怀疑态度,其中的原因伊索克拉底本人并不认同。口述传统是古希腊文化传播的主要手段,因此写作的手段是值得怀疑的。此外,柏拉图认为书籍很容易落入坏人之手并被误解,因此写下知识是一种危险的做法。相反,伊索克拉底认为写作本身就

① "Isocrates and Rhetorical Education In Greece,"参见 https://personalpages.bradley.edu/~ell/newisoc.html。

② [法]亨利-伊雷内·马鲁:《古典教育史》(希腊卷),第179页。

是一项重要的行为,应该被教授。伊索克拉底后期的大部分作品都是以写信给统治者的形式呈现的,恳求他们促进统一古希腊理念的实现并结束城邦之间的战争。他对泛希腊主义的承诺成为学生学习写作的典范。写作不仅是提高口语的练习,而且作为日常公民的活动也很重要。

作为一名教师,伊索克拉底不仅非常关心实用写作的教学,而且还帮助年轻人在成为公民后积极为社会做贡献。他的学校后来成为古罗马修辞学校学习的典范。他一直强调自己的政治理想,即不断努力实现古希腊的统一,并且他的学校确实是同类学校中的第一个。

与智者学派不同,伊索克拉底希望写作是实用的,既不是智者学派的那种演说,也不是柏拉图和亚里士多德所教导的辩证法。他认为需要清楚地书写政治小册子和信件。他的作品广泛且保存完好,主要是简短的主题和信件。不幸的是,他的教学方法没有被直接记录,只能从他的著作中推断出来。

伊索克拉底对古希腊教育体系产生的影响远大于柏拉图,柏拉图在伊索克拉底于公元前390年成立学校的几年后才开设了自己的学校。伊索克拉底的影响一直持续到中世纪,遍及欧洲、北非部分地区和中东。伊索克拉底认为教育应该用来使人有能力为国家服务,而柏拉图认为教育应该帮助人们发展他们寻求绝对真理的先天能力。伊索克拉底的学校的特征是更面对现实,更重视实际。他的学校追求的是更为实用的睿智,以找出生活问题的常识性解答为主,不为知识而知识。在他的学校中,学生必须在三到四年的修业期间内研习多种科目,做很多的练习。由于其教学切合社会和学生的实际需要,教学成绩斐然。在他的指导下,许多学生成为在事业上有成就、在社会上有影响的人,他的学校也因此成为当时古希腊最著名的高等教育机构之一。在泛希腊化时代及以后的年代里,许多仿照这所学校建立的修辞学校成为传播知识的中心。①伊索克拉底注重现实生活,他的教学就是为学生日后在社会和在政界获得成功做准备。但是,由于他的学校是为那些相对富裕和闲暇的阶层服务的,因此他的学校也有贵族倾向性。不过,他的学校毕竟为那个时代培养了一些重要的民主政治家。② 伊索克拉底从事教育教学四十多年,他的主要努力是教育那些有能力支付他高额费用、准

---

① 吴式颖、任钟印总主编:《外国教育思想通史》(第二卷),第142—143页。
② [英]肯尼思·约翰·弗里曼:《希腊的学校》,朱镜人译,济南:山东教育出版社,2009年,第181页。

备获得成功的公共生活的人。在他的一百名学生中,最著名的是雅典将军提摩太(Timotheus),他在公元前 378—公元前 355 年雅典的历史上举足轻重;尼科克勒斯(Nicocles),塞浦路斯萨拉米斯的统治者;以及公元前 4 世纪最伟大的两位古希腊历史学家——埃弗鲁斯(Ephorus)、泰奥彭波斯(Theopompus),前者写了一部通史,后者写了一部关于马其顿王国国王腓力二世的历史。通过这种方式,伊索克拉底的影响遍及政治和文学。①

(二)将修辞学作为一种教化和培养人的工具

伊索克拉底的声誉,只有一部分源自他四十多年的教学活动,通过培养学生对政治、修辞学、历史学和文学产生的影响。他更引人瞩目的是他让修辞学从一种论证和辩论的艺术转变为一种教化和培养人的有力工具。"我们认为恰当的言语是健全的思考的确然证据,当言语真实、合法、正义时,就是美好的、值得信任的心灵的映射。"②修辞教育是一种充满活力、想象力、创造力的任务。它也是一项具有难度和灵活性的艺术。相比于演说的结构美,伊索克拉底更强调演说的内在美,即摒弃利己性,选择正义的主题,理性构造演说,运用于适宜的场合,在个体的生命中沉淀一种美德,个体或教师从中获得幸福感。③ 伊索克拉底提倡博雅教育(通识教育),致力于培养全面发展的演说家,被后世尊称为"博雅教育之父(通识教育之父)"。④

伊索克拉底和柏拉图一样,是哲学家苏格拉底的学生;与柏拉图不同的是,他还是修辞学家高尔吉亚的学生。因此,伊索克拉底认为修辞学具有与哲学同等甚至更高的价值。这使他经常与柏拉图的学派发生冲突。两人都是教育家,是他们自己的学校的创始人,目的都是培养民主雅典的未来领导人。在这方面,伊索克拉底更为成功,因为他的学生有的成为雅典重要的领导者,他的教学理念强烈影响了西方教育直至现代。但是柏拉图一再攻击伊索克拉底的主要支持者诡辩家的修辞方法。柏拉图对伊索克拉底毕生工作的理论基础的攻击,威胁到他的努力的完整性和他的内心平静。在诸如

---

① George Law Cawkwell, "Isocrates," 参见 https://www.britannica.com/biography/Isocrates。

② *Nicocesl* 7。转引自[古希腊]伊索克拉底《古希腊演说辞全集:伊索克拉底卷》,冯金朋主编,李永斌译注,长春:吉林出版集团有限责任公司,2015 年,《导言》第 12 页。

③ 陈琪:《伊索克拉底博雅教育思想研究》,硕士学位论文,武汉:华中师范大学,2019 年,第 33 页。

④ George A. Kennedy, *A New History of Classical Rhetoric*. Princeton:Princeton University Press, 1994, p.46.

《反智者》《论交换法》之类的修辞文章中，伊索克拉底试图证明他所代表的东西是正当的，并阐明他所反对的东西。

教育界长期以来一直存在一个争论：是应该以一名教师所教授的理想，还是以他的教学结果来评价伊索克拉底。当然，对柏拉图来说，"绝对"永远是真理的最终仲裁者，因此理想是最重要的。考虑到这种方法，伊索克拉底很容易感到自信，因为柏拉图从未质疑过他的个人理想。事实上，在伊索克拉底对修辞学的定义中，"……如果愿意的话，那些希望遵守这门学科的真正戒律的人可能会更快地获得帮助，使其品格诚实，而不是在演说中变得流畅"。①

伊索克拉底有政治抱负，但没有公开演说的能力。他的声音微弱（无法"承载"会场），并且他患有沟通恐惧症。因此，通过关注他的局限性，对理解他的成功至关重要，并相信他的智力优势同样重要——如果它们可以发挥作用——他开办了一所学校来培养公民。在演说的基本观念上，伊索克拉底承袭了传统智者学派对话语（logos）的关注，但他更为重视话语的建设性作用，认为话语能够影响政治现实，具有集合、统一、领导、塑造和促进的功能，并且他将演说术与道德建设结合在一起，希望自己的写作能够有助于结束时代的政治动荡和知识分子的迷失、协调个人和集体的目标、恢复希腊的伟大。② 伊索克拉底是一位有影响力的教师，也许是古代修辞学史上最有影响力的教师。他的学生包括许多著名的公民政治家和杰出的领导人。伊索克拉底的学校有入学要求（当时很少有人这样做），还定期收取学费。

（三）在教育方法的革新方面作出了重要的贡献

伊索克拉底在教育方法上提倡个性化教学，他一次指导五六名学生——在他的职业生涯中可能培养了一百名左右的学生。他常常结合理论、模型和实践，对学生进行指导和示范，并检验学生的学习，鼓励他们。伊索克拉底发明了另外一个相对固定的地方，让他的追随者和他一起模拟议会、法庭，特别是公共集会的讲话。他认为，这种训练能够把公共事务与智慧的追求结合起来；这种更为逼真的对公共事务的模拟与讨

---

① "Isocrates, Plato & Education,"参见 https://www.lotsofessays.com/viewpaper/1701360.html。

② 谢园：《古希腊政治演说与雅典公民教育——以伊索克拉底为例》，硕士学位论文，上海：上海师范大学，2019 年，第 57 页。

论,比柏拉图的那种讨论更加体现哲学性或智慧。① 伊索克拉底猛烈批评一些旨在诡辩的教师,因为他们企图用谎言欺骗民众,而不是为了寻求真理,并声称他教授的知识比旨在诡辩的教师提供的知识多——他责备旨在诡辩的教师收费太少——而事实上,旨在诡辩的教师声称他们提供了比学生所缴费用更多的东西,从而证明他们所提供的东西并不值钱。更何况,这些教师不信任自己的学生,还要求提前付款——既然这么不信任自己的学生,那为什么这些学生值得教育呢? 伊索克拉底指责他们没有教学艺术,只是机械地强调常识。最后,他责备那些只专注于法医/司法的人,比如他的教师蒂西雅斯、科拉克斯,而没有注意到其他形式(例如修辞)也是同样重要的。在这里,他(含蓄地)放弃了以前的生活。蒂西雅斯和科拉克斯被视为西方修辞学的创始人。在其他地方,他反对那些只关心个人利益、在公共场合争吵、谈论不需要技巧的琐碎话题的诡辩家。②

伊索克拉底坚信局部服从整体,在修辞写作中他着眼于整体的效果。他认为,除非在现实世界中实现,否则想法没有价值。虽然伊索克拉底被人们描述为小册子作者和公关人员,但是他认为自己是塑造公众的舆论者,通过他的工作指导政治行动。对他而言,教育是话语艺术的培养。

伊索克拉底的学校指导年龄较大的青春期男孩,让他们为领导公共生活做准备。他的学生撰写演说稿,然后大声朗读。伊索克拉底认为书面作品使反思成为可能。伊索克拉底视整个教育过程为一个纠正的过程。因此,在聆听学生的作品时,他不仅做好对学生的表达方式、文体风格、修辞结构进行评判的准备,同时也对学生所采用的政策、论据和这些论据基于什么样的事实给予了评价。学生在演说完后,能够及时地获取伊索克拉底的意见,针对不足的地方进行修改。③ 伊索克拉底还认为,成功的演说家需要天生的能力,在教师的一些关键的帮助下,为特定目的构建合适的、原创性的演说。伊索克拉底还认为,虽然修辞术本身并不能教导道德或美德,但研究修辞术有可能发展这些特征。

---

① 胡传胜:《德行与成就:伊索克拉底"塞浦路斯演说"中的道德教育》,《江苏社会科学》2020年第 6 期,第 157—164 页、第 244 页。

② "Isocrates and Rhetorical Education In Greece," 参见 https://personalpages. bradley. edu/~ ell/newisoc. html。

③ 曾庆丹:《伊索克拉底教育思想及实践研究》,硕士学位论文,长沙:湖南师范大学,2014 年,第 41 页。

　　他的教学方法的一个标志是他将雅典人对教育智慧五个方面的要求正规化：自然能力、教育训练、广泛的实践、教师的指导和通过教师的表现模仿。伊索克拉底学校的课程要求假定了科学和数学的基本能力，然后教授写作、辩论、古典散文和诗歌（文学）、哲学、数学和历史。

四、为什么伊索克拉底在教育史上的地位被低估

　　为什么伊索克拉底在教育史上的地位被低估？R. 弗里曼·伯茨（R. Freeman Butts）分析："尽管伊索克拉底对罗马时期的西塞罗（Cicero）和昆体良（Quintilianus）有影响，但是，他的理想从来没有像柏拉图和亚里士多德的理念一样在西方世界被充分接受。其中一个原因就是，伊索克拉底有关知识和行动之间的关系的论述只适用于灵活的民主社会，而民主理想即将丧失，大约有 2000 年没有再出现。"[1]这种说法，有其合理的一面，但不是主要原因，笔者认为伊索克拉底的教育价值被后世忽视主要有三个原因。

（一）后世教育家对哲学和教育哲学的界定模糊

　　在西方学者的研究中，有大量的历史文献表明，伊索克拉底在教育史上具有巨大的影响力，例如在 M. I. 芬利（M. I. Finley）主编的《希腊的遗产》中肯定了伊索克拉底教育的价值和在教育史上的地位。"公元前 5 世纪后半期智者学派发起的教学变革，鼎盛于两位教育家的业绩之中：伊索克拉底，其教学生涯从公元前 393 年延续到公元前 338 年；柏拉图，执教于公元前 387 年到公元前 348 年。两个学派互相对立和竞争，最终构成日后古希腊全盛时期文化所表现的两种形式：一种是修辞学，另一种是哲学。"[2]在古希腊，那些教授人修辞术的智者更受人欢迎，而不是瞧不起智者的苏格拉底和柏拉图。修辞术教授的是一种论辩和演说的学问，不难理解，这种技术能够帮助人在政治上获得成功，谋取职位和权力。人在本能上一直在寻求最有用的知识。但反观后来教育家和哲学家很少讨论伊索克拉底的教育思想和影响，大多数甚至根本没有

---

①　［美］R. 弗里曼·伯茨：《西方教育文化史》，王凤玉译，济南：山东教育出版社，2013 年，第 65 页。

②　［英］M. I. 芬利主编：《希腊的遗产》，张强等译，上海：上海人民出版社，2016 年，第 253 页。

提及伊索克拉底。从历史学的角度来看,这些文章多由其他领域的专家编写,带着哲学家和文人的偏见,并没有提供从历史记录中衍生出来的教育哲学史。他们首先就设立了一个错误的假设,即最有影响力的哲学家必定是最有影响力的教育哲学家。也就是说,大多数学者对哲学和教育哲学的界定模糊,缺乏对学科的精细划分。例如,柏拉图在哲学领域的成就突出,那么他理所当然是教育哲学最有影响力的代表。"以三哲为代表的古希腊教育家的原创性教育思想贯穿其哲学思考的始终。这些原创性的教育思想理念,在西方教育传统的塑造过程中发挥了不可替代的理论原创塑形的作用。"①一旦有了这一错误的假设,那么教育哲学就失去了它自己的历史和它自己的关键思想家。虽然教育哲学与哲学有很多相似的领域,但这不意味着他们完全重合,更不能直接忽视教育哲学的存在而直接在哲学领域确立教育哲学的代表人物。伊索克拉底在哲学史上几乎没有存在感,这导致人们常常忽视伊索克拉底在教育史上的价值,并没有给予他在教育史上应有的地位。

(二) 原始资料的欠缺和对二手资料的依赖

伊索克拉底生活在希腊古典时代后期,也就是公元前 400 年左右,距今已有两千多年,保存下来的原始资料较少,一些原始资料的真实性还有待确证。而对这些来之不易的原始资料,我们又缺少法律条文来对历史文献的保存和使用方式进行系统建构,因而研究者借阅可能比登天还难,许多文献长久以来就隐匿在各国的档案库、资料室里,一般不轻易示人。普通研究者接触到原始历史文献的可能性几乎为零。此外,伊索克拉底的作品大多是他自己所作的演说词,例如,最著名也是后代研究最多的《泛希腊化集会献辞》,还有《论交换法》《反智者》等,都是他针对某个问题进行的文字表达,就连他本人也没有一本系统阐述自己教育思想的著作。而研究者也只能引用伊索克拉底的演说词,从他的原著中去剖析他的教育思想,但这样的剖析到底还是带有主观色彩,如此获得的二手资料再被后来的学者作为参考文献使用,对伊索克拉底的理解自然就大打折扣。当前的学者研究伊索克拉底更多地依赖二手资料而不是原始资料,这样就导致伊索克拉底的形象越来越模糊,离真实的伊索克拉底的教育思想越来越远,伊索克拉底的教育价值也越来越被后世忽视。

---

① 杨冰、王凌皓:《古希腊教育思想学术原创性评析》,《教育研究》2010 年第 3 期,第 75 页。其中"三哲"指的是苏格拉底、柏拉图和亚里士多德。

（三）柏拉图思想的垄断所产生的影响

从教育思想、政治主张来看，哲学领域的柏拉图和修辞学领域的伊索克拉底一直都被视为对立的两个方向。可以说，他们为后世形成的整个古典传统提供了两种基本的相互竞争的方向。竞争总归是有胜负的，在现有的历史影响力上，柏拉图打败了伊索克拉底。"在第一版《教育大百科全书》中，继怀特海（Alfred North Whitehead）之后，菲利普斯（Phillips，1985 年）评论说，教育哲学的历史（大概在西方世界）只不过是对柏拉图（公元前 427—公元前 347 年）的一系列注解。"①但柏拉图的胜出并不能说服我们相信伊索克拉底的教育价值远远比不上柏拉图。相反，笔者认为柏拉图表面的胜出在于希腊文翻译成拉丁文和英文的过程中融入了翻译者的想法，也是柏拉图被后世学者不断"圣化"的过程。

维多利亚时期英国人似乎可以将一切思想归功于柏拉图。究其原因，希腊文在翻译成英文的过程中，翻译者并没有完全遵守他们的职业道德，对柏拉图教育思想进行了文学上的曲解。他们对希腊短语并没有直接翻译或是用其他文字解释，而是直接归因，他们强加给柏拉图每个人都知道他的意思，而不是解释他说了什么。例如，柏拉图的教育计划包括培养"哲学家国王"来统治一个"理想状态"，而这一切都来源于苏格拉底，他使用的是对话式问答的"苏格拉底法"。这并不是柏拉图亲身经历的事情，但是维多利亚时期以及后来的翻译家，比如本杰明·乔维特（Benjamin Jowett）和莫里斯·康福德（Maurice Cornford）都认为这是柏拉图的思想，然后通过使用这些版本的教科书，以简单的形式传递给学生，这样代代相传，错误可能越来越多。事实上，"柏拉图理想国（ideal state Plato）"是本杰明·乔维特不准确翻译的产物，其中柏拉图作为灵魂形象的"言中之城"（city-in-speeh）被误译为字面意义上的"理想国（ideal state）"。② 简言之，经过维多利亚时期英国人的不断重复、不断强化，富有哲理或者有教育意义的话都可能是柏拉图提出的，如果不知道是谁提出的，那就可能是柏拉图提出的，甚至知道是谁提出的，一旦柏拉图说过相似的话，那就成为柏拉图的思想了。总而言之，在后世对

---

① ［瑞典］马克隆德主编：《教育史》，张斌贤等译，重庆：西南师范大学出版社，2011 年，第80 页。

② James R. Muir，"Overestimating Plato and Underestimating Isocrates：The Example of Thomas Jefferson,"*Journal of Thought*，2015，49（3－4），p. 26.

柏拉图的狂热崇拜中,柏拉图被持续不断"圣化",以至于被视作与他对立的伊索克拉底缺少了存在感。

五、正确认识伊索克拉底在教育史上的地位

在希腊古典时代后期以及之后的泛希腊化时代和罗马共和时代,与同期教育家相比,伊索克拉底并不输于任何人。他在吕克昂附近创设第一所修辞学校,是古希腊最著名的学校之一,后人都在争相模仿他的教育模式,可以说他开创的教育模式影响了古希腊、古罗马乃至整个欧洲。就像拉塞尔·瓦格纳(Russell Wagner)评价道:"伊索克拉底的学校也许是有史以来最成功的修辞学校,在演说术盛行的年代,没有哪位修辞学家像伊索克拉底一样产生了如此大的影响。"①但正如前文提到的问题,伊索克拉底的教育价值在当代很大程度上被人们忽视,本文致力于从四个方面重新定义伊索克拉底在教育史上的地位。

(一) 以文教为主流的西方教育传统的奠基者

在文教方面,伊索克拉底在早期智者学派的基础上真正发扬了雄辩术,让它不再是靠哗众取宠获得支持的修辞,而是通过增加在城邦层面的道德内涵,使之成为真正的政治工具,让公开演说具有政治性的决定意义。这对后来西方的学术走向产生了深远的影响。

在教育思想和实践史上,从公元前 3 世纪到 18 世纪以及当代国家教育的开端,伊索克拉底的教育思想比其他任何古典思想家都更有影响力,正如 B. 鲍威尔(B. Powell)指出的:"尽管柏拉图在今天更加出名,也更受尊敬,但是在古希腊和古罗马时期以及直到现代,伊索克拉底的影响比他的对手要大得多,因为直到 18 世纪大多数欧洲学校的教育都是基于他的原则。"②且这样的影响力一直持续到现代。现代学校教育的实际问题,例如阶级分化、性别问题和教育者对教师使命的职业化,在伊索克拉底的教育思想中早有体现,但因为研究的局限性一直没有被深入探索。鉴于中世纪西欧

---

① Georges Mathieu, *Les idées politiques d'Isocrate*. Paris: Les Belles Lettres, 1966, p. 81, p. 223.

② B. Powell, "Classical Rhetoric Commentary,"参见 http://athabascau. ca/courses/cmns/301comment2. htm。

三次文艺复兴都受到古典文化影响,并且我们当今的教育理念也和古代教育传统息息相关,而且伊索克拉底教育思想的影响并没有在 18 世纪结束。正如亨利-伊雷内·马鲁对伊索克拉底的评价:"伊索克拉底的思想和将其付诸实践的教育体系在西欧几乎没有受到挑战,几乎一直延续到我们这一代人。"①"伊索克拉底比其他任何人都更有资格被称为以文教为主流的西方教育传统的奠基者。"②因此,我们完全可以认为伊索克拉底是西方教育传统的奠基者,后世的教育模式都是在模仿他的教育模式的基础上逐渐完善的。

(二) 以话语效能为基础的公民教育的践行者

伊索克拉底以话语效能为基础的教育已为大众所接受,但他致力于公民教育的成就往往被忽略。公民教育的目标是培养和塑造良好的公民,使公民具备参与公共机构需求的素质。从现代教育学的教育目标来看,学生应该从认知层面熟悉公民应该拥有的政治、法律和纪律知识,从情感层面要对祖国有归属感,对社会有责任感、民族认同感,从能力层面要掌握适应社会的各种基本知识和技能,应对各种环境和人际关系,能够批判性地接受社会价值观,具有良好的分辨力和社会理解力,提高政治素养和参与政治过程的能力。这正是伊索克拉底的教育目标:培养政治领导人——演说家。公民的前提就是参与政治,而伊索克拉底的演说教育并不只是教授学生运用修辞术和技巧,而是将一个人的道德与智慧结合起来。从公民教育的目标来看,他倡导和践行的是公民教育,并取得了显著的成果。他把政治抱负寄托于教学的梦想最终实现,我们可以看到被雅典城邦授予金冠的欧诺摩斯(Eunomos)、卡里波斯(Calippos)等,与还在自己理想国里统治的柏拉图相比,伊索克拉底培养政治家的公民教育大获成功。

(三) 以人文主义为核心的道德教育的开拓者

奥布里·葛怀恩认为:"与柏拉图或亚里士多德相比,伊索克拉底的教育计划需要更密切的关注:部分是因为它的内在利益,部分是因为它对古希腊、古罗马教育的巨大

---

① Henri-Irénée Marrou, "Education and Rhetoric," in M. I. Finley (ed.), *The Legacy of Greece*. Oxford, UK: Oxford University Press, 1984, p.200.

② [法]亨利-伊雷内·马鲁:《古典教育史》(希腊卷),第 175 页。

而持久的影响。"①在伊索克拉底历经十年的著作《泛希腊化集会献辞》中,我们不难看出伊索克拉底对于泛希腊化的期待和向往。纵然和平是我们一直向往的,但从伊索克拉底极力推进古希腊各城邦的团结来看,他对古希腊的民族认同感,归根结底来自于他人文主义的精神。伊索克拉底对于和平的向往正是他心中的善意所趋,而这恰恰就是泛希腊化时代开启的思想:文化从此被视为最高的善。M. 哈达斯总结了过去四代古典主义教育史研究的结论,指出了伊索克拉底的普遍影响:"正是伊索克拉底的纲领,塑造了欧洲至今的教育,使人文主义保持活力,使西方文明具有它所具有的统一性。"②

在《致尼科克勒斯》中,伊索克拉底提出:"要让在日常生活中谈论高尚的追求成为一种习惯,通过这种习惯,你的思想就可以和你的语言相一致。无论什么事情,都要经过深思熟虑后再付诸实践,并且要让思考产生实际的效用。"③事实上他也是这样做的,做到了知行合一,而这正是德育最关键的步骤。只能说,表面只传授言语技巧的伊索克拉底凭借他的人文主义思想和言行一致的生活悄然成为人文教育、德育的开拓者。

(四) 通识教育之父

伊索克拉底是我们所熟知的通识教育之父。对于伊索克拉底来说,这是另一个重要的贡献,有效的演说被视为受过良好训练的标志,而不是目标本身。请注意,这不仅是维护高尚的知识和社会传统,还是进一步反对柏拉图对理想主义的呼吁。在最好的情况下,演说并不是一个目标——表演不是问题——然而,它只是代表(学习)其他事物,所以它本身并不是真正的事物。伊索克拉底认为,教育要培养拥有优雅的风格、有影响的领导力、分析问题的能力,务实的人——这都是为了成为公民做准备,而不是苏格拉底、柏拉图式的理想主义。教育是在选择智慧,而不是在了解智慧。伊索克拉底认为,"教育的根是苦的,但是其果实是甜的","对于那些在土地上辛勤劳动的人来说,把种子撒在地里,以更大的喜悦收割庄稼,就像那些通过辛勤努力接受教育的人随后

① Aubrey Gwynn, *Roman Education: From Cicero to Quintilian.* New York: Russell & Russell, 1926, p. 46.

② M. Hadas, *The Living Tradition.* New York: Meridian Books, 1969, p. 129.

③ [古希腊]伊索克拉底:《古希腊演说辞全集:伊索克拉底卷》,第53页。

获得名气一样"。

伊索克拉底强调在教育中使用模仿。他促进了分析、练习和从历史或大师中提取的演说(progymnasium)和辩论(declamatio)。他派他的学生到法庭和立法机关去观察最优秀的演说者，还建议学生从负面模型的错误中学习。①

伊索克拉底在《反智者》中攻击了他那个时代对诡辩的滥用，预示了柏拉图后来在《高尔吉亚》中的批评。此外，柏拉图特别提到他对伊索克拉底教育实践的尊重，尤其是他在促进哲学研究方面的贡献(在《斐德罗篇》末)。②

教育对希腊人的重要性不言而喻，教育的主要目的是学习可以终身使用的技能。国家受益于受过良好教育的劳动力，教会受益于在儿童中培养宗教信仰的机会，父母受益于他们的孩子成为受人尊敬和富有成效的社会成员。伊索克拉底认为，教育的主要目的是研究问题和说服人们为共同利益而行动的工具，而不是像柏拉图所建议的那样——仅作为向心智低劣的听众兜售真理的有用性。教师的作用是帮助学生在处理眼前的实际问题时运用他们的实际判断力。

六、结语

从希腊古典时代后期到现在，伊索克拉底的教育哲学和实践对后世教育的影响之大可见一斑。在众多学者的著作中，大量的历史证据和哲学评价都证明了伊索克拉底的教育思想在整个人文学科的起源、国家教育的起源和本质等诸多方面的核心地位。我们需要站在历史学的角度，明确哲学和教育哲学的界限，从原始资料出发，弱化后世的故事积累的"圣化"效应，对教育思想史进行更充分、更循证的阐述。这样有助于我们更好地理解教育哲学的根源，更好地思考并挖掘伊索克拉底作为古希腊著名教育家的价值。

奥列格·巴扎鲁克(Oleg Bazaluk)根据柏拉图和伊索克拉底这两条主线对文化史中教育理论的多样性进行系统化。在古希腊教育中旨在形成人的自由个性，意识到自

---

① R. D. Hicks(ed.), *Diogenes Laertius*, *Lives of Eminent Philosophers*. 参见 https://www. perseus. tufts. edu/hopper/text? doc = Perseus%3Atext%3A1999. 01. 0258%3Abook%3D5%3Achapter% 3D1。

② "Isocrates and Rhetorical Education In Greece," 参见 https://personalpages. bradley. edu/~ell/ newisoc. html。

己的能力、需求和权利的人,在教育中形成了两个主要的相互竞争的传统:柏拉图和伊索克拉底。在两千多年的文化史中,这些传统为大量的经验知识和理论知识所丰富。按照柏拉图的路线,教育理论应该是一个关于宇宙理论的直接后果(或特定情况),并在地球和宇宙的范围内建立一个关于人类地位的观点和评价体系。他们必须确定人类世代的世界观和生活方式的特征,使其符合宣布的理想规范。而伊索克拉底的教育理论首先是一个各种教育实践,旨在全面发展人的内在潜力,培养高素质人才,满足复杂的社会文化环境和生产领域的需要。柏拉图和伊索克拉底的教育理论之间构成竞争和互补的关系。在文化史上,教育是人类世世代代在本体生成过程中自我实现的某种方向的母体。柏拉图的教育理论确立了塑造人的理想,并回答了这个问题:"我们应该在后代中教育谁?"伊索克拉底教育理论的路线是通过日常教育实践确保实现确立的理想,即更侧重找到"我们应该如何教育后代"。①

　　"历史"应该分为四个层次:一是真实的历史,二是记录的历史,三是传播的历史,四是接受的历史。伊索克拉底在当前教育史上的地位被低估了,而在真实的历史上他确实为教育事业作出了巨大的贡献,在古希腊,他是与柏拉图齐名的教育家。可是因为记录的历史、传播的历史在不断强化柏拉图为教育事业作出的贡献,伊索克拉底为教育事业作出的贡献则不断被弱化,导致他在教育史上的地位不断下降(接受的历史)。相信,随着史料的不断丰富,人们研究教育史的方法越来越精细化、科学化、系统化,伊索克拉底在教育史上的地位会有所提高,获得与他为教育事业作出的贡献相匹配的地位。

---

① Oleg Bazaluk, "Plato's and Isocrates' Traditions in the Development of Educational Theories in the History of Culture," *Analele Universitatii din Craiova, Seria Filosofie*, 2017, 40(2), pp. 5 – 18.

理论研究

继之者善　成之者性

——孟子思想对主体发展的教育价值

陈　丹[*]

内容摘要：我国主体发展研究受西方主体性哲学影响，并以马克思主义主体思想为指导，实现了从主体遮蔽到主体觉醒的迈进，在人类价值理性与主体精神日渐迷失的当下，主体发展必然走向主体间性乃至公共性。孟子在孔子既关注个体人格完善又关怀社会整体进步的基础上，直接从人的内在心性出发，从"人禽之别"认识人的本然，从"人皆可以为尧舜"成就人的应然。无论是人的自我完善，还是人的自我实现，都在发展方向和目标选择上体现了人的主体意识。孟子提出了"反求诸己"的修养功夫，从"四端"进而扩充为"四德"，成为"善养吾浩然之气"的"大丈夫"，需要通过"存心""养气"等实践来完成。实践的主体就是自己，实践的路径就在自己心底，充分体现了人的主体精神。孟子思想中"认识自我，立志高远；诚意内省，学思结合；循序渐进，持之以恒；学以致用，知行合一"等主体发展路径则进一步体现了人的主体实践，对人类命运共同体新视角下个体与社会的共同发展具有重要启示。

关键词：孟子思想；主体发展；教育价值

---

* 陈丹，女，湖北省武汉市人，浙江外国语学院教育学院教育治理研究中心教授，主要研究方向为教育管理与政策、语文课程与教学论。

一、前言

　　主体发展是以人为本的价值观在现代社会的直接映射,尤其是教育领域,有关主体发展的研究备受关注。在 20 世纪 80 年代改革开放的大背景下,随着西方主体性哲学的引入,我国教育经历了从"社会"到"人"的主体转向,迈出了从"工具人"到"主体社会人"转向的第一步。① 但经济全球化、全球性生态危机、人类贫困和新冠疫情,超越了局部的、地域的、民族的、国家的和个人的利益,把人类紧密地联系在一起。这就使人的发展必须超越个人、民族和国家,在全球的范围内构建人类命运共同体,使之具有全球或者人类意义上的公共性。② 因此,教育不仅要关注主体性,还要关注主体间性乃至公共性;不仅要以马克思主义主体思想为指导,还要从中华优秀传统文化中汲取力量。以孔孟为代表的儒家思想作为中华民族的主流文化,深植于每一个华夏儿女的生命基因,深入挖掘蕴含其中的人文主义思想,对解决中国特色社会主义现代化建设过程中主体发展出现的问题具有深远意义。孟子对主体意识和力量的强调③,对主体精神和人格的阐释,把先秦儒家人文主义思想推到了一个前所未有的高度④。他提出"充实之谓美,充实而有光辉之谓大"(《孟子·尽心下》)、"仰不愧于天,俯不怍于地"(《孟子·尽心上》)、"故理义之悦我心,犹刍豢之悦我口"(《孟子·告子上》)等一系列凸显主体意识的性善理论,以及"穷理尽性以至于命""万物皆备于我""强恕而行,求仁莫近焉""严以律己,宽以待人"等一系列张扬主体精神的修养功夫,不仅昭示了人的主体发展的可能性与必然性,也阐明了人的主体发展的内涵与路径。

---

① 鲁子箫:《从"社会"到"人":40 年教育理论研究的主体转向——以"教育"概念界定为视角》,《教育学术月刊》2020 年第 6 期,第 3 页。

② 冯建军:《主体教育研究 40 年:中国特色教育学建设的案例与经验》,《中国教育科学》2021 年第 4 卷第 4 期,第 15 页。

③ 史炳军:《从主体意识的觉醒看孟子哲学的时代价值》,《西北大学学报》(哲学社会科学版)1995 年第 25 卷第 2 期,第 105 页。

④ 叶飞:《论孟子人格教育思想的主体精神》,《华东师范大学学报》(教育科学版)2016 年第 1 期,第 98 页。

二、孟子的主体意识：从人的内在心性出发

"孟子之'即心言性'之说，乃能统摄告子及以前之'即生言性'之说。"①"孟子在生活体验中发现了心独立而自主的活动，乃是人的道德主体之所在，这才能作为建立性善说的根据。"②孟子从人的内在心性出发，深入阐释他所理解的人的主体意识。

（一）认识人——"人禽之别"

"人之所以异于禽兽者几希，庶民去之，君子存之。"（《孟子·离娄下》）孟子意识到"人禽之别"是人的本质属性所在。人与禽兽的差别在于人先天具有"不虑而知"的"良知"与"不学而能"的"良能"，所谓"人皆有不忍人之心"（《孟子·公孙丑上》）。人能够对他人给予同情、理解和关注，即"良知"；同时能够把这种同情、理解和关注延伸到社会实践当中，即"良能"。人与禽兽的差别在于人先天具有恻隐之心、羞恶之心、辞让之心、是非之心，为仁、义、礼、智之端，所以"仁义礼智，非由外铄我也，我固有之也"（《孟子·告子上》）。

孟子旗帜鲜明地肯定了人性中所蕴含的向善本性，不仅反映出其主体意识的觉醒，而且赋予了主体发展的先验可能性，但最终是否实现，还需要人的自主选择，所谓"求则得之，舍则失之"（《孟子·尽心上》），需要将"不忍人之心"进一步具体化为"仁义礼智之心"，在后验生活中不断生成、建构和发展，所谓"扩充四端"。如此，作为一个主体的人和发展的人，才能够在具有自然生命的同时还具有精神生命，这也正是"人之为人"的内在良知与本真心性。

（二）成就人——"人皆可以为尧舜"

如果"人禽之别"在于人天生的"四端"，"扩而充之"为"四德"，是从人的自我完善层面彰显人的主体意识，那么"人皆可以为尧舜"则在人的自我实现层面更加坚定了人的主体意识。

古希腊时期，哲学家柏拉图认为不同等级的历史人物都是由神明用不同的金属塑

---

① 唐君毅：《中国哲学原论·原性篇》，北京：九州出版社，2021年，第17页。
② 徐复观：《中国人性论史·先秦篇》（全二册），北京：九州出版社，2020年，第187页。

造出来的,所以他一直认为各个等级的划分完全由先天条件决定,一个人应该属于哪一个等级,其所生下的后代也就应该属于哪一个等级。至于家族遗传上的种种变异,只是一种进化上的巧合而已。而孟子则一再强调人人都具有成为圣人的巨大潜能。"麒麟之于走兽,凤凰之于飞鸟,太山之于丘垤,河海之于行潦,类也。圣人之于民,亦类也。"(《孟子·公孙丑上》)"舜,人也;我,亦人也。"(《孟子·离娄下》)"尧舜与人同耳。"(《孟子·离娄下》)"故凡同类者,举相似也,何独至于人而疑之? 圣人,与我同类者。"(《孟子·告子上》)从以上论述不难看出,孟子同孔子一样十分推崇尧、舜,但孟子较孔子具有更强烈的主体意识。孔子从来不以圣人自许,认为成圣只是一个人终其一生的学习目标,"若圣与仁,则吾岂敢"(《论语·述而》)。而孟子则明确指出,人们通过不断学习和努力,完全可以实现这一至高的理想人格。

　　正是因为孟子具有这样的胆识与气魄,所以能够突破孔子内省的修身理论,提出一直影响至今的"大丈夫"理论——"居天下之广居,立天下之正位,行天下之大道。得志,与民由之;不得志,独行其道。富贵不能淫,贫贱不能移,威武不能屈,此之谓大丈夫"(《孟子·滕文公下》)。遵循天地正道而行的"大丈夫",以凛然的姿态主动地承担社会责任,以权变的手段自主地选择仁义之道,最终进入自由创造的主体精神状态。也正是有了"大丈夫"的"浩然之气",个体具有评价和批判君主的权利,甚至可以废黜或诛杀无道之君。在处理君臣之间的关系上,孟子将君臣关系放到了平等的政治地位,提出了"欲为君,尽君道;欲为臣,尽臣道"(《孟子·离娄上》)的主张。在处理君民之间的关系上,孟子提出了"与民同乐""民贵君轻"的思想。更难能可贵的是,孟子把读书人的政治地位和时政评论的权利,提升到了一个崭新的高度。这些都源于孟子强烈的主体意识。

　　从"人禽之别"到"人皆可以为尧舜",是从"自我体认"到"自我成就"的提升,是从"认识自己"到"变革自己"的拔节,它们都充分展示了人在发展中的自主选择和自由创造,这正是"人之为人"的理想追求和使命意识。

三、孟子的修养功夫:"反求诸己"

　　"善端"作为萌芽,不同于已经完成了的形态,只有经过扩展、充实,才能够成就圣人。人由自然意义的生命个体存在转换到作为一个具有道德品格的社会个体存在,人的自我认识潜能的真正发展、自我存在价值的真正实现,都必然离不开自我的认知与自身的努力。孟子提出的"反求诸己"正是修养上的功夫，从"存心""养气"两个基本方面充分明确了一个人既是自然德性主体（这是其目的、意义），又是社会实践主体（这是其创造价值）。

（一）"存心"——"求其放心而已矣"

孟子的修养功夫直指内心，"存心"即修养的目的和手段。要培养并扩充可能丢失的仁、义、礼、智等天赋秉性，要不断"求其放心"—— 收敛此心，勿使外驰；敬守此心，勿使动摇，通过守仁寡欲、自求自得的实践来认识自己，成就自己。

第一，"存心"的关键在于守仁寡欲。《中庸》曰："仁者，人也。"孟子进而明确地指出："仁，人心也。"（《孟子·告子上》）他认为："君子所以异于人者，以其存心也。君子以仁存心，以礼存心。"（《孟子·离娄下》）故其"求放心"之教，即"求仁"之教，因此"守仁"为"存心"的修养方法。孟子以"人心"为"仁"，是就人的内在心性而言，所以要求"毋失其本心"。于人之本来心处，亦即未与物接之先天心处，心即仁，仁即心。此时，本心即天理。"守仁"，就是守其本心，守其本来之道的心，守其天理之理的心，守其天地万物以礼之礼的心，守其喜怒哀乐未发之时的心。守之则可以勿知其失，存之则可以以其充之。"拱把之桐梓，人苟欲生之，皆知所以养之者。至于身，而不知所以养之者，岂爱身不若桐梓哉？"（《孟子·告子上》）孟子用生动的比喻告诉人们：对于桐树、梓树的生长人们都知道如何去培养，而对于自己的身体却不知道如何去修养，难道爱护自己的身体还比不上爱护桐树、梓树吗？万物生长都有养护的过程，得到好的养护就能够生长，得不到好的养护就会消亡，人的身体如此，人的心更是如此。

孟子看到了人的欲望会阻碍心性的还原或回归，因此他首倡"养心莫善于寡欲"（《孟子·尽心下》）。"寡欲"也是"存心"的修养途径之一。因为人的欲望能够遮蔽心性，使人不能够明理，从而就会使人的品行严重受损，若要彻底恢复人的心境清净、通透则必须清心寡欲。这里需要说明的是，"寡欲"并不是全盘否定或压制人的正常欲望，而是反对过多、过分的欲望，主张走中庸之道。人若被过多的私欲遮蔽，就必然看不到自己的真实本性，更难以体悟到本性中蕴藏的天地之道。所以"养心"其实质就是"存心"，这样人们才能够真正实现真我，超越自我。需要特别指出的是，"寡欲"是为了克服人们在社会上习得的无数套路，那些处世的规则、制胜的计谋、生存的韬略、公关的秘诀，只会令人心智混乱，天性渐失；"寡欲"是为了消减人们在生活中用各种缘故、理由、逻辑来支撑情感与行为，避免在无知无觉中背离辽阔浩大的天性，让人们缩手停步、顾虑重重,发挥不出本真的天性。

第二,"存心"在自求自得。所谓"自求者",即自求于自己的心。举心,则人之性自在其中;举性,则人之道自在其中;举道,则天地万物自在其中。孟子强调"存心"一定要靠主观自觉,要靠独立思考。"君子深造之以道,欲其自得之也。自得之则居之安,居之安则资之深,资之深则取之左右逢其原,故君子欲其自得之也。"(《孟子·离娄下》)君子按照自己的方法不断深入学习,通过自己的认知和体悟,才有可能牢牢地掌握事物内在的本质和运行的规律,继而通过不断积累才有可能在实践的时候左右逢源,并且取之不尽、用之不竭。"万物皆备于我矣。反身而诚,乐莫大焉。"(《孟子·尽心上》)所有学习的根本问题在于自身与本心,只有做好自我修养,才能够做到推己及人。因此人们要从自身、本心做起,从平易之处做起,方能够做到"存心"养性。

如果行为没有达到预期的效果,不应该怨天尤人,而应该反躬自省,反思自身存在的不足。修养从本质来说,就是一个不断向自己内心深处追寻、探索、自省的过程。"仁者如射,射者正己而后发;发而不中,不怨胜己者,反求诸己而已矣。"(《孟子·公孙丑上》)就像人们学习如何射箭,如果目标瞄不准,不要去埋怨弓箭,而要去思考自己在哪些方面做得不够、方法用得不当,如此一来才能够命中靶心,最终解决问题。"爱人不亲,反其仁;治人不治,反其智;礼人不答,反其敬。行有不得者皆反求诸己,其身正而天下归之。"(《孟子·离娄上》)对君子而言,只有真正做到得之于人心,才能够真正把握安身立命之本;只有向内不断自求,才能够真正实现理想的人格修养。这也正是主体精神的高度弘扬。

(二)"养气"——"善养吾浩然之气"

"富贵不能淫,贫贱不能移,威武不能屈"的"大丈夫"是孟子提出的人的理想人格。"大丈夫"具有的"浩然之气"奠定了中国人重正气、重骨气、重勇气的民族传统,也成为中国人最鲜明、最突出、最独特的民族特征,而"大丈夫"如何养"浩然之气"更是体现了主体发展的自由意志。"其为气也,至大至刚,以直养而无害,则塞于天地之间。其为气也,配义与道;无是,馁也。"(《孟子·公孙丑上》)

第一,"浩然之气"直养而无害。"浩然之气"在当下表现为个体内心世界的爱国、敬业、诚信、友善等道德观念日益积累而形成的一种气节,它依靠个体在生活中不断修养和锻炼才能够生成和发展。从人与时代的精神来说,"浩然之气"是人们希望超越自我、超越时代的一种精神力量与精神状态;从人与自然的关系来说,"浩然之气"最伟大、最坚决,一个人一旦心中具有了"浩然之气",便可以立于宇宙之间;从人的内在心性的培养来说,"浩然之气"必须通过正直、诚实的心态培养,而且这种培养必须是日常的积少成多,达到一定程度方能形成,绝非一次、两次偶然的正义、善良的行为就能够形成。

孟子于"养气"之教,首先提出"孟施舍之守气,又不如曾子之守约也"(《孟子·公孙丑上》)。此"约"字,就是"以反说约"的"约",是要由此返回到能够说出其要点的境地;也就是"约之以礼"的"约",强调"才"必须与"德"相配,因此用礼来规范君子的思想、行为,如此就不会偏离正道了。此"礼",即"孔子问礼于老子"之"礼";即曾子"三省"、颜子"四勿"之"礼";即"喜、怒、哀、乐未发"之"礼";也就是历代圣贤相传之"理"、之"道"。

曾子"约之以礼",反身循道而行,能胜孟施舍之守气功夫,所以有"自反而不缩,虽褐宽博,吾不惴焉;自反而缩,虽千万人,吾往矣"(《孟子·公孙丑上》)描述的"大勇"。迁善改过,不固执己见,"毋固,毋我"(《论语·子罕》),孟子之所谓"大勇"。"约"之极止于一,一即道;以道为舍,以礼为约,长此以往就能够万事无动于心;万事不动心,则其气自生,不发则寂然若无痕迹,一发则能够威力无穷覆天地。

简而言之,孟子之"养气"心法,集中表现为直养而无害。历代圣贤静存动察的功夫,传授的心法,简之又简,就在"直养"二字。正如《周易·乾》中讲:"乐则行之,忧则违之。"良知认为对的就去做,反之就不去做,不能够自欺欺人。一旦做了有愧于良知的事情,"浩然之气"就会疲软。

第二,养"浩然之气"的根本原则是与义、道相配合,在扩大"善端"的基础上生成。"浩然之气"盛大而坚决,如果能够以直道培养而不加损害,就可以发挥出气壮山河的力量。"义"是适合、适宜,指行为的合理、合宜。"道"是规律、道路,指事物的规律、原则。当一个人面临宝贵生命与仁义道德之间两难选择的时候,孟子认为一个人甚至应该为了能够获得更高的仁义道德价值而选择舍弃自己的生命。"生,亦我所欲也;义,亦我所欲也。二者不可得兼,舍生而取义者也。"(《孟子·告子上》)孟子还强调要以礼、义来约束自己的一言一行,不能够为了更好的物质享受而放弃礼、义。"万钟则不辨礼义而受之,万钟于我何加焉!"(《孟子·告子上》)

如果不能够以义来处世,以道为规则,那么所谓的"直"只能是一种短视狭隘的莽直,而不是在广袤宽阔的寰宇间始终如一的"直"。如果不以义与道为途径来修养自身,就会形成与"浩然之气"相反的柔弱败坏之气。因为脱离义与道的行为是不能够被自己的心性或良知认可的,正所谓"行有不慊于心,则馁矣"(《孟子·公孙丑上》)。而以义与"集义"所生的道来修养,其方式必然"是集义所生者,非义袭而取之也"(《孟子·公孙丑上》)。也就是持续地做合理、合宜的事情,良知认可的事情,而不是偶尔做一件两件,更不是为了所谓的名利去做。如此,即便是一个常人,当"集义"的量的积累达到一定程度,也会自然而然发生质的飞跃,生成"浩然之气",最终也能够进入圣贤境界进而实现圣贤理想。可见,孟子对主体力量的确信与肯定,不仅继承了孔子的内省理念并进一步发扬和光大,而且创造性地展现出凛然的主体人格。

四、孟子思想的启示与教育价值:主体发展路径

在儒家文化中最崇高的理想人格是圣人,支撑这个儒家理想人格的深层信仰是一个人必须自我道德完善、自我修养身心。"圣人之行不同也,或远或近,或去或不去,归洁其身而已矣。"(《孟子·万章上》)古代圣人的种种思想、行为,表面上看起来千差万别,但最终都是"洁其身"——不使自己的内在心性沾染上那些世俗功利的尘污。即使是家国的治理,解决问题的根本仍在于反躬自省,所谓"天下之本在国,国之本在家,家之本在身"(《孟子·离娄上》)。其间内蕴了主体的力量和人格。这种高度重视自身修养,把修身看作成就自己的观点,直到今天仍然具有非常重要的现实意义;于我们重建对生命品质和人生价值的自信具有非常重要的启示;对人的主体发展也具有重要的教育价值。

(一) 认识自我,立志高远

孟子非常关注怎样通过砥砺自我的精神、完善内在的德行而成为至善的圣人。充分了解自身的性格与志趣,培养适合自身发展的取向,集中精力将一件事情做到极致,"技近乎道",从而成就自己的生命,实现"人皆可以为尧舜"的理想人格。首先需要认识自己,也就是要正视个体的差异,尊重独特的个性。正如《左传》中所说:"人心之不同如其面焉。"[1]每个成年人因其种族、性别、生活环境、社会时代和各自人格天赋的巨大差异,具有迥然不同的体貌特征与性格特征。即使彼此之间的基因结构完全相同,每个个体也不太可能一模一样。"我"要经受众多力量的重重限制才能够成为"我"这

---

[1]　李梦生撰:《左传译注》(全二册),上海:上海古籍出版社,1998 年,第 896 页。

个具体的人,但所有限制"我"的力量都可能成为促进"我"这个个体发展的重要动力和特定条件。限制"我"的力量通过转化往往可以成为个体发展的优势,在个体发展的过程中爆发出巨大的能量,显示出独一无二的魅力。

除了多角度、全方位地认识自己,还要立志高远。无志之人,天才也可能悄然归于平庸;有志之人,垄亩亦可能飞出鸿鹄,均在于"求则得之,舍则失之,是求有益于得也,求在我者也。求之有道,得之有命,是求无益于得也,求在外者也"(《孟子·尽心上》)。"求则得之",道就在自己本身的心性之中,立志求道,诚心求道,自然就可以得道、成道。"舍则失之",如果不立志去求道,不诚心去求道,自然就无道可得、无道可成。"求在我者也",因为道是向内求的,一个人只要活着就有"命",有"命"当然就有"性"的存在,即会思想、有感觉,于是就有"心"。如此,有"命",有"性",又有"心",那么一切道就在自己的性命、心性这里,不必外求。孟子继曰:"夫志,气之帅也;气,体之充也。夫志至焉,气次焉。故曰:'持其志,无暴其气。'"(《孟子·公孙丑上》)可见,只有立志高远,才能够经历"苦其心志,劳其筋骨,饿其体肤,空乏其身"(《孟子·告子下》)的磨炼,塑造出"富贵不能淫,贫贱不能移,威武不能屈"的"大丈夫"人格。

(二) 诚意内省,学思结合

诚意内省作为儒家修身的哲学方法,强调个体发展在内心上的修养。其实圣人的境界并非高不可攀,一个人只要严格要求自己,从近处着手,从自身做起,把内省作为每天的必修功课,自然就厚德成仁。孟子继孔子之后也把个人后天的努力看作人的自身修养和人格完善的关键。他认为人的本性同出于先天,都是善的,而人的实际品德如何,则要看他保持善的能力。人们既要经过后天的主观努力,也要通过内求、内证,即内省,才能够发展这种"善端"而成"善德"。人在善恶是非、成败荣辱、天理人欲等面前究竟如何选择皆由自己决定,一切由乎己而不由乎人。在修养身心、道德品质的提高和完善方面,人们应求诸己而非求诸人,即依靠个人的自主自觉、主观努力而不假外求、不靠外力。孟子曾多次谈及"自反""反求诸己",提醒人们注意自我反省,及时检查自己的过失,这正是他所说的"反身而诚,乐莫大焉"(《孟子·尽心上》)。孟子根据人性向善的理念,最大限度地相信人有自我教育和发展的能力,"我"是靠"我"来塑造的,即为了自己,通过自己,成就自己。教育,就是把一个人的内心真正引导出来,帮助个体实现自我发展。

学思结合作为儒家修身的重要途径,强调在个体发展的过程中思考学习的价值。"梓匠轮舆能与人规矩,不能使人巧。"(《孟子·尽心下》)被动学习只能够使一个人得到一些流于表面的经验和知识,想要有深刻的感悟和体会,就必须充分尊重人的主体地位,充分发挥人的主体作用,在自主选择、自觉能动和自由创造的过程中,用心地、深入地思考。"心之官则思,思则得之,不思则不得也。"(《孟子·告子上》)心有所得而悟道,这种自求自得、追根溯源所获得的知识和道理才是牢固的,知行合一到极致就是神通,便能够自由运用,并且取之不尽、用之不竭。孟子还明确主张在学习和思考的过程中,要勇于批判、善于质疑,反对死读书和人云亦云,特别注重对问题的理性分析与得失考量,所谓"尽信书,则不如无书"(《孟子·尽心下》)。

(三)循序渐进,持之以恒

孟子提出的"浩然之气"成为中国文化的一个特有词语,培养"浩然之气"的关键在于"直""义""道",即真诚、正当、正路。孟子还进一步强调"浩然之气"的自我修养一定要因时制宜、因地制宜,并用宋人"揠苗助长"的寓言故事来说明做事应该循序渐进的道理。遵循事物自身的发展规律,切忌急于求成,否则欲速不达。"流水之为物也,不盈科不行;君子之志于道也,不成章不达。"(《孟子·尽心上》)人的主体发展也同样应该循序渐进,不可急功近利。在人生的不同阶段,有不同的生命状态,就应该确立不同的发展目标。播种的年龄就要勤奋学习,耕耘的季节就要奋力拼搏,收藏的时候才能立德、立功、立言。与自然界的春生、夏长、秋收、冬藏保持同样的节奏,这也是天人合一在个体发展上的直接体现。

人的主体发展同时也是持之以恒的过程,需要在学习中不断聚沙成塔。"虽有天下易生之物也,一日暴之,十日寒之,未有能生者也。"(《孟子·告子上》)一曝十寒做不好任何事情,只有坚持不懈地修养身心,才能够使"浩然之气"渐渐增长。人的意志是情感、意气的主要推力,情感、意气是人的意志的外在显化。因此,人格的发展,最为重要的就是磨炼和培养意志,同时让情感和意气相互作用,加固意志,这就是所谓的"持其志,无暴其气"(《孟子·公孙丑上》)。唯有通过一系列的磨砺,主体才能够获得稳固的意志,才能够反思和弥补自身的不足,才能够真正主宰自己的情感、认识和行为习惯,最终成就自身的完善与提升。如果不能贯彻始终,就会功亏一篑,半途而废,亦即"有为者辟若掘井,掘井九轫而不及泉,犹为弃井也"(《孟子·尽心上》)。

（四）学以致用，知行合一

《论语·学而》开篇即说"学而时习之"，强调学习知识只有应用到实践中才会快乐。在理论与实践之间，儒家更注重发展实践的智慧，而不是理论的智慧，即使关心宇宙天道，也决不用理论的态度，而是用实践的态度关注如何在人的生活世界与宇宙天道之间保持和谐。一个人要完善自己的人格，实现自己的价值，就必须把知展开为行，将学习所得深入自己的心灵之中加以玩味，融化在自己的身体中得以外化，最后自己的言行举止自然与圣人、贤人吻合。孟子发展了孔子"学而时习之"这一理论与实践相结合的观点，重视学以致用、知行合一。他特别强调"取之左右逢其原"（《孟子·离娄下》）。这个"原"是怎么来的？好学，深思，力行。除了好学，还要深思，想通了之后有了心得，还要实践、力行，力行了之后有了体会，那个心得越来越深，就是自己的东西了。所以孟子主张经过亲身的实践获取自己的心得，强调通过好学、深思、力行实现理想的人格，在知与行的互动中修养身心、升华生命。

孟子还特别指出要在思考与实践中融会贯通。"博学而详说之，将以反说约也。"（《孟子·离娄下》）通过广博的学习积累与详尽的阐释解说这一磨砺的过程，实现简约叙述即可概括本质，即"由博返约"。反之，如果不能达到"由博返约"的程度，就说明学习的状态很被动，学习的内容很零散，一旦离开书本就会遗忘。融会贯通的基本方法在于举一反三、闻一知十、"思其类"；关键在于活学活用、以自身实际行动来说明微言大义，亦即将所学纳入自身的认知结构并付诸实践。孟子指出："学问之道无他，求其放心而已矣。"（《孟子·告子上》）做学问的道不在于其他，就在于调动主观能动性，在思考中把所有学问融会贯通，真诚就会由内而发，产生行动的方向和行动的力量，学与知最终落实于行，通过实践养成道德品质、人格境界，并在现实生活中体现出来。

五、结语

《诗经·大雅》中说："天生烝民，有物有则。民之秉彝，好是懿德。"①这是中华传统文化核心价值的表达。做一个体魄强健、情感丰富而又内心强大、温文尔雅，敢于担

---

① 《十三经注疏》整理委员会整理，李学勤主编：《十三经注疏·毛诗正义》（上、中、下），北京：北京大学出版社，1999年，第1218页。

当大任而又懂得享受生活,志向高远而又脚踏实地的人,不仅是实现中国梦的基础,也是人类共同的追求。以孔孟为代表的儒家思想不仅关注个体人格的完善,而且关怀社会整体的进步;既重视向内修养的功夫,又不离事事物物,而且能够发展成为积极的社会态度与生活实践,能够破解现代人与自我主体的疏离①,能够实现个体与社会的共同终极价值。通过主体的内求诸己和自修自为来调节主体外在的实践行为,理顺主体自身和社会发展之间的双向互动关系,从而有效地化解社会转型期个人主义的盛行、物欲横流等主体发展危机,以应对复杂的社会变迁和价值冲突,实现人的全面发展和人的和谐发展。"继之者善也,成之者性也。"(《周易·系辞上》)唯圣功之道,重在修正;修而不至者有之矣,未有不修而能至者也!

---

① 赵康:《为什么当下要重申主体教育——格特·比斯塔"主体化"教育理论的境脉、生成与意义》,《全球教育展望》2023 年第 52 卷第 7 期,第 3 页。

"教"无所住

——论《金刚经》之教育实践

王嘉陵 *

内容摘要：本文主要在探究《金刚经》的含义，说明《金刚经》与教育的联结，以及它对教育者的启示与可行的教育实践方式。之所以采用"'教'无所住"这个标题，有两个层面的含义，第一个层面是关于《金刚经》的教育意义，探讨《金刚经》如何"教"我们无所住；第二个层面是思考如何将《金刚经》的理念落实于教育实践，身为一名教育者，应当以何种方式去做到"教"无所住。前者涉及《金刚经》本身的教育理念，后者则将《金刚经》的理念延伸至对教育者的教育。本文首先介绍《金刚经》带给我们的教育理念，说明教育场域可以是《金刚经》的实践场域；接着从"有为"与"无为"两个方向切入，思考什么是教育的"本来面目"，以及《金刚经》教育我们什么；然后提出教育是不住相的布施，以及教学是不住法的教学，最终希望能够做到"'教'无所住而生其心"，达成圆满的教育实践；文末，笔者总结《金刚经》带给教育者的一些启示与做法。

关键词：金刚经；教学；教育

* 王嘉陵，女，台湾省高雄市人，台湾海洋大学师资培育中心暨教育研究所教授，主要研究方向为课程与教学论、教育哲学和高等教育。

一、前言

《金刚经》，又名《金刚般若波罗蜜经》，是影响汉传佛教相当深远的一部大乘经典，它是《般若经》大部六百卷之一卷，等于是《大般若经》的导览，而且是千年来被讨论最久、注疏最多的作品，传闻中国禅宗六祖慧能就是听到《金刚经》里的"应无所住而生其心"这句话而茅塞顿开，进入开悟的境界。① 虽然只有短短五千多字，但《金刚经》深具般若智慧，字字句句皆有无量含义，它所探讨的是"云何应住""云何降伏其心"的生命重要问题。"心"的问题，对教育者而言相当重要，在般若智慧中，一切法唯心，心外无法，在教育他人之前，得先教育自己的心，让它能够安住，才能够对受教育者有所帮助。一般认为，《金刚经》是以空慧为其要义，说明一切法无我的道理，但这里的"空"不能理解为虚无，而是心无所住，不住"空"，也不住"有"，借由如金刚般无坚不摧的般若智慧，断一切虚妄执着，进而理解生命实相，成就圆满之智慧。

本文旨在探究《金刚经》的含义，说明《金刚经》与教育的联结，以及它对教育者在教育实践中的启示。之所以采用"'教'无所住"这个标题，有两个层面的含义，第一个层面是关于《金刚经》的教育意义，探讨《金刚经》如何"教"我们无所住，当中包括"无所住"的意义是什么，要"不住"什么，又应当如何才能够做到无所住；第二个层面是思考如何将《金刚经》的理念落实于教育实践，身为一名教育者，应当以何种方式做到"教"无所住，亦即面对教育情境时，如何以无所住之心去面对，并处理自身的教学。前者涉及《金刚经》本身的教育理念，后者则将《金刚经》的理念延伸至对教育者的教育。

一般我们对于教学的看法，都认定它是一种目标导向的活动，经由课程设计与教学策略的拟定，协助学生取得某些教育成果。但是本文的主要目的并非讨论教学内容、教学形式等相关问题，或者是一名教育者所需要具备的条件，而是在思考，一名教育者可以通过何种心态来实施教学，才算成就圆满的教育。这里所言之教育，一方面是对于学生之教育，另一方面是对于教育者本身之自我教育。

本文主要分为这样几个部分：首先，介绍《金刚经》带给我们的教育理念，说明教育场域可以是《金刚经》的实践场域；接着笔者从"有为"与"无为"两个方向切入，思考什么是教育的"本来面目"，以及《金刚经》教育我们什么；顺此脉络，笔者然后提出教育

① 星云法师：《金刚经讲话》，新北：佛光文化事业有限公司，1997 年，第 1 页。

是不住相的布施,以及教学是不住法的教学,最终希望能够做到"'教'无所住而生其心",达成圆满的教育实践;文末,笔者总结《金刚经》带给教育者的一些启示与做法。

《金刚经》的译本主要有六种,本文所引用的汉译本,是当今流传最广的后秦鸠摩罗什译本,此译本能够做到翻译所需要的信、达、雅,且兼而有之,是值得采用的版本①;当中所列文句,是出自姚秦三藏法师鸠摩罗什所译,经江味农校正过的版本②。对于《金刚经》的诠释,笔者主要参考现代人的解说,例如星云法师、净空法师、圣严法师、一行禅师和南怀瑾等人,以他们的著作作为参考文献,再辅以参照《新刊金刚经百家集注大成》。③ 这本书是以明成祖朱棣所编纂的《金刚经百家集注大成》为本,再辅以白话语译,当中搜集历代各家对《金刚经》的批注,内容相当丰富,笔者可借之详尽《金刚经》的义理,并旁通其他大乘经典,透过上述著作探究《金刚经》的要义后,最后形成本文之论点,并思考它在教育方面带给人们的启发。

二、《金刚经》的教育

《金刚经》是大乘佛教的重要经典,经典的意义是在于启发个人觉悟的知见,它本身隐含教育目的与教育理念。《金刚经》亦是如此。净空法师说,金刚是最坚、最利、最明之物,能坏一切物,其坚利是为了除我见、断我执,而其光明是为了彻见一切凡情妄想,照破人的无明烦恼。④ 在此经典中,佛陀的开示是为了启发人们的般若智慧,般若是自性本具的正智,也可以说是佛的知见,唯有找回自性本具的般若智慧,才能够看清宇宙人生的真相,不为事物外在的形相所迷惑。《金刚经》的主要宗旨在于"无住"二字,关于它的教育理念,笔者将于后面逐一说明。之所以要将《金刚经》的道理延伸至教育领域,通过它思考教育论题,是因为教育也可以是此经典的实践场域,教师可以借由教学的尝试,进行《金刚经》的教学实践。《金刚经》提到"一切法皆是佛法"⑤,关于"法"的意义,一切事物,不论大的小的,有形的或是无形的,都谓之"法",其中有形的称

---

① 赖永海主编,陈秋平译注:《金刚经　心经》,台北:联经出版事业股份有限公司,2012 年。
② 《金刚般若波罗蜜经》,鸠摩罗什译,台南:和裕出版社,2003 年。
③ 《明成祖永乐皇帝集注》,见商周编辑部语译注释《新刊金刚经百家集注大成》,台北:商周出版,2015 年。
④ 净空法师:《金刚经讲义节要》,台北:华藏净宗学会,2014 年,第 2 页。
⑤ 《金刚般若波罗蜜经》,第 50 页。

为"色法",而无形的称为"心法"。① 根据李文会的解释,"一切法皆是佛法"是在说明,一切世法皆是佛法②,不只是出世间法,一切世法,也都是佛法,都能让我们在其中锻炼觉知、觉悟的心,而教育实践也蕴含着佛法的道理。《维摩诘经》云:"一切法是道场。"③既然一切法皆是道场,那么教室又何尝不是菩提道场? 教室是训练我们了解诸法空性、理解生命实相的道场。在大乘佛法里,"成就"是为了有利于众生④,教育的目的是成就学生,与大乘佛法的精神相当契合。在成就学生的过程中,教师也在成就自身生命的圆满,一个教育他人的人,同时也成就对自身的教育。《金刚经》的理念为所有教育者提供了很好的实践原则与方向。

三、教育之"本来面目"

《金刚经》开头,释迦牟尼佛借由表演他的一日生活,展现他对世人的教学。"尔时世尊食时,着衣持钵,入舍卫大城乞食。于其城中次第乞已,还至本处。饭食讫,收衣钵,洗足已,敷座而坐。"⑤这段话是在说明,佛陀到了吃饭时间,披上袈裟,拿着饭钵,走进舍卫大城,向人乞求食物,最后回到给孤独园,待饮食完毕,收起袈裟与钵子,将双脚洗净、坐垫铺好,端坐在上面。⑥ 整个过程的描述隐藏着许多启发教育者的教育意义。首先,它教导人们每天要认真、平实地过生活,如同每日的教学生活,教师所追求的不是华丽的演出,而是在行住坐卧、例行公事中真诚地、具体地付出与实践。其次,"次第乞已"象征对人的平等心,无有选择,名曰次第,佛陀不择富贵、不避贫贱,一家一家乞讨,是慈悲、平等精神的展现,身为教师,对待学生亦应普施教化、无分贵贱,不能因为学生的背景、条件不同,而对个别学生施以差别对待。最后,佛陀洗足象征远离尘缘,如同智者禅师所言,是希望读者能证入三空之理。⑦ 三空即"三轮体空",表示的是心中没有三件事物,例如,在行布施的过程中,心中要没有能实行布施的我,没有接受布

---

① 赖永海主编,陈秋平译注:《金刚经 心经》,第33页。

② 《明成祖永乐皇帝集注》,见商周编辑部语译注释《新刊金刚经百家集注大成》,第215页。

③ 《维摩诘经》,赖永海释译,星云法师总监修,新北:佛光文化事业有限公司,2012年,第100页。

④ 星云法师:《成就的秘诀:金刚经》,台北:有鹿文化事业有限公司,2010年,第16页。

⑤ 《金刚般若波罗蜜经》,第1—2页。

⑥ 《明成祖永乐皇帝集注》,见商周编辑部语译注释《新刊金刚经百家集注大成》,第27页。

⑦ 同上书,第29页。

施之人,也没有所布施之物。若就教学而言,"三轮体空"可以表示一名教师在教学过程中,心中不存在能教导学生的教师、受教育的学生和所教育的内容。

根据《金刚经》的这段描述,一名教育者所要学习的是"无为"的教学,每日对待学生,无论教了什么、付出多少,心中皆不可计量,也不能留下痕迹,只是付出,不需要去想别人应该如何回报。此种不求回报的爱,如同"三轮体空"的布施一样,表现的是圆满的教学态度,教育者与受教育者本为一体,不需要计较付出多少,教育者心中没有谁付出、谁得到,这才是教育的"本来面目"。

虽然"无为"、无所得是一种最具智慧的教育心态,但是以当前的实际状况,教育实践通常都落入"有为"的思考范畴。美国教育哲学家伊斯雷尔·谢夫勒(Israel Scheffler)提出,教学是一个动词,"它涉及个人正在做什么,或者完成了什么的圆满成果"①。伊斯雷尔·谢夫勒亦认为,教学是一种目标取向的活动(goal-oriented activity)。这其实是多数人对教育或教学的看法。一般认为,教育一定要做些什么或者需要取得某些成果,当前成果导向的教学蔚为主流。这牵涉到教育要不要有特定目的的哲学问题。就课程设计与教案编写的观点而言,教学一定带有某些目的,才知道如何引导学生,以及教学活动应该如何进行,并借此达成学习目标。但是身为一名教育者,又应当如何看待这些目的或成果? 在"有为"与"无为"之间,应当如何应对? 以下借由《金刚经》的内涵,说明教育者可以如何思考教育实践。

四、教育是不住相的布施

"六度"是佛教修行的重要途径,包含布施、持戒、忍辱、精进、禅定(静虑)、般若(智慧)六种修行方法。教育工作与布施的修行相当类似,布施即"舍",它不只是物质方面的施与,其意义比一般人认为的"财布施"还要大,除了财物,还有体力、智慧的施与。与教育比较有关联的布施是教导他人关于事物原理、原则与待人处事方法的"法布施",以及令众生离诸怖畏,得以快乐生活的"无畏布施"②,此两者皆是教育者重要的工作,而究竟要以何种态度从事布施?《金刚经》里面,佛陀告诉须菩提尊者:"菩萨

---

① Israel Scheffler, "The Concept of Teaching," in Robin Barrow and Patricia White(ed.), *Beyond Liberal Education: Essays in Honour of Paul H. Hirst*, London: Routledge,1993, p.261.

② 赖永海主编,陈秋平译注:《金刚经 心经》,第33页。

于法应无所住,行于布施。"①这是教导人们,布施的时候,要能"不住于相"。所谓"无所住",指的是无论在任何情况下,都不应该产生执着,要以不执着的心态来布施、帮助别人,亦即不执着于布施的形式、物质,甚至不执着以特定的想法进行布施。这说明布施是因人、因时、因地制宜的,随着外在环境的不同,而有所弹性地施与,才能够发挥布施最大的功能。因此,布施所舍的不只是精神、体力,甚至连个人本身所具有的分别心、执着心也都要舍弃。"不住于相"等同于先前所说的"三轮体空",无论对学生付出多少,心中都要保持清净,不能住相,完成不求回报的布施,如同佛陀所言,这才真是"福德不可思量"。因为能够做到无相布施的人必然是能体认到"凡所有相皆是虚妄"的智者,不企求回报与得到什么,发挥人的潜能,去完成教师的职责,如此,一切辛苦可以忍受,一切困境也能够平心静气地渡过。

　　一行禅师将"相"的意思说得很清楚。他认为,"相"所指的是概念,当人们具有某个事物的概念时,它的意象就会在那个概念里出现。② 比如,当人们有桌子的概念时,就会一起具有桌子的形相,但是人们的概念并非那个事物本身,它只是人们的"想"("想"是"相"加上"心",即以"心"取"相"),可能与实际事物相去甚远;再以桌子为例,白蚁可能将桌子"想"成一顿大餐,而物理学家可能把桌子"想"成一堆快速运动的粒子,但白蚁和物理学家对桌子的概念与桌子的实相不会完全一样。当人们能够不被概念困住,深入地观察一个事物,而所见的并不是那个事物的形相,只是它的所有组成因素时,才能够真正理解那个事物的本质。所以《金刚经》里面提到"凡所有相皆是虚妄,若见诸相非相,即见如来"③,如果过于执着外在事物的形相,认为事物原来是那样,就会变成虚妄的认识;若人们能够领悟到所有的形相只是唯心所造,它们的本质是虚妄的,在超越名相与二元对立之后,才得以见到事物本来的样态。

　　一个人若能够做到不住相,则不会受外在形相迷惑,心才能够安定,也因为不受意识中固有观念的限制,而能够摆脱对外相的执着。所以一行禅师提到,住于无住,是最安稳的。④ 因为外在环境会受制于因缘条件且不断变化,若人们的心也跟着外在环境起变化,只会被牵着走,心情受外界影响,无法发挥个人的自主性;当人们放下执着,不

---

① 《金刚般若波罗蜜经》,第 6 页。
② 一行禅师:《一行禅师讲〈金刚经〉》,观行者译,台北:橡树林文化出版社,2015 年,第 69 页。
③ 《金刚般若波罗蜜经》,第 9 页。
④ 一行禅师:《一行禅师讲〈金刚经〉》,第 247 页。

住于相,才能够在面临各种境遇时成为心的主人,心才会处于自由的状态。无所住不是在事上放下,什么事都不管,而是在心上放下,无论做什么,心中清净,一尘不染。无所住指的是"离相",而前面提到的布施是"即相",两者没有矛盾,事实上是一体,因为"离相",而更能"即相",没有不必要的思虑反而更能够全心全力地投入。若就布施而言,因为"离相",而能够让人将布施做得更好,当意识不起分别的作用了,没有人我的分别,没有考虑要收到多少回馈,反而更能够全心投入布施的行动。《六祖坛经》里面提到:"念念不住,即无缚也。""念念不住"是"离相",是心无所住,而"无缚"是心的一种自由状态,心自由了,就能够达到《心经》所说的"心无挂碍",个人生命的能量才能够真正显现。

五、不住相布施的实践

一般人通常将教育看作"有为"法,教师的工作要指导学生取得学习成就、帮助他们学习特定的技能和协助学生健康成长,此外还要完成学校及教育部门交办的事项。在教育情境中,教师每日需要完成许多任务,并展现其教学成果。虽然教育是"有为"的场域,但教育者仍可以在当中体认"无为"的理念,以"有为"为用,以"无为"为体,将"有为"法带入"无为"法之中,在"有为"的诸多现象中观察"无为"之道,修养"无为"的境界。即使教育情境中充满许多"相",但一方面要有所为的"即相",另一方面则心要练习"离相",虽行善而不能着行善之念①,因为"所言善法者,如来说即非善法",虽度众生,而"实无有众生如来度者",心中愈是清净,愈有力量成就教育事业。

在教育史上,能够做到不住相布施的,当推瑞士教育家裴斯泰洛齐(Johann Heinrich Pestalozzi,1746—1827 年)。裴斯泰洛齐虽然未曾接触佛法,但是他的教育实践与教育爱,完全体现了不住相布施的境界。裴斯泰洛齐的著作中对于教育爱有一些阐述。他认为,教育行动并非依靠义务感或强迫性,而是依靠爱来推动。在爱中,人获得自由,所谓的爱,是行动的内在动机,不假外求,也没有其他目的。裴斯泰洛齐区分了几种不同的爱。他说,亲情之爱的对象不多,只能及于自己的儿女;而男女之爱,是带有条件性的;但教育爱不是如此,而是以施舍为要务,不但一对多,且以对方条件较差,作为较应发挥教育

---

① 　南怀瑾:《金刚经说什么》,台北:老古文化事业股份有限公司,2014 年,第 48 页。

爱的对象。① 由此观点可以看出,教育爱是不带任何目的的"无为"法,亦是无条件的布施,给予需要的人更多的协助。

裴斯泰洛齐被称为"平民教育之父"。他建立收容孤儿的机构,帮助童年不幸、缺乏家庭温暖的儿童,并担负教育这些儿童的责任。在整个教育过程中,他与儿童融为一体。他说道:"我与他们一同哭、一同笑……他们完全与我同在,我也与他们同在。"②更令人感动的是,裴斯泰洛齐散尽家产,只为了扶助这些贫苦儿童长大成人,接受良好的教育。他说过一段令人动容的话:"多年来,我的四周环绕着五十多位乞丐儿童,我们太穷了,我与他们分享面包。我活得像乞丐,为了要知道如何使乞丐活得像个人。"③这是一种不计成本、无私无我的付出,不带其他目的,只为培养贫苦儿童成为完善的人。也难怪裴斯泰洛齐会成为教育爱的典范,他的范行完全是不住相布施的实践,布施时没有能布施的我、受布施的人,以及所布施的物;他的布施不求回报,此种"三轮体空"、无相而施的功德,才是无限功德;他同时也成就了《金刚经》中一再提及的"无我相、人相、众生相、寿者相"的境界。

在佛法中,一切事物皆是因缘所生,没有本体自性。④ 因为事物总是随着外在环境的变化而变化,"我"的组成也具有同样的特性。我们身上的细胞,每分每秒在不断生灭、变化,前一秒的身体状态与后一秒的都显现出不同的差异。人的想法也是一样,前一分钟的想法,可能到后一分钟又改变了。外在的相,因为不断生灭,没有所谓的永恒不变,所以相不是人们可以执取或执着的。佛法教人们不要执着,不只是一种规劝,而是实相无法执取。人们无法永远控制或占有什么事物,因为事物的本质是变化的,自我也一样。是故,佛陀教导人们,不要有"我相、人相、众生相、寿者相",此四相是人们惯常执着的主要目标,也是众生烦恼的根源。⑤ "我相"是个人对于自我的概念,它是由妄想所变现的,一般人却误以为这个自我的意识是实相,以致产生对于"我"的执着,凡事皆以"我"为中心,以"我"为出发点去考虑,受限于狭隘的主观成见,而难以与外在世界融合;"人相"是自我以外的他者,大部分指的是社会人类,比如人们会自以为比别人优秀,看不起他人,这是因为人们有"我相",以及与"我"对立的"人相",而对于其他

① 林玉体:《西洋教育思想史》,台北:三民书局,1995 年,第 438 页。

② 同上书,第 44 页。

③ 同上书,第 444 页。

④ 星云法师:《成就的秘诀:金刚经》,第 25 页。

⑤ 南怀瑾:《金刚经说什么》,第 446 页。

事物的控制、占有之心，也是由于"我"执着于事物为"我"所有，不想落入他人之手；"众生相"是"人相"的扩大，除了包含"人相"，凡是所有色、受、想、行、识五蕴和合而生的，皆是"众生相"，"众生相"包含物质的相与心理的相，在西方哲学中则称为"存有"，包括有形无形、有情无情的众生；"寿者相"是指生命周期的长短，也代表人对于时间的执着，以及对于永恒的企求。因此，"我相""人相""众生相"是因为分别之心而同时伴随出现的，再加上"寿者相"——人类对于生命周期，以及对于人、事、物无法恒久掌控的恐惧，形成了四相。

在裴斯泰洛齐的教育实践中，他的心中没有"我"，只有学生的成长与需求，"我相"在他心里是不存在的。"我相"是四相形成的根源，远离了"我相"，"人相""众生相""寿者相"亦不复存在，放下对"我"的执着之后，后面三相亦跟着无住。裴斯泰洛齐与学生是一体的，毫无分别，富裕的生活与贫苦的日子对他而言，也没有分别，一切只是尽其在"我"、舍己为人。

六、不住法的教学

前面提到，广义而言，一切事物皆可称之为"法"，依据《金刚经》的含义，在教育方面，一名教育者应当抱持不住法的心态进行教学工作。"不住法"的意思，在此可以分两个方面加以说明。第一，"法"可以是教学方法或教学理念，教师对于特定的方法与理念不需要执着。佛法里面有一个很著名的"指月"的比喻，当某人用手指指月亮，是希望看的人能够注意天上的月亮，而不是指示方向的手指，手指只是一个工具或媒介，此点可以用来思考学校的教学。任何教学方法或教学理念都是为了协助学生达到学习目标，若只将重点放在教学方法，则容易迷失教育的本意，因为重点是在学生的学习，而不是身为媒介的教学方法。此外，《金刚经》也提到，"不应取法，不应取非法""法尚应舍，何况非法"[①]。这说明，不应执着任何形相，也不应执着任何非形相[②]，取法相易落入法执，取"非法"相则易落入空执（执着什么都不要）。佛陀告诉人们，他所说的道理皆是比喻，就像渡河的竹筏一样，河渡过了，竹筏就该舍去，更何况是与佛法相违背的"非法"！在教学上，各种理念方法就如同用来渡河的竹筏，只是帮助学习的工

---

① 《金刚般若波罗蜜经》，第 12 页。
② 《明成祖永乐皇帝集注》，见商周编辑部语译注释《新刊金刚经百家集注大成》，第 79 页。

具,到彼岸了,外在助缘就不再需要了,对于各种教学方法,没有什么好执着的,"非法"要舍,法也要舍;此外,"是法平等,无有高下"①,不需要将各种方法归类为"好"或是"不好",能够视学生的情况或不同学生的特质,弹性运用各种方法,才能够发挥它们最大的效用。比如,多数教师视纸笔测验为评价学生学习成果的最佳工具,但是实物评价、档案评价等也各有其功用,要依照学科的特性,灵活运用各种评价工具,才能够真正发挥评价的作用。

第二,教学之所以要不住法,是因为真实情况是"无有少法可得"②。"法"的意义在佛法中是指无上、正等、正觉,最高境界的觉知,在此处可以解释为教育成果或成就。身为教师,无论做了什么、付出多少,都要抱持无所得之心。其实"法"也只是一个假名而已,并非存在的实体,所有的"法",是外在各种条件所组合的,没有自己的本性,也不是人可以掌控的,这世界没有永恒的实质存在③,所以"如来说三千大千世界,即非世界,是名世界"④,并非真有实质的三千大千世界,那只是佛陀为了说法方便的假名而已。人们不能以一颗有所得之心,求一个无所得之果。人们若以为这世界上真的有"法"存在,或是有"法"可得,就会执着于"我相""人相""众生相""寿者相",进而形成我见、人见、众生见、寿者见,无法摆脱对于外在事物的分别心与执着心,会被既定观念或意识心里面的相束缚,处于有所住的状态,心就不再自由了。除了解脱有法可得的知见之外,再往上提升,更高的境界是连那不可得的心也不可得。若人们将不可得这件事放在心上,在对立面上,还是有一个可得存在;当人们体会到,可得、不可得都没有了,此时差别、二元对立都消解了,才是真的心无所住,最后连工作的辛苦都不可得,烦恼亦不可得。

七、"教"无所住而生其心

在《金刚经》里,须菩提尊者问佛陀的第一个问题是:"善男子、善女人,发阿耨多罗三藐三菩提心,应云何住? 云何降伏其心?"⑤一般人最大的生命问题是来自于心,常常

---

① 《金刚般若波罗蜜经》,第62页。
② 同上。
③ 南怀瑾:《金刚经说什么》,第412页。
④ 《金刚般若波罗蜜经》,第72页。
⑤ 同上书,第3—4页。

心里烦恼,心中散乱无法降伏,也常感空虚,不知道将此心寄托于何处。须菩提的角色只是代大家向佛陀提出这个重要的问题,而佛陀在《金刚经》中总结为:"是故须菩提,诸菩萨摩诃萨,应如是生清净心,不应住色生心,不应住声、香、味、触、法生心,应无所住而生其心。"①这段话让"应无所住而生其心"成为整部《金刚经》的要旨所在,《金刚经》里的多数字句也都在阐述它的含义。无所住是人们清净的般若自性,人们的自性,本来就是清净的,无染无着,没有妄想、没有执着,就像六祖慧能开悟之后的心得。"何期自性,本自清净";此外,无所住也是一种"无为"的心境。当人们让心处于"空"的状态,只专注于当下所做的事,没有妄想,才是真正地活在当下;当心力全心全意地关注于当下,此时"有为"即"无为","无为"即"有为",达到主体、客体"不二"的境界,没有想自己在做什么,但事情也就在百分之百投入下顺利完成了。因为心里无所住,才能够无所不住,因为"无为"而能够无所不为。如同圣严法师所说,在心境上彻底放下,但又全部提起;相对地,若无法放下,久了,心累了,身体也累了,无力再提起。②身为教育者,需要学习用这样的心境对待教育工作,做到"教"无所住而生其心,才有办法肩负教育的重担。

那么,"生其心"指的又是什么?根据星云法师的解释,"应无所住"是"真空","生其心"是"妙有";空不滞空,有不住有,即"应无所住而生其心"的含义。③所生的心,因空而能生,是清净心、慈悲心,是不断升华的爱、无有所求的爱,也就是所谓的慈悲,教育爱来自于慈悲心,从裴斯泰洛齐为人们所作的示范来看,两者的精神相去不远,都是无我利他之心。若一个人有四相或存着四见,有所住了,慈悲心就发不出来,无所住的状态亦是无我的状态,无我之人才能够忍受繁重的工作与环境中的挫折。因为没有"我",所以也不会有"我"辛苦或"我"挫折,辛苦与挫折的主体是"我","我"不在了,自然不会带来辛苦与挫折的感受。《金刚经》末尾则说:"一切法无我,得成于忍。"④万事万物不过随缘聚散,没有一个不变的"我",对于自我的概念也没有什么好执着的。究竟什么是"忍"?星云法师说,《金刚经》的"得成于忍"指的是佛法中"忍"的最高境界"无生法忍","忍"是认识,是接受,是担当,是处理,是消除,是化解。⑤所以"忍"不

① 《金刚般若波罗蜜经》,第21—22页。

② 圣严法师:《佛教的修行方法》,台北:圣严教育基金会,2014年,第32页。

③ 星云法师:《成就的秘诀:金刚经》,第41页。

④ 《金刚般若波罗蜜经》,第69页。

⑤ 星云法师:《成就的秘诀:金刚经》,第126页。

只是忍耐而已,而是了解实相,能够化解内心与外界的冲突、不安,进而承担一切。六祖慧能进行了深入说明。他说:"通达一切法,无能所心,是名为忍。"①"通达一切法"是指了解一切宇宙人生真相,"无能所心"的意义同于无我,没有一个"能"得的人,亦没有"所"得之物,这是"能""所"两忘的主体、客体合一的境界。

八、结语

六祖慧能说:"佛法在世间,不离世间觉;离世求菩提,犹如觅兔角。"②佛法的实践不在渺无人迹的山林田野,而在纷纷攘攘的人世间,离开世间想要证得无上菩提,其难度就如同寻找兔角一样,再怎么努力都不可得,而教育工作就是很好的修行场域,除了度人,还可以自度。《金刚经》可以定位为教育经典,它教导人们凡事不要执着,对人不落入分别,在心境上才能够"不取于相,如如不动"。学生、家长、同事都是属于"人相""众生相"的一员,身为教育者,若执着"我相",则很容易对周遭的人、事、物有概念上的执着,并以此束缚自己的心,以至于对教育抱持失望或消极的态度。在教育工作上,与其期待外在环境转变成人们所希望的,不如向内反求己心,在环境的各种磨炼中,学会让自己的心处之泰然,无论学生状况如何、学校风气如何、家长态度如何,都能不受影响,一切只是尽其在"我",不求回报,最后反而能够得到清净心与喜悦心,这是从事教育工作最大的回报。

本文并非讨论教育的教学内容或教学形式等相关问题,或者一名教育者需要具备什么条件,而只是根据《金刚经》的道理,提供给教育者一些想法,讨论在心境上可以如何应对外在环境,并以此检视自己的心。《金刚经》没有意图教导人们任何原理、原则,它只是在说什么不是什么,却没有告诉人们正确答案,其目的是要人们摆脱概念与名相的束缚。看似《金刚经》否定了一切,什么都不是,但当人们将内心的自我限制全部放下之后,就变成什么都是了,能够放下就什么都清楚了,教育的"本来面目"也就显现出来了。

---

① 《明成祖永乐皇帝集注》,见商周编辑部语译注释《新刊金刚经百家集注大成》,第 278 页。
② 赖永海主编,尚荣译注:《六祖坛经》,台北:联经出版事业股份有限公司,2012 年,第 62—63 页。

从"Bildung"的词源分析看卡尔·雅斯贝斯
古典教化思想之旨趣

余小茅　文香兰*

内容摘要：德语"Bildung"一词本身就蕴含着比英语"education"一词更为丰富的含义，将其译为"教育"差强人意。现有人建议用"教化"一词来替换，这种翻译确实更加贴近德语"Bildung"一词的基本含义。从词源分析来看德语"Bildung"原初的含义，不失为一种词语分析的好方法。深受德语传统浸润的卡尔·雅斯贝斯（Karl Jaspers）①，他的古典教化思想可谓深得德语"Bildung"之真髓。概括而言，卡尔·雅斯贝斯古典教化思想具体包含：（1）教化的原点，即从培育人的整全性与整全人出发；（2）教化的过程，即注重人类古典精神与文化的陶冶；（3）教化的目的，即提升整全之人的高贵品质与格调。总之，卡尔·雅斯贝斯的古典教化思想是一个对德语"Bildung"一词作出了深邃阐释的范例。

关键词：Bildung；词源；卡尔·雅斯贝斯；古典教化；旨趣

德语"Bildung"一词本身具有丰富的含义，英译时通常与"education"一词对等，即教

---

* 余小茅，男，贵州省遵义市人，贵州师范大学教育学院教授，主要研究方向为教育哲学、教育学原理和高等教育哲学。

文香兰，女，重庆市人，四川师范大学教育科学学院博士研究生，主要研究方向为教育哲学。

① "卡尔·雅斯贝斯"与"卡尔·雅斯贝尔斯"，为一个人的不同译名。本文正文中统一为"卡尔·雅斯贝斯"，脚注中则根据实际情况，不做统一处理。

育。然而在德语中"教育"一词用的是"erziehung",这里在德英互译中明显地存在着龃龉甚或混乱,这就在很大程度上制约了像笔者这样以汉语为母语的中文学者对"Bildung"的深度理解。好在中文一般译为"教化",这确乎又为该德语词语找到了与内在含义比较切近的东方"知音",在很大程度上避免了德语"Bildung"(教化)落入英语"education"(教育)的窠臼。其实,在中文教育学界,已有学者从当今教育中规训的盛行,想到用教化去平衡抑或中和已然盛行的各种规训,虽然教育中的各种规训委实难以彻底根除,但教化依然是值得教育去追寻的,因为教化包孕了教育中那些积极促进人性优秀和卓越的活动①与品质。本文的视角与此又有所不同,本文将从德语"Bildung"的词源分析入手,探寻作为承继德语"Bildung"这一本真内涵的卡尔·雅斯贝斯古典教化思想之旨趣,进而为中文教育学同侪在借鉴"Bildung"这一思想之精华时提供参考。

一、德语"Bildung"的词源分析

就笔者所能够搜集到的中文学术研究文献所见,在中文学术同侪的相关研究中,鲍永玲在其专著《德国早期教化观念史研究》中对德语"Bildung"一词的词源做了相当缜密的分析,对中文教育学界精准理解"Bildung"一词助益良多。根据鲍永玲对"Bildung"的词源分析:"Bildung",其词干为"Bild",即图像、形象或者象;它是动词"bilden"的名词化,"ung"像英语动词加上"ing",表示一个行动的过程和结果。当表示一个过程时,"Bildung"指一种被唤醒的、有意识的自我塑造、自我教化、自我教学、自我规训、自我训育、自我强迫、自我生成和自我创化。② 在做了如上这样初步的探源之后,她尤其对"Bildung"一词中的词干"Bild"又做了进一步分析:由"Bild"可引申出一个非常复杂的概念族群。它们首先包括"Urbild"(原型、原初图像)、"Vorbild"(范本、模本)和"Nachbild"(摹本、抄本)……其次在"成形"(bilden)、"塑造"(abbilden)、"使变形"(verbilden)、"去象"(entbilden)和"成象"(Bildwerden)、"无象"(Bildloswerden)、"可塑性"(Bildsamkeit)这样的语境里,"bilden"指向创造,"Bildung"乃是构象,即赋予某种尚未定型之物以"形式"(form)或"外观""显相"(εἶδος),并使其在这种"显相"中得以显现。……最后,"与神的同象性"(Gottesebenbildlichkeit)即"人的肖神性",点出了

---

① 金生鈜:《规训与教化》(第二版),北京:教育科学出版社,2020 年,第 2 页。
② 鲍永玲:《德国早期教化观念史研究》,上海:上海人民出版社,2018 年,第 6 页。

"Bildung"至关重要的神学语境。"Bild"也可被理解为肖像、画像,如同法语"imago"或英语"portrait"。① 在做了如此一番缜密的词源分析之后,为了进一步理解德语"Blidung"一词的独特含义,鲍永玲还花了不少篇幅将它与"教育"、"文化"、"教养"、"修养"、"培养"、"培育"、"培训"、"熏陶"和"陶冶"等近义词进行了概念辨析,并在此基础上提炼出德语"Bildung"即"教化"一词所蕴含的五个核心理念:其一,"教化"乃是个体的"自我教化";其二,"教化"乃是完整人格的构形和发展;其三,"教化"关系到人类学的贫乏和"生长";其四,"教化"凭借超越个体的约束力使个体性得到提升;其五,"教化"乃是克服异化(Entfremdung)的进程。② "Bildung"作为深深浸润着德国文化精神命脉的一种主张,确乎也很难找到与之含义完全对应的中文译名,目前以"教化"试译,应该是一个可以为大多数中文学者所接受的译名。

与此同时,德语"Bildung"这一观念还被现当代德国哲学家汉斯-格奥尔格·伽达默尔(Hans-Georg Gadamer)列为人文主义的四大主导概念之首,其余三个依次是共通感(Sensus communis)、判断力(Urteilskraft)和趣味(Geschmack)。③ 由此,足以凸显"Bildung"在德国哲学与文化中极为特殊、极为重要的地位。纵观众多德国哲学家,卡尔·雅斯贝斯以其生存哲学的根基为"Bildung"即"教化"提供了别具一格的思考,"Blidung"(教化)在他的教育思想中占有相当重要的分量。本文将着力阐释卡尔·雅斯贝斯古典教化思想之旨趣,对中文教育学同侪更多地关注与研究"Bildung"(教化)思想有所裨益。

二、卡尔·雅斯贝斯古典教化思想之旨趣

在正式论述卡尔·雅斯贝斯古典教化思想之前,先简述有关"Bildung"一词在他的相关著作主要是《时代的精神状况》中的使用情况。在该书的德语原版 *Die geistige Situation der Zeit* 的第三编(章)中,使用的就是"Bildung"一词。④ 可是,该书的中译本

① 鲍永玲:《德国早期教化观念史研究》,第7—8页。
② 同上书,第37—39页。
③ [德]汉斯-格奥尔格·伽达默尔:《真理与方法——哲学诠释学的基本特征》(诠释学Ⅰ),洪汉鼎译,北京:商务印书馆,2010年,第19—66页。
④ Karl Jaspers, *Die geistige Situation der Zeit*. Berlin: Walter de Gruyter GmbH & Co. KG, 1931, pp. 100 - 110.

除了王德峰的译本将该词译为"教化",其余两个中译本都译为"文化":一是周晓亮与宋祖良合译的《现时代的人》(社会科学文献出版社,1992 年),二是黄藿译的《当代的精神处境》(生活·读书·新知三联书店,1992 年)。甚至连该书的英语版不仅将原书名译为 Man In the Mordern Age,而且将"Bildung"英译为"Culture",即文化。① 个中缘由,暂且存而不论。为尊重卡尔·雅斯贝斯德语原著的用法,本文对"Bildung"一词即教化在卡尔·雅斯贝斯的著作中的使用给予特别关注,同时也是本文立论的一个自明性前提。

(一) 教化的原点:从培育真实整全社会之人出发

教化的原点究竟在哪里? 教育的原点表达了人们对教育最为朴素、最为明了的认识,有怎样的教育原点观,便会有与之相对应的教育过程观和教育目的观。卡尔·雅斯贝斯对于教化的溯源性认识是从当时的社会境况入手的,科技理性占据上风,实证主义已然成为世界精神状况的代言人,具体表现为"实证主义者不想高谈阔论,而是要求知识;不想沉思意义,而是要求灵活地行动;不是感情,而是客观性;不是研究神秘的作用力,而是要清晰地确定事实"②。在实证主义的思潮下,个人被纳入了功能的范畴,个人的存在也被客观化了,"本质的人性降格为通常的人性,降格为作为功能化的肉体存在的生命力,降格为凡庸琐屑的享乐"③。人的精神生活被不断降格,人也不断走向一种齐一化的进程中。而在教育中,这样的危机体现在学校不遗余力地致力于一种知识人的塑造,而对于人性的其他部分则虚无化,"在发展个性方面所做的努力超出了需要的程度,但教师仍未达到他努力要达到的目标,即人格的塑成"④。由此,卡尔·雅斯贝斯提出了要构建一种高扬于现实生活的第二世界,即人的精神世界。个体只有在精神世界的不断成长中,才能够寻回自我的本真,走向整全;才能够从自我走向他人,成为一个真实的整全的社会之人。

1. 真实具体的个人:本真之人

在一个非个性化与失去自我的技术化与经济化时代里,本真的自我逐渐走向异化

---

① Karl Jaspers, *Man In the Mordern Age.* New York: Doubleday & Company, Inc. , 1957, pp. 124 – 137.

② [德]卡尔·雅斯贝斯:《时代的精神状况》,王德峰译,上海:上海译文出版社,2003 年,第 50 页。

③ 同上。

④ 同上书,第 122 页。

的自我,标准化、世俗化、工具化的人正在代替着一个个真实的、具体的本真之人,但卡尔·雅斯贝斯认为,"人从未认识到和希望自己作为工具,因为,就本源而言,人希望成为真正的人,而非异化的人"①。教育面对的是一个个鲜活的个体,即具体的人,这样的人是具有"作为一种物质的、理智的、有感性的、有性别的、社会的、精神的存在的各个方面和各种范围"②。而在中国教育的传统价值取向中,个人是多么无足轻重,在强大的集体包围中,个体被淹没、具体个人意识萎缩、个人权利被剥夺,而本真之人除了是一个"具体个人",他还是一个有着真实性的人,他有着一种决定自己成为什么样的人的权利。"在西方哲学中,'本真性'有更为特定的含义:人忠实于自己的内心,而不盲从于外在的压力与影响,这是应对外部世界的一种方式。……注重聆听自己内心的声音,强调以忠实于自我的方式来生活,这是现代性转变中出来的'个体本位的文化'(individual-based culture)。"③同时,这样的人也是有着独立思考、明辨是非能力之人。卡尔·雅斯贝斯对于这种本真之人,赞叹道:"独立思考的人,总想使自己摆脱虚假,以便成为真人。"④在做真人这一点上,卡尔·雅斯贝斯以其自身为我们做着示范,无论是在学术上,还是在其人生经历中,无不体现着其本真性。

追寻人的本真性,成为本真之人,其实意味着"人既希望脱离外在的强制、压制、奴役、驯化和诱惑,又希望超越内在的自我欺骗、自我奴化、自我封闭和自愚"⑤。而本真性的自我实现意味着,它是一种自我教化,是养成自我德性的过程,也是通过生活而培养自己的卓越品格、通过优良的品格而提升生活的过程,在这种生活中,一个具体的、有真正价值的"好"人在存在着和善良地生活着。

2. 灵肉交流的个人:整全之人

现行教育时常受到某种单一向度的强制规约,走向了所谓单向度的教育,而真正的教育应该是一种整全而非分裂的教育。卡尔·雅斯贝斯有关大全之理想的教育,无

---

① [德]卡尔·雅斯贝尔斯:《什么是教育》,邹进译,北京:生活·读书·新知三联书店,1991年,第27页。

② [法]保尔·朗格朗:《终身教育引论》,周南照、陈树清译,北京:中国对外翻译出版公司,1985年,第87—88页。

③ [加拿大]查尔斯·泰勒:《本真性的伦理》,程炼译,上海:上海三联书店,2012年,《中文版导言》第3—4页。

④ 中国科学院哲学研究所西方哲学史组编:《存在主义哲学》,王玖兴译,北京:商务印书馆,1963年,第254页。

⑤ 金生鈜:《规训与教化》(第二版),第153页。

疑与人类教育史上那些伟大教育家对培养全面发展的人的教育理想不谋而合,换言之,在卡尔·雅斯贝斯的教化思想中蕴含着培养一种向往大全、追寻整全发展的人的追求。

在卡尔·雅斯贝斯看来,一个人的教化就是尽最大努力守护自我的整全而不迷失自我。"真正的教化宁愿在最低限度的汲取中成为其自身,而不愿在一个更广大的世界的变幻中丧失自身。"①一个人最值得拥有的是一个人的整全或曰完整,反对借任何理由对人的整全实施肢解、疏离和隔阂等,这在当今这样高度分化的时代确乎是相当困难甚至不可能达成,唯其如此,确立教化的原点即培育人的整全性或整全的人便显得弥足珍贵。舍此,教化将不复为教化! 对于现时代精神之此种症候,他指出:"每个个人仅仅在一种事情上是专家,他的才能范围通常极为狭窄,并不表现他的真实存在,也未将他带入与那个超越一切的整体的关联中去,而后者乃是一种经过修养的意识之统一体。"②这种所谓经过修养的意识之统一体其实就是教化的原点所指涉的人的整全性或整全的人。在其生存哲学中,提出有关"大全"的概念。他认为世界是一个无所不包的整体,而人的意识具有无限开放性,能够与这个"大全"进行沟通和联系,从而达到完整的统一。他写道:"大全是那样一种东西,它永远仅仅透露一些关于它自身的消息——通过客观存在着的东西和视野的边际透露出来——,但它从来不成为对象。……这样,在大全中的存在就从一切起源上走向我,呈现在我面前。我自己就变成为被赠予我的我。"③因此,人的生存永远追寻与祈望"大全","大全"确保人的生存之整全。"作为一个人而存在,就是要争取去意识这个至大无外的空间,因为正是大全,使我们随时清醒地觉察到我们自己的可能性。"④换言之,在卡尔·雅斯贝斯的古典教化思想中,无论表面上的论述是多么斑驳繁杂、多么仪态万方,都始终围绕教化的原点展开。

对于教化的原点即培育人的整全性或整全的人这一主张,在卡尔·雅斯贝斯关于大学理念的构想中也得到相当鲜明的凸显。他主要从两个方面论述:一是从大学作为实现人类求知意志的一种法团组织出发加以论述,然而"统一性(oneness)与整体性

---

① ［德］卡尔·雅斯贝斯:《时代的精神状况》,第 143 页。
② 同上书,第 139 页。
③ ［德］卡尔·雅斯贝斯:《生存哲学》,王玖兴译,上海:上海译文出版社,2005 年,第 4—16 页。
④ 同上书,第 15 页。

(wholeness)是人类求知意志的精髓所在"①。倘若大学失去了这种统一性与整体性，支撑大学的众多学科势必将失去这种统整力量，就像宇宙因为有了某种统整万有引力于一体的力量，无穷无尽的星辰才能够统整为一个丰富多彩的宇宙。二是从大学的"哲学观"加以阐发。在卡尔·雅斯贝斯的心目中，这种"哲学观"关系到大学之为大学的命脉。他特别指出："投身于寻求整体，也就是所谓的'哲学'观点。从这个角度讲，所有的科学都是'哲学的'，只要不因为手段而忘却目的，只要他不因此沉湎于罗列词句与事实，沉湎于摆弄仪器、标本、技巧和孤立的现象，而迷失了方向，背弃了整体的理念。"②如今，大学的外在规模越来越大，甚至出现了多元巨型化大学，可是由于缺少一种将大学各个学科、各类人员统整起来的强大精神合力，人们看到当今的大学各自为政，一盘散沙。

3. 与人共在的个人：社会之人

人无法脱离社会而存在，作为社会的成员，个人的发展与社会的发展息息相关，希腊人早就意识到了共同体精神的重要性。"塑造人的品格的，不是那些数不胜数的教学计划和教学技巧——人们以教育的名义运用这些计划和技巧来消除和削弱道德败坏的影响——而是城邦共同体的整个精神。"③而这样的共同体精神取决于每一个人的努力，学会与人相处也是个体精神成长的一部分。A. J. 赫舍尔认为，人之所以会苦恼，"部分根源于做人，部分根源于对人自身存在的误解以及社会的不和谐。……它的根源不在于存在，而在于对我们的存在的体验，在于同其他人相遇，在于不了解怎样与其他人相处，在于没有能力交往或者拒绝与他人交往"④。对此，卡尔·雅斯贝斯也可谓做到了知行合一！

由于卡尔·雅斯贝斯身患疾病，他减少了个人外出活动的时间，但这并不意味着他是一个内心封闭的哲学家。"由于他不能进入世界，所以他将他的屋子对世界开放。"⑤个体有自我独立的精神十分重要，但有与世界相融的整体精神，才能够构成人

---

① ［德］卡尔·雅斯贝尔斯：《大学之理念》，邱立波译，上海：上海人民出版社，2007 年，第 21 页。
② 同上书，第 76 页。
③ ［德］韦尔纳·耶格尔：《教化：古希腊文化的理想》（第三卷），第 153 页。
④ ［美］A. J. 赫舍尔：《人是谁》（第三版），隗仁莲、安希孟译，贵阳：贵州人民出版社，2019 年，第 110 页。
⑤ ［德］汉斯·萨尼尔：《雅斯贝尔斯传》，张继武、倪梁康译，北京：商务印书馆，2022 年，第 134 页。

之存在的全部意义。这一观点也可见于其生存哲学中,不同于海德格尔走的是一条在林中漫步的纯粹哲学之路,他的哲学表明哲思是与人在更广阔的交往中才能够实现。这也体现在两者对于"人的共同体"的不同认识上,海德格尔认为,"虽然与别人的共同存在是人的基本的实存畴,但人本然的实存只有在绝对孤独中通过先行决定才得以发生"①,相反,在卡尔·雅斯贝斯那里,"人只有在与其他的实存的精神交往中才能达到他本然的自我"②。这样的哲学思想也折射在了其教育思想之中,在其看来,"人要认识他自己,只有通过与其他人的交往,而不能仅仅依靠知识。我们成为我们自己达到何种程度就在于别人成为他们自己达到何种程度,只有在别人自由的时候我们才有自由"③。因此,真正的教育是人与人之间精神相契合的敞亮对话交往,在对话的基础上,才能够构建出具有共同理想与价值追求的教育共同体。

正是有了这种对于教化的原点的坚守,尽管卡尔·雅斯贝斯以其境遇化、灵动化的丰赡论述方式向人们展示了他对于教化的多维思考,但是始终围绕这一原点而展开。教育中任何单一取向的做法,都是对教化的原点的背弃。也正是在这层含义上,卡尔·雅斯贝斯给出了基于教化之原点的教育定义:"教育是人的灵魂的教育,而非理智知识和认识的堆集。通过教育使具有天资的人,自己选择决定成为什么样的人以及自己把握安身立命之根。谁要是把自己单纯地局限于学习和认知上,即便他的学习能力非常强,那他的灵魂也是匮乏而不健全的。"④在此,人们可以清晰地看到卡尔·雅斯贝斯对于教化的原点的笃定与坚守。有了这样一种笃定与坚守,便保证了他对于教化的全部思考有了一个相当稳定的"阿基米德点"。

(二)教化的过程: 注重人类古典精神与文化的陶冶

教化究竟是如何展开其具体过程的? 这一问题对于人们在实践中推进教化无疑具有指导作用。在有关"Bildung"的译名中,有研究者称:"在所有语言的译名里,古希腊的'paideia'最为妥帖地译作德语的'Bildung',并非缘于文字翻译上的巧合,而要归

---

① ［德］施太格缪勒(Wolfgang Stegmüller):《当代哲学主流》(上卷),王炳文、燕宏远、张金言等译,北京: 商务印书馆,1986 年,第 235 页。

② 同上。

③ ［德］卡尔·雅斯贝斯:《雅斯贝斯哲学自传》,王立权译,上海: 上海译文出版社,1989 年,第 106 页。

④ ［德］卡尔·雅斯贝尔斯:《什么是教育》,第 4 页。

功于德国文化自新人文主义以来对'Bildung'的理解一直奉古希腊的'paideia'为其渊源和典范。"①韦尔纳·耶格尔本人也表示："我们德语的'Bildung'一词最清晰地描绘了希腊即柏拉图意义上的教育本质。"②可见，"Bildung"一词从历史根源上与古典有着不可分离的关系，教化"从其最初的开端起，就与对古代世界的研究紧密相连。继之而来的世代总是把古典时期看作一个取之不尽的知识和文化的宝库——首先是作为一个外在的、有价值的诸多事实和艺术作品的集合，然后是作为可以模仿的理想世界"③，同时，"在(西方的)学校系统中，它(教化)非常强调源自古希腊和西方传统的古典和文化遗产。今天，它在正典传统中得到了体现，其中的伟大作品又以西方经典为重点"④。除此之外，卡贝·雅斯贝斯的生存哲学理论早就植根于古典传统之中，在其对教育的释义中可以窥探一二："教育指的正是通过历史以及人类传统对个体的造就；没有这份滋养，生存将没有强度与厚度。历史，或者正如卡尔·雅斯贝斯所说的'历史的实体'(la substance de l'histoire)是生存能够进入的最高'客体性'；正是这个历史实体从我孩提时代开始将我塑造，在小学和大学阶段将我包裹，通过文学、艺术、宗教等与我言说。教育与历史又可被归于'文化'一词。文化是教育的终点(terme)，是历史的内容；文化超越了政治意识，正如政治意识超越了对福利的忧虑。"⑤就此而言，将德语"Bildung"一词英译为"culture"(文化)⑥也便有其合理性，因为文化同样具有生成一个教化过程的全部丰盈性。那么，一个人经历文化或曰教化之后究竟留下了什么呢？"人总得活着，唯一真实的是积淀下来的你的心理和情感。文化谓'积'，由环境、传统、教育而来，或强迫，或自愿，或自觉，或不自觉。这个文化堆积沉没在各个不同的先天(生理)后天(环境、时空、条件)的个体身上，形成各个并不相同甚至迥然有异的'淀'。于是，'积淀'的文化心理结

---

① ［德］维尔纳·耶格尔：《教化：古希腊的成人之道》，王晨译，上海：上海三联书店，2022年，《中文版序言》第4页。"维尔纳·耶格尔"与"韦尔纳·耶格尔"，为一个人的不同译名。本文正文中统一为"韦尔纳·耶格尔"，脚注中则根据实际情况，不做统一处理。

② 同上书，《导言》第21页。

③ ［德］韦尔纳·耶格尔：《教化：古希腊文化的理想》(第一卷)，陈文庆译，上海：华东师范大学出版社，2021年，《导言》第17页。

④ Bernt Gustavsson, "Bildung and the Road from a Classical into a Global and Postcolonial Concept," *Confero: Essays on Education Philosophy and Politics*, 2014, 2(1), pp. 109 – 131.

⑤ ［法］米凯尔·杜夫雷纳、保罗·利科：《雅斯贝尔斯与生存哲学》，邓冰艳译，上海：上海人民出版社，2022年，第236—237页。

⑥ Karl Jaspers, *Man In the Mordern Age*. p. 133.

构(Cultural-Psychological Formation)既是人类的,又是文化的,从根本上说,它更是个体的。"①一个人经过教化后的结果便是他所积淀下来的酸甜苦辣与百味人生。

1. 与古典相遇: 对"文化财"的选择

人生活在文化中,文化对人的发展至关重要,"文化的本质在于,文化不仅是人们创造的,而且是为人们而创造的,人既是文化的创造者,又是文化的主要成果"②。因此,要成就一个什么样的人,就要选取与之适宜的"文化财"。而现代文化则越来越走向一种媚俗主义,最大的体现就是将一切伟大与崇高进行泛娱乐化,这无疑不是对人的精神的消遣和对人的品位的降级,同时也是人走向平庸化的征兆,人类的精神文化呈现出一种贫瘠之态,这让部分学者不由得发问:"如果这个世界本身不再'生产'崇高的文化生活,那么要去哪里才能找到当今世界文化崇高的代表呢?"③对此,我们或许可以从列奥·施特劳斯的话语中窥探出几分深意:"假定最古老的事物,真是最美好的事物的话,我们就不能不满足于将史料充分的那个最古老的国度,接受为最好的国度。"④拥有丰富史料的国度,在一定程度上而言也就是拥有最多文化遗迹的国度。除此之外,我们也可以从一种有趣的古今对比中得到这一问题的答案:"……古代常常把'好'的标准等同于'古老'的,因此'古'就是'好',而'最古的'(上古、太古)就是'最好的'"⑤;而现代则恰恰相反,现代人把"好"的标准等同于"新",新的就是好的,最新的就是最好的,因而创新必然胜于守旧。然而,热衷于"最新的就是最好的"的现代人,却"完全不重视这方面的事物,反倒喜欢标新立异,结果造成一种情形: 新是够新了,可比起旧的还差了一大截"⑥。也正如 R. W. 利文斯通所言:"饮过陈年老酒的人不会青睐新酒,他会说,酒还是陈年的好。"⑦对此,在"文化财"的选择上,卡尔·雅斯贝斯也做了相应的呼应:"谁在年轻时就学过希腊语和拉丁语,读过古代诗人、哲学家和历史

---

① 李泽厚:《人类学历史本体论》,天津: 天津社会科学院出版社,2008 年,第 156 页。
② 邹进:《现代德国文化教育学》,太原: 山西教育出版社,1992 年,第 4 页。
③ 同上书,第 61 页。
④ [美]列奥·施特劳斯:《关于马基雅维里的思考》,申彤译,南京: 译林出版社,2003 年,第 125 页。
⑤ [美]列奥·施特劳斯:《自然权利与历史》(第三版),彭刚译,北京: 生活·读书·新知三联书店,2016 年,《政治哲人施特劳斯: 古典保守主义政治哲学的复兴(列奥·施特劳斯政治哲学选刊"导言)》第 10 页。
⑥ 邹进:《现代德国文化教育学》,第 61 页。
⑦ [英]R. W. 利文斯通:《保卫古典教育》,朱镜人译,北京: 人民教育出版社,2017 年,第 42 页。

学家的著作……那么,他就拥有一个精神世界,这个世界充满活力,对外开放,并具有吸收一切事物的能力。"①在此,卡尔·雅斯贝斯强调了古希腊、古罗马文化的重要性,因为对西方人来说,"在所有的民族中,希腊人的生活之梦是做得最好的梦"②。以至于卡尔·雅斯贝斯直言道:"那些从少年时代就开始濡染古希腊文化之高贵的人们,会终生都保持一种生命的灵感;他们会保持一种优雅的气质、一种高贵的品位和一种对于高贵德行的自觉,而这些,如果没有少年时代的濡染,可能永远都是无缘亲炙的。"③可见,卡尔·雅斯贝斯对古典文化的喜爱,以及对古代诗人、哲学家的精神世界的无限向往。

对今天的教育而言,古典"文化财"对学生的发展不言而喻。在卡尔·雅斯贝斯看来,在古典世界中早就定下了做人的标准,古人那崇高的伟大无一不在召唤着现代人拥抱古典文化;同时,对青年人的教育来说,"如果不能经常目睹伟大崇高,道德教育就无从谈起。如果我们不能成就伟大,那么我们做什么和结果怎么样都无关紧要了"④。这也要求教育不能再只是理性认识和知识积累的过程,在它将人类文化传递给今天的新人的时候,它应是一种与人的心灵相共鸣的过程,让人在获得知识的同时获得全面实现自身潜能的能力,在创化更新、更美的"文化财"之中,实现自己本质力量的过程。同时,在这一教化理想的引导下,人通过"文化财"的传递和学习,通过不断内心修养和精神转变,而成为一个受过教化的人。这也就是说,当个体与具有教化价值的"文化财"接触时,体验到文化创造的历史积淀的厚度和个体心灵的转化,从而激发起参与文化创造的欲望,并由此达到人格教化的目的。

2. 与古典相拥:重温古典精神文化

作为德国人,卡尔·雅斯贝斯对自己的民族做了高度评价:"古典时代将伟大、真实和美好的东西都移入世界的怀抱中,精神上高度发达的德国人喜爱那些富有人性的美妙艺术。"⑤作为教育家,卡尔·雅斯贝斯呼吁将古典文化作为儿童的教育内容:"而所有的西方儿童,除了《圣经》以外,都应该熟悉古代历史,熟悉翻译了的古典著作,并

---

① [德]卡尔·雅斯贝尔斯:《什么是教育》,第108—109页。
② [德]歌德:《歌德的格言和感想集》,程代熙、张惠民译,北京:中国社会科学出版社,1982年,第35页。
③ [德]卡尔·雅斯贝尔斯:《大学之理念》,第158—159页。
④ [英]怀特海:《教育的目的》,庄莲平、王立中译,上海:文汇出版社,2012年,第94页。
⑤ [德]卡尔·雅斯贝尔斯:《什么是教育》,第126页。

熟悉和了解那个独一无二时代的伟大艺术。"①作为哲学家，卡尔·雅斯贝斯走出了狭隘的欧洲中心论，提出了"轴心时代"②理论。它出现在公元前 500 年前后，在公元前 800 年到公元前 200 年产生的精神过程，作为历史最为深刻的转折点，那时的中国、印度和西方地区几乎同时出现了人类文化突破的现象，因此将这一时代称为"轴心时代"。卡尔·雅斯贝斯的这一理论，无不说明古典文化及其哲学家的思想对当今时代的重要性，对人发展的重要性。

作为西方文化的源头，古希腊当之无愧是西方人精神成长的摇篮，而人们对艺术作品独特的理解方式，以一种精神浸润的方式传达至人们的心灵深处，让其精神感受到一种来自古典的激荡，无愧于古典那"高贵的单纯和静穆的伟大"！卡尔·雅斯贝斯曾给予诗人及其诗歌崇高的赞扬。在他看来，诗人肩负着双重角色，既是教育家，也是未来的伦理预言家。因此，在卡尔·雅斯贝斯看来，用心去聆听这些诗人的教诲，不仅能够让人们在其作品中找到震撼自己灵魂的东西，更能够将人们的注意力转移到思考人的存在的问题上！而早在古希腊时期，人们就意识到了诗歌的教育力量。正因为如此，"当教育（παιδεύειν）的含义超出儿童训练（παῖδες）的范围之外，尤其是扩大到青年的教育，以至于教育可以延伸到人类生活全部领域的信念也得到鼓励之际，希腊人最终将诗歌作为文化教育的材料来接受就是不可避免之事了"③。那古希腊的诗歌究竟对人有何种教育意义？作为西方文学源头之一的荷马史诗给出了答案。作为古希腊民族取之不竭的宝库，甚至对古希腊民族而言，"'有教养'的一个标志是能背诵荷马并能恰当引用之"④，它为古希腊人的日常生活提供了理想和标准。在《奥德赛》中，诗人荷马对每个人物的描写以及其所展示的行为举止，体现出了对人的教化作用："所有这些场景所展现的深厚精神教养，使其他场合得体的礼仪形式更加完美无缺——此种得体（formal correctness），往往是一个崇尚彬彬有礼的谈吐和温文尔雅的举止的社会的特征。"⑤荷马将贵族英雄的殷勤好客和彬彬有礼作为一种最高价值来展示，这不仅是当时生活的一种背景，也是其优越性的一种要素，也正是他们那无论幸福与否都无可

---

① ［德］卡尔·雅斯贝尔斯：《什么是教育》，第 110 页。
② ［德］卡尔·雅斯贝尔斯：《论历史的起源与目标》，李雪涛译，上海：华东师范大学出版社，2018 年，第 8 页。
③ ［德］韦尔纳·耶格尔：《教化：古希腊文化的理想》（第一卷），第 375 页。
④ 包利民：《希腊伦理思想史》，北京：中国社会科学出版社，2021 年，第 26 页。
⑤ ［德］韦尔纳·耶格尔：《教化：古希腊文化的理想》（第一卷），第 28 页。

指摘的行为举止,才证明了他们的卓尔不群。荷马利用这些英雄传奇来使他的主体理想化,他通过将其同时代人与同类神话人物相类比,从而使其同时代人的思想和行为变得高贵。此外,对于史诗的风格、颂扬、推崇和美化,影响的不仅仅是修饰性词语的运用,它还将一切低级的、可鄙的、丑陋的东西都排除在史诗的世界之外。古希腊诗歌之所以伟大,是因为它根植于人的灵魂的深处,展示出了一种道德信念,一种高度的精神境界,一种宽广的、令人向往的人性理想。

此外,身处古典世界的哲学家也给人们留下了伟大的精神作品——他们自身。正如卡尔·雅斯贝斯所言:"透过古代那种纯朴而深邃的伟大,我们似乎达到了人生的一个新境界,体验到人类的高贵以及获得做人的标准。"①人类古典精神与文化世界孕育了崇高的人类之梦,同时也为后世人们定下了做人的圭臬,值得后世人们永远尊崇、永存敬畏。不仅西方古典精神留下了像荷马史诗中那坚毅勇猛的爱国者,像古希腊哲学中深蕴的人类德性之思,古罗马基督教精神中对个体灵魂的拷问与忏悔意识等,而且中国古典精神也留给后世人们关于做人(人格)的诸多圭臬,先后出现过孔子那谦谦君子人格、孟子那豪迈阳刚的大丈夫人格、墨子那义薄云天的侠义人格、庄子那自由自在的逍遥人格、王阳明那注重知行合一的实践人格等。中西文化各异,这在相当程度上决定了教化方式的差异。在这一点上,既要有各美其美的开阔胸襟,又要有美美与共的统整心怀。通过哲学家的所思所行,仿佛将人们带入他们的世界,将人们的追求从狭窄的天地中解放出来,发现自身的狭隘,从而成为更加完善、更加美好的人;通过他们的伟大,似乎能够唤醒在人们身上与其类似的东西,也正是通过他们,"我们了解到社会的要求并且扩大了人类存在范围的可能性"②。只有在伟大人物得到崇高赞扬的地方,才有机会唤醒人性中追求崇高的渴望,因为"伟大出现在伟大的时代,出现在较小的大人物圈子之中;在精神空白的深渊里,是不会独立地冒出伟大来的"③。用人类古典崇高伟大的人格来指引人类前行,不仅是人类教化之过程的本真意蕴,而且将让人类前行得更加稳妥、更加笃定。

3. 与古典同行:用敬畏之心继承传统

现代有一部分人热衷于用一种大众文化来解构伟大与崇高,因为他们心中无信

---

① [德]卡尔·雅斯贝尔斯:《什么是教育》,第 56 页。

② [德]卡尔·雅斯贝尔斯:《大哲学家》,李雪涛主译,北京:社会科学文献出版社,2005 年,《导论》第 3 页。

③ 同上书,《导论》第 39 页。

仰,便无法理解伟大与崇高;因为他们心中无敬畏,便无法赞扬伟大与崇高。伟大与崇高出现在古典之中,每个民族的文化和精神发展都是建立在对古典文化的接受与传承上。然而,在当今社会,有一部分人将接受古典文化的教育视为一件随意选择的事,甚至以一种现代人的至高无上性批判古典文化,以一种西方现代的自由至上论消解古典文化,真正意识到古典文化重要性的人,凤毛麟角。卡尔·雅斯贝斯认为:"我们之所以成为人,是因为我们怀有一颗崇敬之心,并且让精神的内涵充斥于我们的想象力、思想以及活力的空间。"①正是以一颗敬畏与崇敬之心对待古典文化,我们才能够领会到古代那种纯朴而深邃的伟大,才能够体验到人类的高贵以及获得做人的标准。而对于那些存在于古典文化中的伟大与崇高之人,我们没有可能俯视他们,在对他们的仰视中,我们希望能够走向他们,理解他们,并通过他们的教诲,让自身得以重返,但这并不是一件容易的事,因为那些能够被巅峰召唤的人,是那些热爱并且默默地敬畏着精神高贵、灵性非凡的人,只有这样的人,才会把"这种热爱变本加厉地转化成对于自我的鞭策"②,直到成为他们心中所想成为的人。当然,敬畏伟大与崇高之人并非神化他们。"每个人,包括那最伟大的、最奇特的且最尊重的大人物,他们仍然是人。他们是我们中的一员。不要迷信他们,而是要从他们的不掩盖自己中见到真实的他们,正因为如此,他们才被人确定为大人物的。"③因此,敬畏不仅仅是一种情感遵从,更是一种理解的方式。它是一种对超越自身伟大存在的观察方法,通过这种观察,人们意识到自身的不足,从而变得谦逊,并朝着伟大无限地靠拢。正如 A.J. 赫舍尔所言:"敬畏不只是一种感情;它也是一种理解方式,是对比我自身更伟大的意义的洞察。"④而人一旦失去了敬畏意识,任凭傲慢毁灭自己的谦逊能力,那便失去了恢复智慧的前提。

在现代教育中,人文学科总处于劣势,历史学科甚至被归类为一种边缘学科。对历史学科的边缘化,无疑不是一种对人之存在的边缘化。因为"我们存在的本质乃处于历史之中"⑤,教育对人类个体的意义正在于,人类不仅受到生物遗传影响,更重要的是通过历史的传承和教育的培养而成为真正的人。因而,一旦历史唤醒了"我",

---

① ［德］卡尔·雅斯贝尔斯:《什么是教育》,第 56 页。

② ［德］卡尔·雅斯贝尔斯:《大学之理念》,第 183 页。

③ ［德］卡尔·雅斯贝尔斯:《大哲学家》,《导论》第 5 页。

④ ［美］A.J. 赫舍尔:《人是谁》(第三版),第 101 页。

⑤ ［德］卡尔·雅斯贝尔斯:《大哲学家》,第 116 页。

"我"就变成了自我的一面镜子："在映象中,我可以观察自己,我自己在思考什么?"①明白自己的所思所想,才能够知晓自己想要成为什么样的人,自己能够成为什么样的人,正所谓"见自己,明归途"如是也。此外,人之存在的独特性正是因为人所具有的历史性,"从历史中我们可以看见自己,就好像站在时间中的一点,惊奇地注视着过去和未来,对过去我们看得愈清晰,未来发展的可能性就愈多"②。人的生存本质上就是一个静态与动态相结合的过程,只有更好地审视历史,才能够更清晰现在的存在,未来才会有更多的发展。因此,历史已经成为不可或缺的教育因素。通过学习历史,人们可以熟悉过去的事件和人物,了解民族和人类的生活方式,进而认识人类的所作所为,历史教育在塑造个体和社会发展中起着重要的作用。故而历史课的重要性不言而喻,"历史课的教学则是发展学生对古代文化的虔敬爱戴之心,启发他们为了人类更高的目标而奋斗"③。在今天的教育中,人们应当明白,对历史学科的边缘化,便是对古典文化的边缘化,便是对人之存在的边缘化。至此,对古典的敬畏或许就是基于这样的一种感觉:"现在包含着全部的存在,向前———一切的过去,抑或,向后———一切的未来,直到永远———直到永恒。"④处在当下的我们,能够有机会去汲取存在于过去的古典文化,带着这份来自历史的馈赠,让我们能够更好地面向未来,直至永远。或许,只有当我们用一颗敬畏之心对待古典文化时,才是古典文化真正容光焕发之际!

(三)教化的目的:提升真实整全社会之人的高贵品质与格调

随着对卡尔·雅斯贝斯教化思想分析的推进,人们已然能够充沛地感受到如何通过教化的过程去达成教化的原点的基本设定,即生成或培育一个人的真实、整全与其社会性。在此,其不仅是作为教化的原点的基本设定,而且是一个随着教化的深入而不断从内在丰盈自身的动态过程,直至实现教化的目的,即无限提升真实整全社会之人的高贵品质与格调。可以说,卡尔·雅斯贝斯生存哲学本身为此做了最好、最形象的诠释。

对于卡尔·雅斯贝斯生存哲学的高贵性,这是一种只对应于具有精神前提抑或精

---

① [德]卡尔·雅斯贝尔斯:《大哲学家》,第 14 页。
② [德]卡尔·雅斯贝尔斯:《什么是教育》,第 58 页。
③ 同上书,第 4 页。
④ [英]怀特海:《教育的目的》,第 19 页。

神准备的那一小部分的人契合的哲学,这让他的哲学颇有几分高贵的气质,而且也确乎与一些当下时尚流行的所谓大众哲学大相径庭。这一具有高贵气质的生存哲学的风采被德国现代著名哲学史家施太格缪勒通过其著作《当代哲学主流》中细腻的评论刻画出来:"卡尔·雅斯贝斯的见解是以一种独创的、形象的、常常是动人的语言表达的,但是它们大部分是非常难于理解的。一般读者都不理解他著作中的许多隐喻;因为要达到那种理解,就必须先具备对哲学的各个学科、哲学史以至于整个精神领域的广博知识。……无论如何,这种哲学暂时还不是面对所有的人,而只是面对刚好具有相应的精神前提的那一小部分人。……卡尔·雅斯贝斯的哲学比任何哲学都更适合于唤起批判的-实存的良心。"①不独别人的评论捕捉到了卡尔·雅斯贝斯其人、其说的高贵品质,更令人印象深刻的是卡尔·雅斯贝斯本人对此也有现身说法:"我在哲学中追求思想的伟大崇高。教科书中和课堂上流畅而四平八稳的叙述让人无法忍受。"②估计正是因为如此,他才向年轻人说出了垂暮之年的隽语:"一个人精神上的阅历越丰富,眼界也就越开阔。"③

　　卡尔·雅斯贝斯其人、其说为他的教化的目的给出了一个近乎完美的说法,这对于人们理解教化的目的助益良多。我们还要进一步从卡尔·雅斯贝斯的相关论述中获得更为理性、更为缜密的分析。他的生存哲学为此提供了基本的思考路径。因为在他看来:"实存哲学乃是这样的思维方式:通过这种思维方式,人力求达到他自身。"④可是,一个人究竟怎样达到他自己呢? 当今世界趋之若鹜的世俗成功让人从表面上看似乎达到他自己,其实在很大程度上拉低了他作为一个人的生存目标,而且还严重遮蔽了他以坚定的步伐走着自己选择的人生之路。然而"这是一条孤独的路,因为绝大多数人都由于害怕诽谤、害怕气势汹汹的反对而被迫去做取悦于众人的事"⑤。就此而言,所谓高贵者也就是孤独者,在很多时候,他要有一种力排众议的勇气,当然更需要一种孤独前行的勇气。如何提升一个人的高贵品质与格调呢? 卡尔·雅斯贝斯给出了两种具体做法:一是让人的教化摆脱因当代各种技术、能力的专门化而导致教化的普遍降格。这种普遍降格的直接表现便是"每个个人仅仅在一种事情上是专家,他

---

① ［德］施太格缪勒:《当代哲学主流》(上卷),第 269—270 页。

② ［德］卡尔·雅斯贝斯:《雅斯贝斯哲学自传》,第 107 页。

③ 同上书,第 119 页。

④ ［德］卡尔·雅斯贝斯:《时代的精神状况》,第 189 页。

⑤ 同上书,第 205—206 页。

的才能范围通常极为狭窄,并不表现他的真实存在,也未将他带入与那个超越一切的、整体的关联中去,而后者乃是一种经过修养的意识之统一体"①。教化之为教化,其实就是力图确保人之为人的整全并不断提升人的整全之高贵品质与格调,任何肢解、离散人的整全以及阻隔向上提升整全之人的高贵品质与格调等做法,都有违背卡尔·雅斯贝斯教化的目的。正因为如此,他的这一教化的目的在其大学理念的思考中得到了充分的彰显:"如果大学不想成为降格以求的、通用标准的牺牲品,它就必须恪守知识贵族制原则。"②那么,这一知识贵族制原则究竟是一条什么样的原则呢?知识贵族制原则反对大学里一切按部就班的形式主义,让平庸远离大学。恰恰相反,让天才的火花得到呵护,让每一个本真之人都可以活出最有激情的自我。在这里,然而"被巅峰所召唤的人却会热爱并且默默地敬畏那些精神高贵、灵性非凡的人,他们并且会把这种热爱变本加厉地转化成对于自我的鞭策"③。二是卡尔·雅斯贝斯站在生存哲学的高度对真正的高贵作出极具洞见的阐释,进而为人们在教化中如何去实现整全之人的高贵品质与格调提供了"哲学航标"。为此,笔者在此完整地援引他的阐释以兹证明:"真正的高贵不是在一种孤立的存在中找到的。它存在于独立的人的相互联结之中。这样的人意识到他们有责任彼此发现。他们无论在何处相遇都彼此相助以致进步。他们随时准备交流,始终留心着这样的机会,但并不强求。他们虽未达成任何正式的协议,却以一种比任何正式协议都更强有力的忠诚保持着团结。"④这是一种在真正的存在之交流中彼此成就高贵品质与格调的双赢的结果,它让人走出自我封闭式的高贵品质与格调,从而达成"各美其美,美美与共"那样一种共有共存的高贵品质与格调。通过教化目的的达成,让人们通过研读古今中外名家、名人的经典,充分地感受他们思想的深邃与伟大,提升他们反思与辩驳的能力,这种能力本身也是人之为人的高贵品质的一种标志。至此,让人们对汉斯-格奥尔格·伽达默尔就"教化"概念所作出的论断便有了深刻的感受:"在教化(Bildung)概念里最明显地使人感觉到的,乃是一种极其深刻的精神转变。"⑤在人的身上有无这种深刻的精神转变,或许可以作为判断教化是否

① [德]卡尔·雅斯贝斯:《时代的精神状况》,第 139 页。

② [德]卡尔·雅斯贝尔斯:《大学之理念》,第 143 页。

③ 同上书,第 183 页。

④ [德]卡尔·雅斯贝斯:《时代的精神状况》,第 229 页。

⑤ [德]汉斯-格奥尔格·伽达默尔:《真理与方法——哲学诠释学的基本特征》(诠释学Ⅰ),第 19 页。

真正发生的一个标志。在此可以做一些人物思想的深度说明,来表明卡尔·雅斯贝斯所谓的人的本真性、人的整全性和与人共在的社会性。

1. 白昼提灯——第欧根尼

翻开史册,在锡诺帕(今属土耳其)出了一个住在木桶里(穆莱纠正为"大瓮",原始时代用以埋葬死人的东西①)的人,此人正是犬儒学派主要代表人物之一——第欧根尼。在当下,人们对犬儒主义似乎存在一种误解,认为此学派之人无非对生活不满而怨天怨地之徒,或是"无所谓高尚,也就无所谓下贱"的玩世不恭之辈;但实际上,古希腊的犬儒最初是一群用愤世嫉俗的批判方式来关怀政治,并直接以其特立独行的生活实践展示对主流政治生活的拒绝和批判的人。他们不同于出世者,多居住在城市,经常出没于一些热闹的街市、体育馆、剧场、运动会等人群密集的地方。他们之所以如此,"目的就在于向世人展示另外一种生活方式,以新生活的形象催促世人反省当下的政治生活"②。他们更像是一群入世的出世者,其并非一味地愤世嫉俗,更多是用一种不相信的态度去获得合理性,并以一种不拒绝的冷漠、不反抗的清醒和不认同的接受来正视社会之荒诞,大抵便是一种对于世界荒唐的淡然处之。

犬儒学派的代表人物第欧根尼师从安提斯泰尼。起初安提斯泰尼并不喜欢他,因为他父亲曾因涂改货币而下狱。当安提斯泰尼要这位青年回家之时,他纹丝不动,甚至安提斯泰尼动用棍杖驱逐他时,他也毫不动摇,因为他渴望从安提斯泰尼那里获得"智慧"。"他一生的志愿也是要做他父亲所做过的事,要'涂改货币',可是规模要大得多。他要涂改世上流行的一切货币。……人被打上了将帅与帝王的印戳,事物被打上了荣誉、智慧、幸福与财富的印戳;一切全都是破铜烂铁打上了假印戳罢了。"③可见,在第欧根尼看来,人在追求功名利禄这一过程中,所获得的一切体验感都是虚幻的,而只有"求善"本身才是值得追求的。他本能地热爱德行,认为与世俗财富相比,德行才是真正有价值的。"他追求德行,并追求从欲望之下解放出来的道德自由:只要你对于幸运所赐的财货无动于衷,便可以从恐惧之下解放出来。"④他对善的追求也决定了他的生活方式。他总是在白天举着一盏灯在城里四处游走,说:"我在找一个真正诚实的

① [英]罗素:《西方哲学史(古代哲学)》,何兆武译,天津:天津人民出版社,2014年,第267页。
② 刘良华:《西方哲学:"生命·实践"教育学视角之思》,上海:华东师范大学出版社,2015年,第61页。
③ [英]罗素:《西方哲学史(古代哲学)》,第266页。
④ 同上书,第267页。

人!"第欧根尼立志要揭穿世间的一切伪善。在面对生活中常见的伪善时,他直言不讳:"'音乐家调整他们乐器的琴弦,让它们和谐,却放任自己的灵魂交给不和谐。''天文学家凝视天空,却没有看到他们眼前发生的。''能言善辩的政治家大谈特谈正义,但在实践它上惨遭失败。''语法学家批评荷马的著作,却无法纠正他们自己的。''就连谴责财富是恶习的传道人也一样喜爱财富。'"①同时,在信徒向神明祈祷健康,却又狼吞虎咽自己所献祭的不健康食物时,他看到了宗教的虚伪,"在他们的祈祷中,他说,他们追求的是错误的东西,而不是真正好的东西——智慧和美德"②。他热烈地追求真正的德行,追求从物欲之下解放出来的自由心灵,为了不受物质欲望的羁绊,他整日过着乞丐般的生活,衣衫褴褛,以天为被,以桶为家,全心苦修,不管日晒雨淋,只求全力保护自己不致失落了作为一个"人"应有的一切。因此,当权倾天下、富甲一方的亚历山大大帝耳闻他的智慧,不惜纡尊降贵,前来探望正躺在地上晒太阳的第欧根尼,并愿用自己的一半财富要求第欧根尼离开他那破旧的木桶,成为亚历山大大帝的入幕之宾时,他睁开了闭着的双眼,看着站在他眼前的显赫一时的君主,挥一挥手说道:"请让一让,别挡住了我的太阳。"第欧根尼对世俗钱财的无动于衷、不为权贵折腰的悠然洒脱和超脱世俗的本心追求,连亚历山大大帝都说:"如果我不是亚历山大的话,我要做第欧根尼。"

第欧根尼用他那不寻常的智慧看到人类行为深处的——不诚实、欺骗、混乱——各个层面的不真实,他尽一切努力逃离虚伪的陷阱,只为过一种自己所崇尚的生活,这样一个本真之人,从不为外物所累,他穿过了重重的"虚假"的阻碍,看到了自身。第欧根尼用他自身的生活方式表明了他的哲学思考,以其为代表的犬儒学派"可能代表了历史上的第一次尝试,自尊的个体想要超越他们生养其中的文化模式,并认识到,一个社会的价值和假设可能无法促成一种成功的人生"③。他可谓最早的哲学意义上的个体主义者!在冲破物质的裹挟之后,他看见了自身,成为"人"。

2. 搏"马"之"虻"——苏格拉底

公元前469年,苏格拉底出生于雅典,其母菲娜拉底是助产妇,其父索弗洛尼斯

---

① [美]詹姆斯·克里斯蒂安:《像哲学家一样思考》(第十一版),赫忠慧译,北京:北京大学出版社,2015年,第412页。

② 同上书,第413页。

③ 同上书,第411页。

科是雕刻匠。因其家境贫寒,苏格拉底自小便跟随父亲学习雕刻,但不久,其父逝世,在好心人的帮助下,才得以在雕刻之余进行学习。"他向各种有学问的人虚心求教,读了许多古代哲学家的书,听古希腊哲学家阿那克萨哥拉讲学,听智者学派的雄辩。苏格拉底爱好广泛,学习体育、音乐,逐渐形成了自己的人生观。"①在其 20 岁时,追随阿那克萨哥拉的弟子学习自然知识,却常常苦恼于问题的答案,对于教师的解答也并不满意,其自身又不能得出答案,因此,他放弃了对自然知识的探究,转而投身社会生活。

或许是追随了其母亲的脚步,苏格拉底也善于帮助别人"生下他们的想法"。但根据柏拉图所著书籍记载,苏格拉底是遵循了神的旨意,才开始了他的探寻之路。在《苏格拉底的申辩》中,苏格拉底的朋友海勒丰在带勒弗伊带回了神谕:世上无智过苏格拉底的人。对此,苏格拉底心怀疑惑,为何他这么一个无所知而仅知其无所知者会是最有智慧的人?因此,他下定决心去寻智过于己者以反驳之。但在他走访过政治家、诗人、艺人之后,他失望地发现,越是那些被人们认为拥有智慧的人,越是无知,反倒是那些经常让人看不起的手工艺人,他们真正知道一些事情,比如他们知道和自己手艺相关的一些很实际的事情,但一旦和这些手工艺人讨论超出他们手艺之外的事,他们便无知了。苏格拉底终于明白,谶语说他最智慧,是因为他是唯一一个清楚自己无知的人。对此,他也向自身发问:"保持自我的操守,不似彼辈之智,亦不似彼辈之愚呢?或是效他们之亦智亦愚?"②他感叹道,我唯一知道的就是我一无所知,如此便甚好!但这成为苏格拉底走向死亡的导火线。苏格拉底与各色人等进行讨论,其中也不乏名流,他揭露了这些自诩"知之者"的无知;同时,有一群钦慕苏格拉底的年轻人,也采用了苏格拉底的讨论方式去检验别人,但这让那些人对苏格拉底怀恨在心。种种怨恨最终于公元前 399 年爆发,敲响了苏格拉底走向死亡的丧钟,他被正式指控不信城邦的神以及败坏青年的两项罪名。苏格拉底面对"专注于尽量积聚钱财、猎取荣誉,而不在意、不想到智慧、真理和性灵的最高修养"③的雅典人民,作出了自己的申辩,他言明自己是神赠予雅典人民的礼物,并将自己比作马虻,"像马虻黏在马身上,良种马因肥大而

---

① [美]詹姆斯·克里斯蒂安:《像哲学家一样思考》(第十一版),第 40 页。

② [古希腊]柏拉图:《游叙弗伦 苏格拉底的申辩 克力同》,严群译,北京:商务印书馆,1983
　年,第 57 页。

③ 同上书,第 66 页。

懒惰迟钝,需要马虻刺激;我想神把我绊在此邦,也是同此用意,让我到处追随你们,整天不停对你们个个唤醒、劝告、责备"①。他把全部精力都用来说服雅典人民,让其从金钱、荣誉、身体上的享乐中警醒过来。他东奔西跑,和遇到的各色人等讨论虔诚、节制、正义、勇敢之类的德行,都是为了这些人灵魂的健康,是为了让他们真正关心自己的灵魂。人可以为疾病放弃身体的一部分,但是决不能放弃自己的灵魂,因为这个才是人赖以生存的东西。苏格拉底最终以二百八十一票对二百二十票的结果被宣告有罪,但他并不畏惧死亡,他宁愿以死明志,也不愿用缄默度日来换取无罪的判决,因为保持沉默就意味着违背神意。在他看来,"未经省察的人生没有价值"②。如果让他停止哲学讨论,停止反思,停止他对自己和他人的灵魂进行拷问和审视,那这对他来说无异于行尸走肉。根据柏拉图的记载,苏格拉底最后用一段安慰陪审员的话结束了自己的申诉:"诸位审判官,你们也要对死抱着乐观的希望,并切记这个道理:好人无论生前死后都不至于受亏,神总是关怀他。……此刻死去,摆脱俗累,是较好的事。……分手的时候到了,我去死,你们去活,谁的去路好,唯有神知道。"③

　　苏格拉底一生都在向雅典人民进行哲学启发和教育。他利用所谓的精神助产术或反讽来驳斥人们头脑中那些混乱不堪的意见和思想,代之以更加清晰的理念。苏格拉底为了追求哲学的善和正义,可以不计较生死。在他看来,依循真理或者按照神的要求来爱智慧,才是他生命中的头等大事。苏格拉底反复向他深爱的雅典人民呼唤,将追求真理、让灵魂变好、追求德性作为人的根本。即便是死后,他仍然希望雅典人民能够意识到他对哲学的省察,希望他们去过值得过的生活。斯人已逝,但其对哲学的省察永远不会停止,他变成了我们的同时代者,一直伴随我们左右。

　　3. 仁者爱人——孔子

　　孔子,公元前551年出生于鲁国陬邑(今山东曲阜东南),名丘,字仲尼。他创立了儒家学派,开教育普及之先河,弟子三千,其中贤人七十二,被尊奉为"天纵之圣",并被后世统治者尊为"至圣先师",其思想对中国乃至世界产生了深远的影响。其弟子及其再传弟子记录了他的言行,整理成儒家经典《论语》,仁学思想为其思想的核心。"尽管

---

① 　[古希腊]柏拉图:《游叙弗伦 苏格拉底的申辩 克力同》,第67页。

② 　同上书,第76页。

③ 　同上书,第80页。

'仁'字早有,但把它作为思想系统的中心,孔子确为第一人。"①

　　"'仁'字在一本只有两万余字的《论语》里出现了一百零九次之多,足见其重要性。"②在孔子看来,人的本性是仁,它包含着人性以及伦理道德。"汉字的人所表示的是'人'和'二',也就是说,人存在的意义在于沟通。"③也就是说,仁体现在人与人之间的交往中,体现在人的处世之中。在《论语》中,孔子对仁论述最为核心的体现,即"爱人""己所不欲,勿施于人""己欲立而立人,己欲达而达人"。其中,"爱人"是仁的总纲领,而后两者则是仁的基本行为准则,分别表达了仁的消极含义、积极含义与要求。在《论语·颜渊》中,弟子询问有关仁的问题时,孔子阐明了自己对于仁的观点:"樊迟问仁。子曰:'爱人。'"这是孔子有关仁的一句纲领性表达,而此处"爱人",并非如耶稣一般爱一切人或人类,这样的"爱人"显得有些抽象,也不符合孔子的思想。"从《论语》中对'人'这个概念的使用以及孔子对'不仁'行为的批评来说,这里的'人'应当是与'己'相对而言的,是指'他人'。"④因此,可以体会出,仁者是指那些对他人有着强烈的爱和关怀,并且愿意通过实际行动来照顾他人的人。仁者体现了一种无私的情感,他们愿意利用自己的时间、精力和资源来帮助他人。他们关心他人的需求,并以善良和同情心来对待他人。在仁的行为准则上,孔子回答仲弓问仁时,所说的"己所不欲,勿施于人"(《论语·颜渊》)表达了其对仁的消极方面的要求,这也要求行为者应该更多地关心他人,对于自己都不能接受的事物或不当的行为,不强加于他人,这体现出了一种对待他者的伦理关怀。而在积极方面,孔子在回答子贡的问题时说道:"夫仁者,己欲立而立人,己欲达而达人。"(《论语·雍也》)也就是说,对那些具有仁的精神的人来说,他们在追求个人生存和发展的同时,也会关注他人的生存和发展。他们不仅满足自己的欲望,更注重他人的存在和福祉。他们不会损害他人的利益来谋求自己的利益,而是通过合作和合理的方式寻求共赢的结果。他们相信,只有在关注他人的同时,才能够实现真正的幸福和价值。因此,仁者会在个人追求中保持平衡,同时关注他人的利益和福祉。这与"己所不欲,勿施于人"相呼应,前者强调仁者不应该对他人做什么,后者强调仁者应该对他人做什么。这两者以互补的方式阐述了仁者爱人中仁的深

---

①　李泽厚:《中国古代思想史论》,北京:人民文学出版社,2021年,第8页。

②　赵敦华:《孔子的"仁"和苏格拉底的"德性"》,《北京大学学报》(哲学社会科学版)2003年第40卷第4期,第89页。

③　[德]卡尔·雅斯贝尔斯:《大哲学家》,第130页。

④　石中英:《孔子"仁"的思想及其当代教育意义》,《教育研究》2018年第39卷第4期,第128页。

层含义,也说明了"爱人"不仅仅是一种对他人的积极的情感,更是一种尊重他人、理解他人、关心他人和帮助他人的积极的行为。仁是人们德行的核心,它是对他人的尊重、体谅、关心和帮助的融合。如果失去了仁,人们将难以形成其他的德行,并且无法真诚地实践这些德行。仁是一种对他人的情感和行为的综合体现,它使我们具备同理心和关爱他人的能力。只有通过关注他人的需求和利益,人们才能够建立起积极的互动关系,培养出真正的德行。仁的实践可以促进社会的和谐与进步,创造更美好的人际关系和共同体。因此,保持并实践仁对个人和社会的发展都至关重要。从孔子对仁的内涵以及仁者爱人的要求中,展示出了其对人与他人之间的交流的肯定。在与他人的交往中,人们走向了成长;在与他人的对话中,人们走向了"成人",因为"成人"并不仅仅是一个自然意义上的成长,更是精神层面的成熟。这意味着人们不再局限于以自我为中心,而是开始关注他人、理解他人、关心他人,并尽力为他人的福祉作出努力。这不仅包括成就自我和成就他人,更是在实现他人的过程中实现自我。同时,正是因为孔子没有原罪观念和禁欲思想,他认可正常欲望的合理性,强调对其进行合理引导,从而避免了忽视或轻视现实人生的悲观主义和宗教出世观念。仁学思想和儒学文化的关键所在,即儒学自身扮演的角色超越了宗教的角色,让其不是宗教却又能够代替宗教的功能。这在世界文化史上较为罕见,它不是去建立某种外在的玄想信仰体系,而是去建立这样一种现实的伦理-心理模式。①

　　卡尔·雅斯贝斯以其生存哲学的根基为"Bildung"(教化)作出了颇有德国思辨意味的剖析。一方面,让"Bildung"一词所包含的德国教化思想得以向纵深拓展;另一方面,让人们得以窥见"Bildung"一词所包含的德国教化思想氤氲、高贵的人类之梦。总之,卡尔·雅斯贝斯的古典教化思想是一个对德语"Bildung"一词作出了深邃阐释的范例,尤其值得当今中国教育学同侪镜鉴。

---

① 李泽厚:《中国古代思想史论》,第 14 页。

论　坛

重建礼学共同体

——荀子"劝学"何以"隆礼"

雷天籁*

内容摘要：《荀子·劝学》是研究先秦学习、教育传统的一个样本。《荀子·劝学》实际上展现了荀子论学的政教背景，即礼崩乐坏，私学兴起，所以《荀子·劝学》是对这一时代问题的理论回应。《荀子·劝学》并不只是讨论学习方法，还要求重新建立学习所依托的整个政教制度或礼学共同体。由此，"隆礼"成为《荀子·劝学》的关键词。相比于好辩而导致共同体分裂的诸子百家，《荀子·劝学》更推崇不懂礼但尊崇礼的"法士"，希望学习者能够像"法士"那样回归这样的学习共同体，从而拯救春秋战国以来的政教危机。礼是共同体中自下而上生长出来的，并不依赖人为制作，而且体现在共同体内人与人之间的往复学习、互动中。这一思路不仅补充了荀子对"隆礼"和"群"的思考，还为秦、汉两朝国家制度的建立提供了方案。

关键词：荀子；劝学；隆礼；共同体

一、为什么要重新研究《荀子·劝学》

人为什么要学习？就中国传统而言，政教体系的核心内容"学习"，或对教育、教

---

* 雷天籁，男，湖南省宁远县人，华南师范大学哲学与社会发展学院特聘研究员，主要研究方向为中国哲学史。

学、教化的极度重视,毫无疑问是由《论语》首章"学而时习之"开创和奠基的。在这个意义上,历代的解释者从来不会轻视此章。这也是进入现代学术之后,今人理解中国传统政教体系的重要门径,从各种角度解释此章之深意是一个永无止境的论题。① 对此,本文试图首先提出这样一个问题:为什么《论语》开始进行有关学习的探讨? 关于这一问题的内涵需要略作澄清:第一,这并不是说《论语》以前的人就毫不关心学习,而是至少从文本的出现来看,为什么先秦思想中出现了"学习"的论题,其中关于学习的讨论到底是在回应怎样的时代问题? 第二,对这一问题的回答不应该完全依赖经典的解释及其意义的阐发,这种阐发或多或少掩盖了"学习"本身扎根的政教土壤。那么,《荀子·劝学》因其丰富的讨论从而为这两个问题提供了线索。

　　前贤之所以不太重视这些问题,主要原因还是"学而时习之"一章过于浑沦、简要,即便联系《论语》其他讨论学习的章节,也很难比得上《荀子·劝学》的篇幅。因此,本文展开论述的前提条件是,在中国早期思想的诸多文本中,《荀子·劝学》对于理解"学而时习之"具有非同小可的意义,而且尤其展现了中国传统内学习、教育的政教背景。尽管从比较严谨的角度来说,《荀子》和《论语》两个文本的时代、作者不同,不一定构成严格意义上的对应解释关系,但是就讨论的主题来看,相比于《礼记·学记》的散论,和此后汉代贾谊的《新书·劝学》,《荀子·劝学》可谓唯一一篇前后相对完整,并且是以"学"为主题的论述性雄文,完美切中"学而时习之"的主题。

　　需要指出的是,这并不意味着《荀子·劝学》是一篇首尾连贯、前后完整的文本。钱穆认为《荀子》一篇之中,首尾横决,每若不类,并怀疑目前所见《荀子·劝学》是刘向编定,不一定是其原貌。② 柯马丁(Martin Kern)持类似观点,认为《荀子·劝学》诸段虽然围绕同一个主题展开讨论,但"本篇多数建立在独立不相关联的段落上","或许在

① 魏元珪:《荀子哲学思想》,新北:花木兰文化事业有限公司,2009 年,第 121—134 页。郭美华:《论"学而时习"对孔子哲学的奠基意义——对〈论语〉首章的尝试性解读》,《现代哲学》2009 年第 6 期,第 101—107 页。陈赟:《"学而时习之"与〈论语〉的开端》,《华东师范大学学报》(哲学社会科学版)2012 年第 3 期,第 102—110 页、第 155 页。赵清文:《自我超越的"学为君子"之道——〈论语〉"学而时习之"章析义》,《孔子研究》2014 年第 3 期,99—105页。周卫勇:《意义的体验、兴发与先秦儒家教化哲学——兼析〈论语〉"学而时习之,不亦说乎"》,《教育学报》2016 年第 12 卷第 6 期,第 111—117 页。陈晨捷:《"学而时习之"发微》,《孔子研究》2020 年第 6 期,第 72—79 页。刘铁芳:《学为君子:从〈论语〉看人文教育的古典意蕴》,《北京大学教育评论》2022 年第 20 卷第 1 期,第 149—162 页。
② 陈开林:《钱穆佚文〈荀子篇节考〉》,《临沂大学学报》2016 年第 38 卷第 4 期,第 30—35 页。

系统性组织、内在连贯性和发展的线性条理上有所不足"。① 本文同意这些观点,并不强调《荀子·劝学》内含明确的写作脉络,但这并不意味着从思想上考察《荀子·劝学》是无效的。至少可以说,《荀子·劝学》将如何展开《论语》遗留下来的"学习"论题,本身就是一个值得探究的问题。因此,比起汉代以后的经学注疏,不妨将《荀子·劝学》视为《论语》"学而时习之"在先秦具体展开的一个样本,有助于后学看到中国古代的学习传统是如何生根发芽的。

另外,目前关于《荀子·劝学》的研究已经十分丰富,限于篇幅,本文无法在此全面总结。一言以蔽之,现有研究不仅已经完整地呈现了荀子对于学习的理解,而且也将《荀子·劝学》置于荀子整体的思想中进行阐释,成果斐然。比如,关于学习的内容、方法、目标是什么,"劝学"与荀子的人性论有何关联,孔子、孟子、荀子在学习观上有何不同,等等。② 这些研究极大地启发了接下来的论述。本文的目标也并不是推翻前说,而是认为仍然值得从文本细读的角度展开《荀子·劝学》关心的论题,特别是指出中国古代教育和学习传统立足的制度基础,尝试从更宏观的视野审视荀子的教育方案。

二、共同体的崩坏与重建

《荀子·劝学》的标题直白易懂,即规劝人学习,但为什么要劝人学习,《论语》开篇言学同样面临这个问题。这个问题的答案因人而异,并且不同的文明传统也会从各自的角度去探讨,比如柏拉图《理想国》中哲人的教育面临的问题——学习是为了城邦的战争,还是为了哲学?《荀子·劝学》至少明确、直白地给予了一种答案——这是因为人都会犯错。《荀子·劝学》开篇的一系列比喻都是在形容学习者需要不断打磨自身

---

① 柯马丁:《〈荀子〉的诗性风格》,《邯郸学院学报》2012 年第 22 卷第 4 期,第 116 页。
② 王博:《论〈劝学篇〉在〈荀子〉及儒家中的意义》,《哲学研究》2008 年第 5 期,第 58—65 页。杨国荣:《学以成人——〈荀子·劝学〉札记》,《商丘师范学院学报》2013 年第 29 卷第 7 期,第 1—6 页。李福建:《〈劝学〉教人学什么——荀子对孔子"君子学"思想的继承与阐发》,《管子学刊》2017 年第 3 期,第 53—62 页。刘恩:《〈荀子·劝学〉中"学"思想探微》,硕士学位论文,长沙:湖南师范大学,2017 年,第 1—68 页。申云同:《从〈劝学〉〈性恶〉的多个比喻看荀子及其后学的人性论》,《现代哲学》2017 年第 6 期,第 131—135 页。刘志涛:《荀子为什么要劝学——从〈荀子·劝学〉看"学"的功能和意义》,《走进孔子》2022 年第 2 期,第 37—43 页。

来进步,比如"故木受绳则直,金就砺则利",木材和金属都需要磨炼、加工才能够发挥作用,这都指向人对犯错的避免。《荀子·劝学》接着提到:"君子博学而日参省乎己,则知明而行无过矣。"不断学习和积累的目标是"知明",即拥有智慧,从而可以做到"无过"。用《荀子》另一篇非常重要的文本的标题来说,避免犯错就是"解蔽"。不过,《荀子·劝学》进一步认为犯错是几乎不可避免的事情。比如《荀子·劝学》结尾举的例子,"百发失一,不足谓善射",一百次射箭中只要有一次不中,都不能称为善于射箭;对于学习来说,"仁义不一,不足谓善学",若不能始终如一地做到仁义,这也不能称为真正懂得了学习。这显然是很难做到的事情,所以只有持续不断学习。这就解释了为什么《荀子·劝学》首句强调"学不可以已"。

不犯错类似《论语·雍也》的"不贰过"。倘若只是为了避免犯错,可以说任何时代的学习、教育皆须如此,至少目前仍无法回答《荀子》为什么会强调这一点。《荀子·解蔽》开篇清晰地交代了这一为人所熟知的时代背景:"今诸侯异政,百家异说,则必或是或非,或治或乱。"在春秋战国时期,周朝以宗法制、封建制为核心架构的政教体系逐步崩溃,周天子权力下移,不再有能力凭借过去的礼法制度约束诸侯国,由此形成了诸侯之间在政治、经济、军事和文化等领域相互竞争的格局。在这样恶劣的政治生态中,诸侯应该吸收何种学说来执政,才能够维系生存和增强实力,诸子百家对此也有非常大的争论,这是"异政"和"异说"的原因。

那么,这跟学习有什么关系? 与这一政治环境相呼应的是教育制度上的官学分裂,即后来的"诸子出于王官"说,这是传统学术史对诸子起源的重要概括。此说源于《汉书·艺文志》,《汉书·艺文志》将春秋战国时期的诸子百家之学溯源至周朝的王官。王官学是官方建立的统一的政教体系,章学诚称之为"治教未分,官师合一"(《文史通义·原学中》)。而随着周天子的式微,这一体系也分裂瓦解。不过,此说自近代以来颇受质疑,部分研究者认为这在史实上难以成立。① 无论"诸子出于王官"说是否为史实,这背后涉及的古今之变并非虚妄,诸子百家的争论意味着先秦教育体系的一次巨变。"百家异说"显然是一个非常棘手的新局面,来自不同地域、拥有不同立场的人对当时的问题发表着各自的见解,不断吸引着更多的人参与进来,形成私学,荀子所

---

① 邓骏捷:《"诸子出于王官"说与汉家学术话语》,《中国社会科学》2017 年第 9 期,第 184—204 页、第 209 页。陈静:《大一统观念下的"诸子出于王官"说》,《哲学动态》2022 年第 2 期,第 41—47 页、第 128 页。

在的稷下学宫就是其中的代表,这无疑冲击着旧有的政教体系。于是,无论是"学而时习之",还是荀子的"劝学",在政教背景上都面临着全新的难题。当旧有的学习共同体和制度体系逐渐式微,"百家异说"兴起,在这样一个充斥着无数知识的时代,到底应该如何学习?粗略地强调学习能够避免犯错并不能回应这一点。

随后,在谈到学习方法时,荀子留下一句名言:"君子生非异也,善假于物也。"君子生来与他人并没有什么不同,却擅长利用、借鉴外物。荀子接着打比方:"吾尝跂而望矣,不如登高之博见也。"踮起脚尖看,当然比不上登高望远。这些内容看上去不过是一些朴素的学习方法,而在一系列的比喻后,荀子终于揭晓了他的用意:"故君子居必择乡,游必就士,所以防邪僻而近中正也。"后文更是强调:"学莫便乎近其人。"杨倞注:"学之大经,无速于好近贤人。"①"择乡""就士"与"近其人"的意思其实相近,都是指学习时要主动地选择良好的环境和接触水平更高的贤者。那么,荀子强调的"善假于物也"的学习方法实际上有确切的含义,这个外物恰恰是"择乡""就士""近其人"一起构成的教育共同体,这意味着一套完整的,以地方或宗族为单位的政教制度。学习从来不是一个人的事情,善学的君子一定要回归这样的共同体。相比于"学而时习之"等泛泛讨论学习的文本,《荀子·劝学》将这一共同体意识展现得淋漓尽致。

《论语》以"学而时习之"开篇,《荀子》首篇亦为"劝学",为什么要重视学习?如果大致将《论语》和《荀子》的背景都定位为诸子百家的兴起,那么《荀子》实际上明确回答了这个问题。在一个礼崩乐坏、"异说"频现的时代,君主不知道应该选择何种学说来执政,学习者也不知道应该选择哪一种学说来学习,由此,所有的学习都不可避免地会犯错,陷入《荀子·解蔽》开篇所言的"蔽于一曲而暗于大理"。因此,荀子所强调的学习的重要性,并不只是就学习本身的内涵、方法而言,而是要求重新建立学习所依托的整个政教制度或政教共同体。

三、从"劝学"到"隆礼"

然而,与其说《荀子·劝学》提供了一个解决方案,不如说这是在申明该方案的难度。难道"择乡""就士"未曾实现过吗?"择乡""就士""近其人"毋宁说是旧有政教

---

① 王先谦撰:《荀子集解》,沈啸寰、王星贤点校,北京:中华书局,1988 年,第 14 页。

体系的特征,以地方上的宗族为单位,依靠老者、贤士等作为师长,完成从"小学"到"大学"的培养。① 但春秋战国时期的动乱和诸子百家的兴起击溃了这一体系,私学层出不穷,依附于各种不同的政治势力。② 为什么《荀子·劝学》中的共同体更有利于学习,而不会"蔽于一曲"? 或者说,在荀子所处的时代,任何人都可以著书立说,曲意逢迎,阿世盗名,凭什么《荀子·劝学》的学习方法就更可靠,凭什么荀子的私学就是正确答案? 这无疑在义理上要求进一步论证。同时,更麻烦的问题在于,既然旧有的政教制度已经崩溃,那么又该如何重建新的体系呢?《荀子·劝学》实际上面临非常艰难的理论困境,这不是简单地提炼学习的思想与方法就能够解决的。

由此重新审视《荀子·劝学》中关于"近其人"的讨论会发现,荀子恰恰深刻地意识到了这个问题。《荀子·劝学》载:

> 故曰:学莫便乎近其人。学之经莫速乎好其人,隆礼次之。上不能好其人,下不能隆礼,安特将学杂识志,顺《诗》《书》而已耳,则末世穷年,不免为陋儒而已。将原先王,本仁义,则礼正其经纬蹊径也。……不道礼宪,以《诗》《书》为之,譬之犹以指测河也,以戈舂黍也,以锥飡壶也,不可以得之矣。故隆礼,虽未明,法士也;不隆礼,虽察辩,散儒也。

"近其人""好其人"指向的是重建学习所依赖的政教共同体,但当这样的共同体和贤者无从寻觅时,荀子马上提出了其思想中非常重要的关键词"隆礼",并将"隆礼"作为他的方案中不可或缺的一环。"隆礼"的意思简单来说就是"推崇、尊崇礼",而关于荀子为什么提出"隆礼",以及荀子礼学的特点,现有的研究已有充分总结,并且将"隆礼"与荀子的人性论、政治哲学等内容关联起来。③ 此处的关键在于,为什么劝人学习

---

① 王晖:《庠序:商周武学堂考辨——兼论周代小学大学所学内容之别》,《中国史研究》2015年第 3 期,第 5—27 页。

② 白奚:《稷下学研究:中国古代的思想自由与百家争鸣》,北京:生活·读书·新知三联书店,1998 年,第 9—12 页。

③ 邓小虎:《荀子的为己之学:从性恶到养心以诚》,北京:北京大学出版社,2015 年,第 70—88页。东方朔:《合理性之寻求:荀子思想研究论集》,上海:上海人民出版社,2017 年,第250—292 页。陈来:《孔子·孟子·荀子:先秦儒学讲稿》,北京:生活·读书·新知三联书店,2017 年,第 220—229 页。

也会跟"隆礼"有关？魏元珪初步回答了这个问题,认为"隆礼"在《荀子·劝学》中的意思为"师法",即尊重师长。① 这当然没有错,但需要进一步理解此后的行文。

"隆礼"首先与"好其人"对举,构成主次关系。此处的"上""下"很容易理解为上下等级关系,比如君臣或师生,似乎是在提醒上位的君主或师长应该接近贤者,而在下位的臣子或学习者应该守礼。但是,上下等级关系的前提是上一句的"隆礼次之",杨倞、王念孙的注解都没有提到上下等级关系。杨倞注:"学之大经,无速于好近贤人。若无其人,则隆礼为次之。"②王念孙注:"言人学之蹊径莫速乎好贤,而隆礼次之。"③上下区分形容的是学习路径的主次之别,最好的方法是接近贤者,次好的方法即"隆礼"。然而,当曾经的政教共同体衰微后,百家私学兴起,学习者已经很难接近真正的贤者,此时只能够选择次好的方法。"隆礼次之"这句话不妨视为《荀子·劝学》对礼崩乐坏造成的共同体困境的回答,"隆礼"恰恰成为荀子的最终方案。

《荀子·劝学》中的"隆礼"具体是什么意思？"末世穷年,不免为陋儒""虽察辩,散儒也"继续揭示了私学兴起的特质。这些"陋儒""散儒"仍旧"顺《诗》《书》",他们继承的是官学分裂前的经学。《荀子·劝学》同样以经学作为完整的学习体系:"《礼》之敬文也,《乐》之中和也,《诗》《书》之博也,《春秋》之微也,在天地之间者毕矣。"但是,"陋儒""散儒"利用这些知识装点自己的学说,进行无休止的辩论,旧有的政教体系因此四分五裂。在《荀子·劝学》看来,"陋儒"的学问尽管可以追溯到经学,但其缺少的关键正是"隆礼"。懂得"隆礼"的是与好辩"散儒"对应的"法士"。"法"的意思是"效法",效法的对象是礼。一个"异说"频现的时代总是不乏自作聪明的好辩之人,在智慧、辩论、说理水平上,"法士"显然比不上"陋儒""散儒"。甚至说,"法士"尽管守礼,却有可能"未明",并不懂得礼的道理,《荀子·劝学》更欣赏"法士"。

为什么荀子如此重视"法士"？若着眼于此,看似内容零碎的《荀子·劝学》拥有了一条清晰的线索。比如,《荀子·劝学》开篇即言"学不可以已",学习是没有止境的。何以如此？后文便提出:"不闻先王之遗言,不知学问之大也。""先王之遗言"象征着完整的官学体系,学习之所以没有终点,是因为在私学兴起的时代,诸家沉溺于各自的领

---

① 魏元珪:《荀子哲学思想》,第132—133页。
② 王先谦撰:《荀子集解》,第14页。
③ 同上。

域,排斥异己,不再可能恢复完整的官学体系。因此,《荀子·劝学》呼吁持续不断学习,突破人为的限制。然而,这如何可能呢?既然诸家只认可自己的学问,甚至认为自己的学问等同于"先王"的"学问之大",凭什么接受这样的建议呢?《荀子·劝学》提出了一个在智识上不可能完成的任务,因为只要一辩论,就会陷入"散儒""察辩"的困境。荀子解决这一问题的方案仍然是"隆礼"。学习没有止境,但礼是学习在制度上的终点。《荀子·劝学》言"学不可以已",却又讨论学习的始终:

> 学恶乎始?恶乎终?曰:其数则始乎诵经,终乎读《礼》;其义则始乎为士,终乎为圣人。真积力久则入,学至乎没而后止也。故学数有终,若其义则不可须臾舍也。为之,人也;舍之,禽兽也。故《书》者,政事之纪也;《诗》者,中声之所止也;《礼》者,法之大分,类之纲纪也。故学至乎《礼》而止矣。夫是之谓道德之极。

"学不可以已"应该从"学数""其义"两个层面来理解,"学数"是学习的方法和顺序,以此作为教育的制度设计,"其义"是学习的义理、意义。从笼统的义理上来说,学习当然不能停止。《荀子·劝学》虽然提出"终乎为圣人",但人永远不可能宣称自己已经成圣。然而,制度设计需要明确主次顺序,有始有终。如何勾连"学数"和"其义"在始终问题上的张力,如何将学习的道理通过制度来教导学习者,荀子选择的是"终乎读《礼》",并将礼视为法的核心部分"大分"。《荀子·劝学》进而设想了辩论的场景:"有争气者勿与辩也。……故礼恭而后可与言道之方,辞顺而后可与言道之理,色从而后可与言道之致。"诸子百家多由于意气用事而互相争辩,但平息争辩的方式并不是智识上的胜出,而是相互之间守礼。意见相左并不妨碍"言道",而且都容纳于追求"道"的共同体中,和而不同。

在"学不可以已"后,荀子主张"物类之起,必有所始""物各从其类也"。学习与"物类"有什么关系呢?《荀子·劝学》以各种聚集的生物为喻,比如"草木畴生,禽兽群焉",说明"故言有召祸也,行有招辱也,君子慎其所立乎"。随意的言行容易招致祸患和屈辱,这应该是指擅长辩论,在诸侯之间奔走游说的诸子百家。《荀子·劝学》克服这一缺陷的方式比较特别,荀子并没有直接要求学习者提高学问或言行的水平,正如"终乎为圣人"的不可能。圣人的言行的确很完美,但这是一般学习者难以企及的,于是祸患难以避免。所以《荀子·劝学》选择"君子慎其所立",即谨慎地立身处世。立身处世的道理就像"物各从其类",单独的"物"无法成为"类",而

"类"正是指"物"聚集在一起。对于好学的君子而言,也要"从其类",谨慎地选择自己所处的共同体,既要避免单打独斗,也要回归"礼恭""辞顺"的共同体,从而避免反复争辩招来的祸患。

同理,《荀子·劝学》所说的"积善成德"也并不是简单地陈述注重积累这一学习方法。一般来说,读者更重视"积土成山,风雨兴焉""无冥冥之志者,无昭昭之明"这样的名言警句,但《荀子·劝学》讨论"积"的角度仍旧立足于共同体。"昔者瓠巴鼓瑟而流鱼出听,伯牙鼓琴而六马仰秣。故声无小而不闻,行无隐而不形。玉在山而草木润,渊生珠而崖不枯。为善不积邪,安有不闻者乎?"瓠巴、伯牙演奏好听的音乐,即便声音再小也可以吸引鱼、马的注意。这个比喻表面上的意思与"君子博学而日参省乎己""积土成山"一致,强调锲而不舍的积累终究会获得成效。但从"物各从其类"的角度来看,万物本来只会以类相聚,但瓠巴、伯牙的音乐能够吸引非同类的鱼、马,学习和善行的积累则会逐渐获得旁人的认同。这并非依靠辩论或者智识上的胜出,而是依靠共同体自身的生长,积累的结果不只是个体学问的增长,在这一过程中还可以自然地吸引志同道合之人,完成共同体的构建。

至此可以回答《荀子·劝学》为什么更欣赏"法士"。"法士"的定义为"故隆礼,虽未明,法士也"。"未明"是指他们并不懂得礼的道理,这是学习过程中的正常现象。"学不可以已"强调学习是一个永无止境的过程,这本身就意味着,人从来不可能认为自己不需要再学习了,所以"未明"不仅没有贬义,而且描述出学习者的常态。同时,"未明"并不会影响"隆礼"。人既不能自作聪明,认定自己已经完成了学习,又不能妄自菲薄,认为自己永远达不到目标。"法士"正好处于这样一个中间的平衡状态。学习者虽然还不明白整全的道理,但能够依照礼来学习和行事,遵守共同体的基本规范,维持共同体的平衡,任何对于学习的极端态度都会打破这种平衡。这里的"未明"之"礼"并不要求学习者必须达到什么样的境界,而是共同体自身生长的道理。比如,《荀子·劝学》主要批评的是自以为是的诸子百家,即"不隆礼,虽察辩,散儒也",他们擅长辩论,自以为掌握了真理,实际上却"蔽于一曲而暗于大理",而这种无休止的争辩的真正危害在于使原来的政教共同体四分五裂。但对于"法士"来说,他们并不因为自己不懂得礼就放弃遵守任何规定,反而会因此谦虚好学,就像瓠巴、伯牙那样吸引同类相聚,这就是共同体自身生长的道理。

综上所述,《荀子·劝学》显然并不是简单罗列几点关于学习的建议。相反,荀子不仅具备明确的现实关怀和问题意识,而且提出了相应的解决方案。面对"百家异说"

的混乱局面,《荀子·劝学》以"隆礼"为线索重建礼学共同体,希望学习者能够像"法士"那样回归这样的学习共同体,从而拯救春秋战国以来的政教危机。

四、《荀子·劝学》与荀子礼学

《荀子·劝学》中的礼学共同体并不是荀子思想中的孤例,正如荀子既重视"隆礼",也以"群"表示共同体。通常来说,荀子对"群"最重要的界定是"人之生不能无群"(《荀子·富国》《荀子·王制》)。人必须依靠群体才能够生存,陈来归纳了两点理由:"欲望的满足和群体生活之可能。"①第一个原因立足于荀子的人性论,每个人生来即有欲望,这种欲望难以满足,但因为资源有限,不得不通过群体的区别划分加以限制。第二,个体的力量有限,连牛、马都比不过,但人可以反过来驱使牛、马,这是因为人可以团结在共同体中发挥更大的力量。第二个原因也以第一个原因为根据,因为共同体创造更多的物质财富,也是为了尽可能地满足人的无限欲望。接着,荀子的"隆礼"说也是这种欲望共同体的逻辑延伸,正是因为个体欲望难以满足,《荀子·礼论》才将"礼"定义为"制礼义以分之""礼者养也",主要作用是填补、制约人的欲望。以上内容都是荀子礼学的特质。

陈来继续总结了荀子的"礼"的四种含义——"等级制度""社会道德规范""仪节制度""赏罚任免的体系"。②《荀子·劝学》中的"隆礼"并不见得对上述内容提出了挑战,但又并不能轻易被归纳于四类之一,不妨视为荀子礼学的又一重面向。学习共同体无疑同样需要等级制度和社会道德规范,但《荀子·劝学》没有从这两个方面来谈。如果将"故隆礼,虽未明,法士也"视为"隆礼"的内涵之一,那么此处呈现的恰恰不是"礼"本身的定义,而是由人与共同体的关系来展开。"法士"对"礼"的理解的关键是"未明"。"未明"的意思反而是,"礼"的准确定义或内涵是不清晰的,甚至探究"礼"的准确内涵是不重要的,学习者并不需要急着找到礼学的答案是什么。《荀子·礼论》同样在这一层面申明了"礼"至高至大的意义,近乎比拟于"道",比如,"礼之理诚深矣","故厚者,礼之积也;大者,礼之广也;高者,礼之隆也;明者,礼之尽也"。但这何以可能呢?《荀子·劝学》既想要重新建立以礼学为旨归的政教共

---

① 陈来:《孔子·孟子·荀子:先秦儒学讲稿》,第 219 页。
② 同上书,第 220—221 页。

同体,又并不关心"礼"的准确定义,那学习者到底应该遵循什么规范,这样的共同体又怎么能够建立起来呢?

荀子同样深刻意识到了这一难题,比如"今圣王没,天下乱,奸言起"(《荀子·正名》)、"文久而息,节族久而绝,守法数之有司极礼而褫"(《荀子·非相》),不仅圣王早已过世,连掌管礼仪的官吏和文献记载的礼仪制度都湮没了。在一个礼崩乐坏、"异说"频现的时代,旧的政教秩序已经瓦解,新的秩序又如何可能自上而下重新建立呢?如果强行、简单地提供一套来自礼学的制度或规范,何以在诸子百家中让人信服这样的建构就是最终的答案?即便荀子的辩术再高明,也只能是"察辩"的"散儒",往复争辩只会消解"隆礼"。在《荀子·君道》中,荀子同样像《荀子·劝学》那样以射箭为例指出这一困境:"羿之法非亡也,而羿不世中;禹之法犹存,而夏不世王。"后羿的射术没有失传,但后羿的后人不是后羿,总有无法命中的可能;夏禹制定的法律还可以传下来,但夏朝并没有因此延续至今。用《荀子·劝学》的话来说,"百发失一,不足谓善射",人在学习时总有可能犯错。荀子对此提供的思路是,在圣王已经逝去的时代,甚至说,即便现在有一位圣王制礼作乐,但圣王的后人不能保证制度的延续,当自上而下的秩序无法建立时,怎样自下而上建立礼学共同体,如何找到礼学共同体得以自然生长的可能性?

"礼"与"学"的结合是《荀子·劝学》的内在理路。《荀子·劝学》从批评诸子百家之争辩入手,从学习共同体建立的角度指出"未明"之"礼"。"法士"不需要真正懂得一套学问,就像一个共同体中不可能人人都是后羿,所以每个人都有犯错的可能,但共同体的意义就在于必定会容纳处在任何学习阶段的人,包容他们的错误,给予改正的余地。《荀子·劝学》不再是一些泛泛的学习建议或名言警句,也不是单纯地关心个人学问的增长,而是从头到尾要求学习者回归共同体。这一回归的过程即为《荀子·劝学》的"择乡""就士""近其人","法士"不断"积"而聚集成"类",共同构建礼学共同体。

如果依靠圣王自上而下制礼作乐的方案是"积极"的,那么《荀子·劝学》的共同体方案与《荀子·君道》一样则是"消极"的。"消极"不是一种负面评价,而是洞见了秩序内在的困境,比如《荀子·君道》"有乱君,无乱国;有治人,无治法",共同体的延续或崩坏并不依赖制度本身,否则夏禹建立的夏朝不会灭亡,而是依靠一代又一代治理者的参与。这之所以是"消极"的,是因为《荀子·君道》否定了人可以通过任何积极有为的方式来建立一成不变的制度,在这种无法一劳永逸的情形中,"法士"被逼迫着不断参与、推动,自下而上推动政教共同体的自然生长,这种"消极"的态度反而唤醒了共同体可能来自内部的力量。"消极"的方案并不需要先行定义"礼",而是从最简单质朴的地方开始,随着人的参与和推动,逐渐变化成形,即《荀子·礼论》说的"凡礼,始乎棁,成乎文,终乎悦校"。

五、余论:礼学共同体的内涵与历史定位

《荀子·劝学》中的"隆礼"也许提供了有助于深入理解荀子礼学的思考,并以这种理路呈现了荀子对学习、教育的探讨。这可以从两个方面来理解:第一,在春秋战国礼崩乐坏之时,私学、"异说"兴起,《荀子·劝学》的方案是通过"隆礼"来构建礼学共同体,实现对"百家异说"的统合,从而恢复秩序的完整;第二,这一方案是"消极"的,并不需要明确定义"礼"本身的内涵,也不依赖自上而下创制,而是依靠守礼的"法士",自下而上推动政教共同体的建立。

从古代学术史的角度来看,无论是作为秦朝核心指导思想的法家学说,还是汉儒重建的经学体系以及依照经学开展的制度设计,荀子都是与之相关的重要人物。[①]战国时期的荀子无法预见后来的历史进程,但诚实地提供了他的方案,而且在秦、汉两朝,《荀子·劝学》的方案都能够在其中找到端倪。共同体的缔造尽管离不开自上而下的君子教化,但单独的一两位贤者显然不能够维系整个秩序,秦、汉两朝国家制度的建立都离不开"法士"的参与。秦朝的"法士"以吏为师,发展出了成熟的"文吏政治"。[②]但秦朝完全抛弃了"未明"之"礼",将"礼"固化成一套死板的严刑峻法,这又是荀子未曾预料到的"法士"模式的弊端。汉儒便吸取秦朝二世而亡的教训,尝试恢复儒家经学,整合诸子百家,这可能更符合《荀子·劝学》中的礼学共同体。接着,汉儒中的"法士"固守经学的师法、家法,参与汉朝的复古更化,传统国家的秩序和历史又由此走向新的局面。[③]总之,秦、汉两朝借此为整个中国古代王朝的国家制度奠基。《荀子·劝学》源于《论语》"学而时习之"对学习的思考,荀子在礼崩乐坏

---

①　一般认为荀子传子夏之经学,又是法家韩非子、李斯的老师。刘咸炘:《推十书:增补全本乙辑》(全二册),上海:上海科学技术文献出版社,2009 年,第 43—55 页。

②　阎步克:《士大夫政治演生史稿》,北京:北京大学出版社,1996 年,第 224—255 页。

③　陈苏镇:《〈春秋〉与"汉道":两汉政治与政治文化研究》,北京:中华书局,2011 年,第 204—206 页。

之时将其对学习、教育的理解与共同体重建的论题相结合,实际上为秦、汉两朝国家制度的建立提供了思路和方案。在这个意义上,秦、汉两朝既是《荀子·劝学》的礼学共同体在历史上实现的两种不同模式,也是"学而时习之"这一中国传统政教精神的具体展开。

王阳明的歌诗之教探析

吴炳钊*

内容摘要：以歌诗行教化（简称"歌诗之教"）是中国古典教育的一个重要方式和传统。在众多推行歌诗之教的先贤之中，明代的王阳明是非常突出的一位。他一生对此极为重视，不但长期积极倡导、实践，而且对歌诗之教提出了明确、具体的要求，并在继承前人经验的基础上，创立了细密、完备的"九声四气歌法"，在歌法内涵上实现了由"重声"到"重气"的转变，使歌诗成为复本体、致良知的重要方式，从而极大地提升了歌诗的教化功用，为歌诗的发展作出了独特的贡献。同时，他的歌诗之教也取得了显著的成效，产生了深远的影响，这在地方民众和王门弟子身上有充分的体现。而王阳明之所以重视歌诗之教，则与其所处的时空环境、对歌诗的喜好和对歌诗功能的认识，以及教化对象有关。总体而言，王阳明堪称中国古代实践歌诗之教的典范。时至今日，歌诗仍具有重要的教化价值，王阳明的歌诗之教经验值得后人借鉴和吸取。

关键词：王阳明；歌诗；教化；典范

歌诗之教是中国古典教育的一个重要方式和传统。在众多推行歌诗之教的先贤之中，明代的王阳明是非常突出的一位。他一生对歌诗之教极为重视，并取得了令人瞩目的成效，而人们至今对此尚缺乏全面的梳理和研究。故不揣谫陋，笔者试作此文加以探析。

* 吴炳钊，男，河南省鹿邑县人，北京师范大学-香港浸会大学联合国际学院助理教授，主要研究方向为中国古代思想和教育。

一、歌诗之教的倡导与实践

根据钱德洪所撰《阳明先生年谱》记载,王阳明三十四岁时门人始进,遂专志授徒讲学①,但第二年(明正德元年,即 1506 年)因抗疏触怒宦官刘瑾而下诏狱,随后不久被贬为贵州龙场(今修文县治)驿丞。因此其教化未及展开即告中止。及至龙场,初期几无可语之人,居久夷人日来亲狎,前来问学者络绎不绝,遂构龙冈书院。其一生的教化事业至此方真正开始。王阳明这一时期的诗作中,多处提及咏歌之事,且大多与教化有关。比如《龙冈漫兴五首》(其一)云:

投荒万里入炎州,却喜官卑得自由。

心在夷居何有陋? 身虽吏隐未忘忧。

春山卉服时相问,雪寨蓝舆每独游。

拟把犁锄从许子,谩将弦诵止言游。②

末句"谩将弦诵止言游"用的是子游(言游)的典故。《论语·阳货》记载:"子之武城,闻弦歌之声。夫子莞尔而笑,曰:'割鸡焉用牛刀?'子游对曰:'昔者偃也闻诸夫子曰:"君子学道则爱人,小人学道则易使也。"'子曰:'二三子! 偃之言是也。前言戏之耳。'"孔子听到弦歌之声后,起初和言游开了个玩笑,后来则郑重地肯定了他以弦歌(即依琴瑟而歌诗)行教化的做法。此诗末句中的"弦诵"实际上就是《论语·阳货》中所言的"弦歌"。③ 此句所言之意即自己要效法言游,采用"弦歌"的方式去实施教化。由此可以看出,早在蛰居龙场时期,王阳明对歌诗之教就已有明确的自觉意识。因此,不难推知,在这一时期的教化中,他必定会经常使用这一方式。在此时期所作的《春日

---

① 王守仁撰,吴光、钱明、董平、姚延福编校:《王阳明全集》(下册),上海:上海古籍出版社,2018 年,第 1352 页。

② 王守仁撰,吴光、钱明、董平、姚延福编校:《王阳明全集》(中册),上海:上海古籍出版社,2018 年,第 777 页。

③ "弦诵"同"弦歌",以"诵"代替"歌"字,应当是为了合乎诗句的平仄要求。"弦诵""弦歌"后来常用来泛指读书、教学和教化等。不过,王阳明在此诗中将"弦诵"与言游直接相联系,其含义应当不是泛指,而是特指言游独特的教化方式——"弦歌"。

花间偶集示门生》一诗中,王阳明又云:

> 闲来聊与二三子,单夹初成行暮春。
>
> 改课讲题非我事,研几悟道是何人?
>
> 阶前细草雨还碧,檐下小桃晴更新。
>
> 坐起咏歌俱实学,毫厘须遣认教真。①

由尾联来看,显然在王阳明的心目中,"咏歌"(歌诗)并不是纯粹消遣性的娱乐活动,而是修身悟道的"实学",所以他教导门人须认真、仔细地对待,不能忽视"毫厘"("毫厘"当是指歌诗的要求、技巧等方面的具体细节)。这可能是他在教授门人歌诗时的告诫,也可能是他目睹耳闻了门人的歌诗后,针对存在的问题而发。但不论是何种情况,都充分反映出他对歌诗性质的独特认知,对歌诗之教的认真态度。至于他本人和其门人所歌之诗,则极有可能既有各类古诗,也有时人及其自作之诗。②

　　明正德八年(1513 年)冬,王阳明至滁州任督马政。这是他教化事业的又一个重要阶段,其歌诗之教也得到了进一步实践。因地僻官闲,王阳明"日与门人遨游琅琊、瀼泉间。月夕则环龙潭而坐者数百人,歌声振山谷。诸生随地请正,踊跃歌舞。旧学之士皆日来臻。于是从游之众自滁始"③。从"歌声振山谷""踊跃歌舞"的描述可以看出诸生歌诗之热烈,精神之高昂,情景非常动人。由此也可以推知,之所以会"从游之众自滁始",与这种歌诗之教的盛况应当有很大的关系。而这一盛况的出现,正源于王阳明对歌诗的大力倡导。比如王阳明在此时期所作的《山中示诸生五首》(其二)云:"滁流亦沂水,童冠得几人? 莫负咏归兴,溪山正暮春。"④"沂水""童冠""咏归"用的就是《论语·先进》"侍坐"章的典故,咏即歌诗。诗中"莫负"二字正体现出他热切鼓励弟子歌诗之意。

　　明正德十二年(1517 年)王阳明至赣。在平定南赣之乱后,他深感民风不善的原因在于教化未明,于是"即行告谕,发南、赣所属各县父老子弟,互相戒勉,兴立社学,延师

---

① 王守仁撰,吴光、钱明、董平、姚延福编校:《王阳明全集》(中册),第 788 页。

② 明朝时期文人所歌之诗大致上有四种,分别是《诗经》和汉乐府、句中或句尾带"兮"的诗、长短句的诗、句型整齐且意义明白的诗。后三种不乏时人之作。孙之梅:《明代歌诗考:兼论明代诗学的歌诗品质》,《文学评论》2012 年第 1 期,第 99—100 页。

③ 王守仁撰,吴光、钱明、董平、姚延福编校:《王阳明全集》(下册),第 1363 页。

④ 王守仁撰,吴光、钱明、董平、姚延福编校:《王阳明全集》(中册),第 805 页。

教子,歌诗习礼"①。他又亲撰《训蒙大意示教读刘伯颂等》《教约》(合称"社学教条"),颁发给各社学蒙师。在《训蒙大意示教读刘伯颂等》一文中,他指出教化儿童"惟当以孝、弟、忠、信、礼、义、廉、耻为专务",而"其栽培涵养之方"有三,列在首位的即歌诗;他对时人"往往以歌诗习礼为不切时务"的看法予以强烈的抨击,认为"此皆末俗庸鄙之见,乌足以知古人立教之意哉"。② 在《教约》中,他还进一步明确了歌诗之教的具体要求和操作方法。由此可见,在教化儿童方面,王阳明同样非常重视歌诗这一方式。

明正德十六年(1521 年)王阳明归越。自此至明嘉靖六年(1527 年)农历九月离越往征思田,是其教化事业的鼎盛阶段,也是最后阶段。与这一阶段始终相伴随的仍是不绝于耳的歌诗之声。《传习录》云:"先生初归越时,朋友踪迹尚寥落,既后,四方来游者日进。癸未年已后,环先生而居者比屋,如天妃、光相诸刹,每当一室,常合食者数十人;夜无卧处,更相就席;歌声彻昏旦。"③"彻昏旦"足见歌诗之盛。而特别值得一提的是明嘉靖三年(1524 年)中秋之夜,王阳明宴门人于天泉桥的场景:

> 甲申年,先生居越。中秋月白如洗,乃燕集群弟子于天泉桥上。时在侍者百十人。酒半行,先生命歌诗。诸弟子比音而作,翕然如协金石。少间,能琴者理丝,善箫者吹竹,或投壶聚算,或鼓棹而歌,远近相答。先生顾而乐之,遂即席赋诗,有曰"铿然舍瑟春风里,点也虽狂得我情"之句。④

可以看出,这是一次歌诗之声洋洋盈耳的燕集。王阳明即席所赋之诗即《月夜二首》。他在诗题旁注:"与诸生歌于天泉桥。"⑤其第一首有诗句云:"老夫今夜狂歌发,化作钧天满太清。"⑥由此可知,他本人不但参与歌诗,而且尽情投入,并视自己的"狂

① 王守仁撰,吴光、钱明、董平、姚延福编校:《王阳明全集》(下册),第 1381 页。
② 王守仁撰,吴光、钱明、董平、姚延福编校:《王阳明全集》(上册),上海:上海古籍出版社,2018 年,第 99 页。
③ 同上书,第 134 页。
④ 王守仁撰,吴光、钱明、董平、姚延福编校:《王阳明全集》(下册),第 1747 页。钱德洪在《阳明先生年谱》中也言及此次燕集,记载略有不同:"中秋月白如昼,先生命侍者设席于碧霞池上,门人在侍者百余人。酒半酣,歌声渐动。久之,或投壶聚算,或击鼓,或泛舟。先生见诸生兴剧,退而作诗,有'铿然舍瑟春风里,点也虽狂得我情'之句。"(同上书,第 1424 页)
⑤ 王守仁撰,吴光、钱明、董平、姚延福编校:《王阳明全集》(中册),第 866 页。
⑥ 同上。

歌"为"钧天"之乐。另外,由此也足见,此次月夜燕集让他印象最深的正是师生共同歌诗,其诗兴大发的原因即在于此。此次燕集,师生同歌共狂,互相激荡、感染,而教化即在其中。此外,在这一阶段,王阳明还非常重视讲会,与弟子每月定期会于龙泉寺之中天阁。在讲会正式开始之前,他常命童子歌诗。这虽然具有仪式性的一面,但其中也包含着教化的用意。总的来说,在王阳明晚年居越这一阶段,歌诗之教得到了充分的实践,具体运用上也臻于成熟。

　　通过以上的梳理可以发现,王阳明从谪居龙场到晚年一直致力于倡导和实践歌诗之教。值得注意的是,王阳明的歌诗之教并不是孤立的,而是常与游山览水、临风对月、抚琴鼓瑟结合在一起。① 诚如其门人栾惠对其一生所总结的那样:"风月为朋,山水成癖,点瑟回琴,歌咏其侧。"②这就使得其歌诗活动在清晰、悦耳的人声之外,还洋溢着自然的气息,回荡着乐器的旋律,从而大大增强了教化的效果。

二、歌诗的具体要求与方法

　　基于对歌诗之教的高度重视,王阳明提出了明确、具体的歌诗要求,并发展出了细密、完备的歌诗方法。关于歌诗要求,王阳明在明正德十三年(1518 年)任南赣巡抚时颁布的"社学教条"之《教约》中曾指出:

　　　　凡歌诗,须要整容定气,清朗其声音,均审其节调;毋躁而急,毋荡而嚣,毋馁而慑。③

《教约》针对的虽然是入社学受教的儿童,但其关于歌诗的要求显然并非仅适用于儿童,完全可以视为对包括成人在内的所有歌诗者的普遍要求。这些要求具体包括五个方面,即容貌(整齐)、气息(凝定)、声音("清朗")、节调("均审")和心态("毋躁而急,毋荡而嚣,毋馁而慑")。五者之中,最重要的应当是气息和心态。王阳明曾

---

① 比如明嘉靖五年(1526 年)农历三月,王阳明与前来绍兴问学的董沄及弟子王惟中等人游香炉峰,登顶后王阳明命诸人歌诗,并复自歌。束景南:《王阳明年谱长编》,上海:上海古籍出版社,2017 年,第 1745 页。

② 王守仁撰,吴光、钱明、董平、姚延福编校:《王阳明全集》(下册),第 1591 页。

③ 王守仁撰,吴光、钱明、董平、姚延福编校:《王阳明全集》(上册),第 101 页。

云:"古人为治,先养得人心和平,然后作乐。比如在此歌诗,你的心气和平,听者自然悦怿兴起。"①对于气息和心态的要求,目的正在于要歌诗者尽量做到"心气和平"。

至于歌诗的具体方法,根据明代张鼐等撰的《虞山书院志》卷四的记载,则是"九声四气歌法"。现以该志所记载的歌谱略加介绍。首先来看"九声":

㉖㉖㉖㉖㉖㉖㉖㉖个(平)个(舒)○人(折)心(悠)○有(平)仲(折)尼(悠),㉖○㉖自(发)将(扬)○闻(折)见(悠)○苦(平)遮(折)○迷(串)。㉖㉖而(串)今(串)○指(平)与(舒)○真(折)头(悠)○面(叹),㉖○㉖只(平)是(舒)○良(折)知(悠)○更(振)莫(折)疑(悠)。㉖○㉖只(平)是(舒)○良(折)知(悠)○更(振)莫(折)疑(悠)。㉖㉖㉖。如连歌,止击玉一声,歌阕,方击玉三声。②

歌谱中这首诗是王阳明晚年居越时所作《咏良知四首示诸生》中的第一首:"个个人心有仲尼,自将闻见苦遮迷。而今指与真头面,只是良知更莫疑。"③圆括号中所标注的平、舒、折、悠、发、扬、串、叹、振,即"九声"。其具体内涵为:

㉖者,机主于出,声在舌之上、齿之内,非大非小,无起无落,优柔涵蓄,气不迫促。㉖者,即声在舌齿,而洋洋荡荡,流动轩豁,气度广远。㉖者,机主于入,而声延于喉,渐渐吸纳,亦非有大小起落,其气顺利活泼。㉖者,声由喉以归于丹田,和柔涓涓,其气深长,几至于尽,而复有余韵反还。㉖者,声之豪迈,其气直遂而磊磊落落。㉖者,声之昌大,其气敷张而襟怀畅达。㉖者,上句一字联下句二字,声仅成听,其气累累如贯珠然。㉖者,其声浅短,气若微妙剥落。㉖者,声之平而稍寓精锐,有消索振起之意。④

---

① 王守仁撰,吴光、钱明、董平、姚延福编校:《王阳明全集》(上册),第129页。
② 王守仁撰,束景南、查明昊辑编:《王阳明全集补编》,上海:上海古籍出版社,2018年,第221—222页。圆括号为笔者所加。
③ 王守仁撰,吴光、钱明、董平、姚延福编校:《王阳明全集》(中册),第870页。
④ 王守仁撰,束景南、查明昊辑编:《王阳明全集补编》,第223页。"气若微妙剥落"之"微妙"一词与句义不谐,"妙"当作"渺"(同"眇"),形近而讹。原文断句欠妥,笔者做了修改。

可以看出，"九声"各有其内涵，且各声均与气息紧密相连。在歌诗中，各声的出现次序和次数也大有深意。以次数来说，上面所引歌谱中"其声用 ㋀ 五，出无所出；用 ㋒ 三，出而不轻于出；用 ㋘ 七，入无所入；用 ㋕ 六，入而不轻于入；用 ㋡ 一 ㋜ 一，渐于粗厉，弘而含也；用 ㋚ 三，而若一，而不至于间绝，微而缜也；用 ㋙ 一，以敛其气；用 ㋓ 一，以鼓其机，抑而张也"①，体现了慎其所出（意在"节流滋源"）、重其所入（意在"□归复命"）的特点②。值得一提的是，从歌谱看，歌诗时使用了鼓、钟（即歌谱中的"金"）、磬（即歌谱中的"玉"）三种乐器。歌诗前，击鼓五声，击钟三声；结束后，击磬三声（如果连歌则击磬一声）。每句歌毕，击磬一声、击钟一声，击磬与击钟中间停顿一下（"〇"表停顿），只有第二句不停顿。这种安排既增强了歌诗的节奏感，又达到了乐声、歌声相和鸣的效果。

至于"四气"，指的是春、夏、秋、冬四季之气。四季之气的特点是春生、夏长、秋收、冬藏。与这一特点相对应，歌诗之声分为春声、夏声、秋声、冬声。其特点是春声融和，夏声洪大，两者主发泄；秋声返于喉，冬声归丹田，两者主收藏。从声速来说，春声稍慢，夏声较春声更慢，秋声稍快，冬声较秋声更快。③ 关于"四气"歌诗法，《虞山书院志》所载一例如下（所歌之诗同上，即《咏良知四首示诸生》的第一首）：

　　个（春之春，口略开。）个（春之夏，口开。）人（春之秋，声在喉。）心（春之冬，声归丹田。）有仲尼（亦分作春、夏、秋、冬，而俱有春声），自（夏之春，口略开。）将（夏之夏，口开。）闻（夏之秋，声在喉。）见（夏之冬，声归丹田。）苦遮迷（亦分作春、夏、秋、冬，而俱有夏声）。而今指与真头面（首二字稍续前句，末三字平分，无疾迟轻重，但要有萧条之意。声在喉，秋也，亦宜春、宜夏、宜冬。），只（冬之春，声归丹田，口略开。）是（冬之夏，声归丹田，口开。）良（冬之秋，声在喉。）知（冬之冬，声归丹田，口略开。）更莫疑（上四字，至冬之冬时，物闭藏剥落殆尽。此三字，一阳初动，剥而既复。故第五字声要高，以振起坤中不绝之微阳。六字、七字稍低者，阳气虽动，而发端于下，则甚微也。要得冬时不失冬声，声归丹田，冬也，亦宜春、宜

---

① 王守仁撰，束景南、查明昊辑编：《王阳明全集补编》，第 223—224 页。原文断句欠妥，笔者做了修改。

② 同上书，第 224 页。"□归复命"第一个字缺，不过大意尚可知。

③ 同上。

夏、宜秋。天有四时,而一不用,故冬声归于丹田,而口无闭焉。)。①

所歌之诗,每四句依次分作春、夏、秋、冬,即第一句春、第二句夏、第三句秋、第四句冬,这是每句的基调。第一句、第二句、第四句前四字在遵循整句基调的前提下也依次分作春、夏、秋、冬,即第一字春、第二字夏、第三字秋、第四字冬(如歌谱中所示,第一句前四字即分别为春之春、春之夏、春之秋、春之冬),后三字仿前四字,也依次分作春、夏、秋、冬。第三句有些特别,整句基调是秋,开头二字接续第二句末尾字之声,最后三字以平为主,不要有明显的疾迟轻重。第四句最值得注意,此句第四字乃冬之冬,“用藏已极,然阴不独胜,阳不终绝,消而必息,虚而必盈,所谓既剥将复……故末三字当有一阳来复之义”②。因此第五字声要高,以振起阳气。第六字、第七字声又要稍低一些,因为阳气初生,比较微弱。

　　从以上的文献和分析可以看到,就“九声四气歌法”而言,涵盖人声主要类型的“九声”与表现四季之气的“四气”(春声、夏声、秋声、冬声)共同构成了一个细密、完备的歌法体系。这种歌法以“声”为表,核心在“气”,旨在以声引气,使其出而发舒于外,入而复归丹田,循环往复,周流不息,由此不但使歌声跌宕起伏,婉转动听,达到声虽尽而意无穷的效果,而且使歌声洋溢着一种与天地时序融为一体的自然之韵、太和之美。更重要的是,从根本上说,这种“重气”的歌法是一种借声炼气、借气炼性的修行法门,与一般“重声”的歌法明显有别。对于以歌诗行教化的王阳明来说,他最看重的无疑也正是这一点。③

---

① 　王守仁撰,束景南、查明昊辑编:《王阳明全集补编》,第 222 页。圆括号为笔者所加。

② 　同上书,第 224 页。

③ 　关于“九声四气歌法”的来源。就“九声”歌法来说,从远处看,与《礼记·乐记》所记载的古歌法“故歌者上如抗,下如队,曲如折,止如槁木,倨中矩,句中钩,累累乎端如贯珠”(包含七声)有相通之处;从近处看,在王阳明之前,陈白沙已形成“八声”歌诗法,只比“九声”歌诗法少了一个“振”声。两者的承继关系相当明显。至于“四气”歌法,明末清初毛奇龄曾云宋代有“一字分四时歌法”,堪称先声,不过该歌法是对单字吐字的音节细分,而王阳明的“四气”歌法则是就诗句而言,内涵并不相同。关于“九声四气歌法”的形成过程,束景南认为,在王阳明巡抚南赣时已初步形成,并被用之于社学。明嘉靖三年中秋之夜他与诸生歌于天泉桥,所用即此歌法。最后审订则在明嘉靖四年(1525 年)。分别参见张昭炜:《王阳明九声四气法的三个层次》,《世界宗教研究》2015 年第 1 期,第 120 页;胡琦:《知识与技艺:明儒歌法考》,《文艺研究》2021 年第 7 期,第 119 页;束景南撰:《王阳明佚文辑考编年》(增订版),上海:上海古籍出版社,2015 年,第 900—901 页。

三、歌诗之教的成效与影响

　　王阳明的歌诗之教成效显著,且影响深远。最典型的例子是,当王阳明离开贵州二十多年之后,即明嘉靖十三年(1534 年)时,王阳明的私淑弟子王杏到贵州任监察御史,发现"每行部,闻歌声蔼蔼如越音"。贵州之地的歌声听起来怎么像"越音"? 他心中颇为不解,遂向当地士民询问原因,"士民对曰:'龙场王夫子遗化也。'且谓夫子教化深入人心,今虽往矣,岁时思慕,有亲到龙场奉祀者"①。又根据贵州地方文献记载,王阳明在贵州不足三年,却使得"黔之士肆,成人有德,小子有造,彬彬然盛矣"②,甚至"黔俗丕变"③。王阳明之所以能够在偏僻荒远之地使教化深入人心,且影响久远,固然与他孜孜不倦地讲学和其思想本身的简易透辟有关,但更与他采取歌诗的方式有关,王杏在贵州"每行部"均能够听到"蔼蔼如越音"的歌声,就是最好的证明。另外一个例子是,王阳明平定南赣之乱后告谕兴立社学,教以歌诗和习礼,"久之,市民亦知冠服,朝夕歌声,达于委巷,雍雍然渐成礼让之俗矣"④。这也同样体现了歌诗之教的显著成效与影响。

　　歌诗之教的成效与影响在王门弟子身上也有充分的反映。王门弟子遍布各地,不但数量众多,而且人才济济。这与王阳明长期施行歌诗之教分不开。在王阳明的影响下,不少王门弟子及后学也成为歌诗的爱好者、歌诗之教的实践者,比如王畿(1498—1583 年)极为重视歌诗,认为歌咏"乃养心第一义"⑤;薛侃(1486—1545 年)在为其家乡潮州所制定的《乡约》中,于聚会时安排童生歌诗的活动⑥;王艮之子王襞(1511—1587 年)九岁时随父至会稽王阳明居所,常以童子身份参与讲会的歌诗活动,深得王阳明赏识。王艮去世后,他"遂继父讲席,往来各郡,主其教事。归则扁舟于村落之间,歌

①　谢东山修,张道纂:《嘉靖〈贵州通志〉》(全二册),赵平略、吴家宽、徐万洁点校,成都:西南交通大学出版社,2018 年,第 337 页。

②　田雯编:《黔书·续黔书·黔记·黔语》,罗书勤等点校,贵阳:贵州人民出版社,1992 年,第 91 页。

③　翁同书:《序》,见《贵州通志·艺文志》,黄永堂点校,贵阳:贵州人民出版社,1989 年,第 325 页。

④　王守仁撰,吴光、钱明、董平、姚延福编校:《王阳明全集》(下册),第 1381 页。

⑤　王畿撰,吴震编校整理:《王畿集》,南京:凤凰出版社,2007 年,第 160 页。

⑥　薛侃撰,钱明主编,陈椰编校:《薛侃集》,上海:上海古籍出版社,2014 年,第 382 页。

声振乎林木,恍然有舞雩气象"①。罗汝芳(1515—1588 年)在其仕宦生涯中,每到一地均大力倡导歌诗。比如任太湖县知县时,他"修庠序,令乡馆师弟子朔望习礼歌诗";任宁国府知府时,他在《宁国府乡约训语》中明确规定,士民约期聚会时,在"司讲"开讲"圣谕六条"过程中,安排童生穿插歌诗;后来他任云南副使时,继续推行这一做法,并且增加了所歌之诗的数量。② 此外,由王门弟子创办或主持的书院或精舍举行祭祀、讲会等活动时,歌诗通常都必不可少。比如薛侃等弟子在天真山兴建的精舍,每年春秋二仲月仲丁日祭祀王阳明时都有歌诗环节。明嘉靖三十六年(1557 年),精舍数百人集会,"讲诵咏歌之声,昕夕不辍"③。沈谧(1501—1553 年)在秀水县文湖创立的书院,于春秋二仲月祭祀王阳明时,亦"歌师诗以侑食"④。王门弟子对歌诗之教的积极实践,还使得歌诗活动和"九声四气歌法"影响到许多不属于王门的书院(比如位于江苏常熟的虞山书院)⑤,从而有力地促进了明朝中后期书院歌诗之风的盛行,其影响甚至延及清代。⑥

四、重视歌诗之教的原因

王阳明对歌诗之教非常重视,有多个方面的原因。

首先,与时空环境的影响有关。明朝自建鼎之初就致力于效仿汉、唐,意识形态诸方面亦皆崇尚复古,其中乐与诗尤其受到了明朝帝王超乎寻常的关注。朱元璋曾亲自裁定"登歌之词",并对歌诗有具体的指示。正是由于最高统治者的重视和倡导,在宋元时期已经边缘化了的歌诗,重新开始活跃于社会生活中,不少书院、社学的课业中都特别设有歌诗一门,明代诗文别集中对此有颇多的记载。而王阳明所生活的越地又恰

---

① 黄宗羲著,吴光主编:《黄宗羲全集》(第 7 册),杭州:浙江古籍出版社,2012 年,第 839 页。

② 罗汝芳撰,方祖猷等编校整理:《罗汝芳集》,南京:凤凰出版社,2007,年,第 837 页、第 752 页、第 759 页。

③ 焦竑撰:《澹园集》(全二册),李剑雄点校,北京:中华书局,1999 年,第 926 页。

④ 王守仁撰,吴光、钱明、董平、姚延福编校:《王阳明全集》(下册),第 1473 页。

⑤ 前文已提及,明代张鼐等人撰的《虞山书院志》记载有王阳明的"九声四气歌法",之所以会有这一记载,是因为书院师生在歌诗时采用的正是这一歌法。张鼐等撰:《虞山书院志》,明万历年间刻本,卷四。

⑥ 例如,明末清初学者胡渊、李塨在"九声"歌法的基础上,发展出了更为繁复、细密的歌法。胡琦:《知识与技艺:明儒歌法考》,《文艺研究》2021 年第 7 期,第 120—123 页。

是当时歌诗之风最兴盛的地域之一。此外，由于明代以理学治国，当时的人们普遍对于歌诗的教化作用特别重视。① 这样的时空环境不但为王阳明接触、学习歌诗创造了条件，而且也会引发其对歌诗教化作用的关注和重视。

其次，与王阳明自身对歌诗的喜好有关。王阳明的祖父王伦"雅善鼓琴，每风月清朗，则焚香操弄数曲。弄罢，复歌以诗词，而使子弟和之"②。王阳明早岁尝受教于祖父，耳濡目染之下，对歌诗产生了浓厚的兴趣，在其一生的行藏中处处可见歌诗之举。例如，明弘治十六年（1503 年）所作《夜雨山翁家偶书》云"洗盏对酬酢，浩歌入苍茫"③；明弘治十七年（1504 年）所作《登泰山五首》（其二）云"浩歌落青冥，遗响入沧流"④；明正德三年（1508 年）王阳明在贵州龙场，随从皆生病，于是他"自析薪取水作糜饲之；又恐其怀抑郁，则与歌诗"⑤；明正德九年（1514 年），王阳明之弟王守俭离开南京归越地，徐爱歌楚声送别，王阳明亦歌楚声和之，其歌辞句式长短不一，以六字句为主，大多有"兮"字，与《楚辞》相类⑥；明正德十年（1515 年），王阳明之弟王守文离开南京回越地，王阳明携其手歌以别之，歌辞为五言古诗⑦；明正德十五年（1520 年）所作《庐山东林寺次韵》云"我歌白云听者寡，山自点头泉自泻"⑧，所作《繁昌道中阻风二首》（其一）云"入林沽酒村童引，隔水放歌渔父听"⑨；明嘉靖三年所作《夜坐》云"高歌度与清风去，幽意自随流水春"⑩等。这种对歌诗的强烈喜好无疑影响了王阳明对歌诗之教的态度和重视程度。

再次，与王阳明对歌诗功能的认识有关。这是最关键的原因。在《训蒙大意示教读刘伯颂等》中，他明确指出，今教童子"则宜诱之歌诗以发其志意"，而让童子歌

---

① 孙之梅：《明代歌诗考：兼论明代诗学的歌诗品质》，《文学评论》2012 年第 1 期，第 98—101 页。

② 王守仁撰，吴光、钱明、董平、姚延福编校：《王阳明全集》（下册），第 1530 页。

③ 王守仁撰，吴光、钱明、董平、姚延福编校：《王阳明全集》（中册），第 736 页。

④ 同上书，第 741 页。

⑤ 王仁守撰，吴光、钱明、董平、姚延福编校：《王阳明全集》（下册），第 1354 页。

⑥ 王仁守撰，吴光、钱明、董平、姚延福编校：《王阳明全集》（中册），第 733 页。

⑦ 同上书，第 812—813 页。

⑧ 同上书，第 842 页。

⑨ 同上书，第 844 页。

⑩ 同上书，第 867 页。

诗习礼的目的则在于"顺导其志意,调理其性情"。① 由此可见,在王阳明看来歌诗能够激发、顺导人的"志意",调节人的性情。不仅如此,他在《训蒙大意示教读刘伯颂等》中又云"故凡诱之歌诗者,非但发其志意而已,亦以泄其跳号呼啸于咏歌,宣其幽抑结滞于音节也",而泄跳号呼啸、宣幽抑结滞的结果则是"入于中和而不知其故"。② 在《教约》中他又指出,按照要求习歌诗,"久则精神宣畅,心气和平矣"③。这就进一步揭示出歌诗最终能够使人达至中和的状态,简而言之就是具有"致中和"的功能。而"九声四气歌法"的功能在王阳明看来,也正在于能够最大程度地"致中和"。这从王阳明言及"九声"安排时云"凡声主于和顺,妙在慷慨,发舒得尽,以开释其郁结;涵泳得到,以荡涤其邪秽","抽添补泄,阖辟宣天地之化机";言及"四气"运用时云"写出太和真机",即可以明显看出。④ 而王阳明又认为中和"便是复其性之本体","良知即是未发之中"。⑤ 也就是说,人能够达至中和状态便是复本体、致良知。因此,歌诗堪称复本体、致良知的重要方式。⑥ 此外,王阳明因为自身天性及后来对良知的深切体认,对于"狂者"一直青眼有加,这就导致他对孔门弟子中的"狂者"代表曾点极为欣赏和认同,同时也非常期待门下弟子能够展现出"狂者气象"。⑦ 而在他看来,歌诗正是使人展现出"狂者气象"的有效方式。事实上,歌诗尤其是风格"长而激"⑧的越地歌诗特别能够使人感发兴起,顿然剥落种种束缚、挂碍、思虑和计较等,从而豁然显露真情至性。若能够久久习之,则可使人胸襟开阔,"志意"广大,性情真率,

---

① 王守仁撰,吴光、钱明、董平、姚延福编校:《王阳明全集》(上册),第99页。

② 同上书,第99页、第100页。

③ 同上书,第101页。

④ 王守仁撰,束景南、查明昊辑编:《王阳明全集补编》,第223页、第224页、第225页。

⑤ 王守仁撰,吴光、钱明、董平、姚延福编校:《王阳明全集》(上册),第43页、第71页。

⑥ 王阳明极为推崇"九声四气歌法",视其为"此调燮之妙用,政教之根本,心学之枢要,而声歌之极致也"(王守仁撰,束景南、查明昊辑编:《王阳明全集补编》,第224页),认为学习者若悟得其意便能"直歌到尧舜羲皇,只此便是学脉,无待于外求也"(王畿撰,吴震编校整理:《王畿集》,第160页),究其原因即在于他相信歌诗足以复本体、致良知。

⑦ 事实上,王阳明就是一位颇具曾点精神的"狂者"。杜维明指出,曾点精神是王阳明个性的不可分割的一部分([美]杜维明:《青年王阳明(1472—1509):行动中的儒家思想》,朱志方译,北京:生活·读书·新知三联书店,2017年,第105页);秦家懿认为,王阳明一生的特色即在于"狂者"表现(秦家懿:《王阳明》,台北:东大图书股份有限公司,1987年,第29页)。

⑧ "长而激"语出自明代李东阳《麓堂诗话》。李东阳:《麓堂诗话》,见丁福保辑《历代诗话续编》(全三册),北京:中华书局,2006年,第1376页。

从而展现出高迈超拔、洒脱不羁的风采,此即所谓的"狂者气象"。前文曾提及明嘉靖三年中秋之夜,王阳明宴门人于天泉桥的场景,可以看出,正是在歌诗的激发之下,众门人浑然忘我,尽情释放,展现出了"狂者气象"。王阳明又认为:"狂者志存古人,一切纷嚣俗染,举不足以累其心,真有凤凰翔于千仞之意,一克念即圣人矣。"①显然,在他看来,"狂者"实际上最接近圣人之境。② 因此,歌诗又堪称优入圣域的重要法门和功夫。歌诗既然在王阳明心目中具有如此重要的功能,那他对歌诗之教高度重视自是顺理成章。

最后,与王阳明的教化对象有关。前文已经提到,王阳明的教化事业真正开始于他在贵州龙场那一时期。由于其地偏僻落后,教育不昌,当时前来向王阳明问学者(其中不少是当地的夷人)大多文化素养不足,这使他在讲学之外,采用通俗简易的方式进行教化,而其所喜好的歌诗无疑最适合。及至王阳明离开贵州后,其教化也极为多面,教化对象既有受过良好教育、文化程度较高的士人阶层,也有缺少教育、文化程度不高的底层民众;既有成年人,也有稚气未脱的孩童。面对如此广泛多样的教化对象,就需要一种具有普适性的教化方式。与诉诸语言、文字的其他诸多方法相比,侧重诉诸声音、气息、旋律的歌诗不论受众的文化程度高低和年龄大小,均能够产生教化的效果,因此最能够满足这一需要。这在一定程度上也让王阳明倚重歌诗之教。

五、结语

歌诗在中国起源甚早,大约与诗的诞生同步,而真正自觉地将其用于教化,从现有的文献来看,当始于西周时期,至孔子而奠定基础。自此以后,歌诗之教绵延不绝,可谓是"弦歌不辍"。通过以上的梳理和分析可以看出,王阳明继承、发扬了这一传统,他不但积极倡导、长期实践歌诗之教,而且对歌诗之教提出了明确、具体的要求,并在既有歌法的基础上,发展出了细密、完备的歌法体系,且在歌法内涵上实现了由"重声"到"重气"的转变,使歌诗成为复本体、致良知的重要方式,从而极大地提升了歌诗的教化功用,为歌诗的发展作出了独特的贡献。同时,他的歌诗之教也取得了显著的成效,产生了深远的影响,这在地方民众和王门弟子身上有充分的体现。总体而言,王阳明堪

---

① 王守仁撰,吴光、钱明、董平、姚延福编校:《王阳明全集》(下册),第 1421 页。
② 陈来:《有无之境:王阳明哲学的精神》,北京:生活·读书·新知三联书店,2009 年,第 291 页。

称中国古代实践歌诗之教的典范。而就歌诗本身而言,它既是教育内容("诗")和教育方式("歌")的合一,也是诗教与乐教的合一,具有独特的教化优势,王阳明的实践已充分证明这一点。时至今日,歌诗仍具有重要的教化价值,王阳明的歌诗之教经验值得后人借鉴和吸取。

实践探究

汉字教育的时代意义、育人价值与实践路径[*]

谌 衡 朱 薇 李 恬^{**}

内容摘要：汉字作为中华文明的基石，是中华文明传承的重要载体。汉字教育的目的在于通过学习汉字，理解和掌握其源流与真义，指导人们阅读经典、认识世界与认识自己。汉字教育在历史上经历了从"小学"到现代教育的演变，始终是学问的根基。人工智能对汉字教育是新的挑战和机遇，推动汉字教育的普及将促进人工智能发展。汉字教育不仅是知识的传授，而且是文化、科学、技术和艺术等多方面推动人的全面发展的重要途径。汉字教育有助于增进人们的中华优秀传统文化涵养，培养良好的语言文字能力，促进思维能力和创造能力的发展，提升科学素养与艺术素养，提高认识世界与认识自身的能力，推动人的全面发展。要落实汉字教育，需要强化价值引领、夯实理论基础、创新教学方法、强化书写训练、拓展阅读资源和利用科技手段等。汉字教育在现在和未来依然具有重要的意义，它不仅影响技术发展，而且体现中华文明的深厚底蕴。通过汉字教育，可以培养积极向上

---

* 本文系 2024 年湖南省基础教育教学改革研究项目"基于文字学理论的小学低年级汉字育人教学研究"（项目批准号：Y2024854）阶段性研究成果。

** 谌衡，男，安徽省广德市人，湖南师范大学教育科学学院讲师，主要研究方向为德育和教育哲学。

朱薇，女，湖南省邵阳市人，湖南师范大学教育科学学院硕士研究生，主要研究方向为语文教育。

李恬，女，湖南省娄底市人，湖南师范大学教育科学学院硕士研究生，主要研究方向为语文教育。

的精神,建立文化自信,并在个体生命成长的过程中发挥重要的作用。

关键词: 文字;汉字;教育;时代;育人;实践

一、引言

我们一般所谓的"文字教育"或"语言文字教育",通常指的是汉字教育。① 汉字教育的内容包括自先秦以来形成的篆、隶、楷、行和草等书体形式的文字总和,包括但不限于近现代简化字。② 汉字作为众多文字中的一种,与其他文字相较,存在共通性、普遍性,也存在个性和特殊性。对于汉字的研究与教学,是就其普遍性和特殊性展开的。汉字教育的目的是使教师和学生通过对汉字的研习,真切地掌握汉字的源流与真义,进而阅读经典、认识世界,促进人的自觉发展。

自 20 世纪八九十年代开始,中国社会掀起了一股文化热潮,汉字文化在这一时期的发展得到了较广泛的关注与研究。与此同时,一些研究者敏锐地捕捉到了汉字教育的重要性,提出了"汉字教育"的概念。然而,目前所谓的汉字教育,或许仅等同于基础的识字教学,又或是对国外推动中国汉字教育的相关探讨。这些探讨尚未深入、持续,尚未站在中国文化的立场上对汉字教育所蕴含的文化意义进行系统的研究。

2014 年 5 月 30 日,习近平总书记在北京市海淀区民族小学看着练毛笔字的孩子说:"中国字是中国文化传承的标志。殷墟甲骨文距离现在三千多年,三千多年来,汉字结构没有变,这种传承是真正的中华基因。"2020 年 11 月,"古文字与中华文明传承发展工程"总体规划发布,该工程启动实施。2022 年 10 月 28 日,习近平总书记在河南省殷墟考察时再次指出:"中国的汉文字非常了不起,中华民族的形成和发展离不开汉文字的维系。"近年来,随着复兴中华优秀传统文化的大环境与大背景,汉字教育无论

---

① 为避免歧义,以及圈定研究对象,笔者使用"汉字"来指称中华民族文字和本文的研究对象。虽然"汉字"的称呼有所局限,但是由于文本的需要,权且如是说。语言与文字之间,语言早于文字出现,文字是记录语言的符号。

② 文与字的区别,《说文解字·序》云:"仓颉之初作书,盖依类象形,故谓之文。其后形声相益,即谓之字。文者,物象之本;字者,言孳乳而浸多也。著于竹帛谓之书。书者,如也。以迄五帝三王之世,改易殊体,封于泰山者,七十有二代,靡有同焉。"[许慎撰,段玉裁注,许惟贤整理:《说文解字注》(第二版),南京:凤凰出版社,2015 年,第 1306—1307 页]

是在民间还是在官方,都得到了长足发展,相关研究也日渐丰富。

作为整个中华文明的基石,汉字教育一直以来都是中华文明传承重要的载体与基础,并非近现代才被重视。在古代,汉字教育作为"小学"的一部分,从训诂、音韵等方面展开。这一称谓中的"小",并非指其地位低下或受众狭窄,而是强调汉字教育在中华文明传承中的基础与阶梯地位。它是中华民族文化的基础,是一切学问的根基,因此得名"小学"。"小学"是"大学"的基础。

如今,人工智能正在社会各层面、各领域如火如荼地推进,相信不久人类社会就会全面进入人工智能的信息化、数字化时代,这是大势所趋。人工智能基于计算机逻辑与语言构建起全新的数字世界,进而关联并影响现实世界,使虚拟与现实相互交织。尽管二进制逻辑运算作为计算机语言的表达形式在认知和思维方面表现出色,但在表达的丰富性和维度上仍存在一定的局限性。相比之下,汉语言文字以其独特的魅力和表达力,为人们提供了更为广泛的选择和表达的空间。因此,在当前及未来的时代背景下,积极推动汉字教育的普及,无疑将对引导和促进人工智能的发展产生深远的影响。

汉语言文字,无论在何时何地,对于每一个中华儿女而言,都如同空气一般无处不在。然而,正因为其如空气般普遍存在,人们往往对其缺乏深刻的感知,使得汉字成为"熟悉的陌生人"。实际上,汉字教育责任重大而意义深远。对于现代人来说,掌握汉语言文字的重要性不亚于学习一门外语。而语言文字又是真正进入文化内部最重要的手段和方式之一。若人们真心希望了解并传承中华优秀传统文化,就必须重新审视并强化汉字教育的地位。

文字是对事与物及其相互关系的具象与抽象的描述、表达。汉字是中华民族一代代先民对世界的认识凝练而成的意义符号。汉字伴随着汉字教育的推进与人们对世界的全新认识会有新的表现与应用,这便是汉字教育的时代性。在认识汉字与认识世界的过程中,其发挥着育人作用。因此,在当代社会重新强调汉字教育,并积极探索其实践的路径,是对中华文明传承与发展的重要举措。

二、汉字源流考索与时代意义生成

汉字伴随着人们对万物及自身的不断探索与认识而被创造,是对认识的进一步提炼与形象化、符号化。从某方面来说,汉字被不断创造与更新,也就意味着人们对整个世界认识的拓展与深化。换言之,汉字教育的意义就在于通过汉字的教育与学习,使人们更便捷、更深刻、更有效地理解自身与世界万物。

"盖文字者,经艺之本,王政之始。前人所以垂后,后人所以识古。故曰:'本立而道生。'知天下之至赜而不可乱也。"①许慎《说文解字·序》说,文字能够穿越时间,是衔接过去、现在和未来的纽带。汉字发展在历史之中,历史又塑造了汉字的新形态。每一个时代,作为汉字演进的时间节点,均承载着现时性的价值。汉字教育的时代意义体现于历史、现代与未来的整体性时空维度之中。谈及文化,人们往往从文字的诞生与发展开始。汉字教育的开端,要追溯至汉字被创造之初,乃至中华民族最早的文明与文化自觉。

(一)上古传说的阐释与汉字创制的意义

人们对于世间万物及自身的认识,始于"盘古开天辟地"的神话。中国的神话,并不是虚构的历史,而是艺术化的表达,巧妙地将人类早期漫长的发展史以一种简洁的方式做了描述。② 因当时其没有文字流传,毋宁称之为"传说",是通过口耳相传的方式总结、记录的历史。

"盘古开天辟地",被认为"中国早期文明,通过立表测影,观测太阳运行规律而开天辟地。开天,契刻周天度数,定四时春、夏、秋、冬。辟地,劈开地方,分四方东、南、西、北。打开四方、四时,凿破混沌,奠立华夏文明最基本的时空坐标"③。自宇宙诞生之初,时空的界定与划分便承载了文明的延续与传承。

先民在奠定了最初的四方、四时的时空坐标与文明秩序的基础以后,进行了长时间的自然探索与自我认识。南朝萧梁时期,任昉所著的《述异记》中详细描述了盘古身体化为天地万物的神奇过程。根据书中所述,盘古的泪水化作江河,呼气形成长风,发出的声音演变成为雷鸣,眼中的闪光化为闪电,而他的双目则变为照耀世间

---

① 许慎撰,段玉裁注,许惟贤整理:《说文解字注》(第二版),第 1320 页。

② 正如高尔基在《苏联的文学》中所言,一般说来,神话乃是自然现象,对自然的斗争,以及社会生活在广大的艺术概括中的反映。袁珂也认为,神话的产生,是基于现实生活,并不是出自人类头脑里的空想;神话的产生,和现实生活有紧密的联系(袁珂:《中国古代神话》,上海:华东师范大学出版社,2017 年,第 1 页)。

③ 吴小锋:《早期中国时空秩序的建立与展开:从文字学的角度考察》,《同济大学学报》(社会科学版)2022 年第 33 卷第 2 期,第 92 页。

的太阳和月亮。这些转变的过程,实际上是人类认识世界的一种体现。从一种物质形态转变为另一种,人们首先需要理解它们之间的区别。同样地,人们对自我的认识也是在不断深化的过程中逐渐形成的。对自然的探索和对自我的认识往往是相辅相成的,人们在认识自然的同时,也在不断刷新对自我的认识。当人们意识到石头与"我"之间存在差异时,石头的特性得以显现,同时人们也更加清晰地认识了自己。这是从多个不同的角度来展开的认识过程。盘古的身体化为自然界的万物,正是人类与自然界万物之间存在共性的一个例证。同时,这也展示了人类与自然在差异中寻求共性的过程。人类在与自然界万物的对比和联系中逐渐揭示出自己的本质,即自我总是在与他人的互动和交流中得以确立。人们对于世界和自身探索的过程,就形成了人类文化史的片段。

人们对于陆地的探索可以用"盘古开天辟地"的神话进行概括,人们对于海洋的探索则可以用"精卫填海"的神话来表达。

在古代文献中,"精卫填海"的故事象征着古人对海洋的深切关注与认识。鉴于当时人们对海洋的认识尚显粗浅,因此对其产生了深深的恐惧。精卫填海的行动,实则体现了古人希望通过此举来消除水患,保障生活的安宁与稳定。这一故事不仅揭示了古人对海洋的敬畏之心,更展现了他们为应对自然灾害所作出的不懈努力与智慧。

随着人们认识的增加,便有了记录与传播的必要性。最初的记录是朴素的,并没有符号化文字的参与,被认为是"结绳记事"。

《周易·系辞下》云:"上古结绳而治,后世圣人易之以书契,百官以治,万民以察。"①《庄子·胠箧》云:"昔者容成氏、大庭氏、伯皇氏、中央氏、栗陆氏、骊畜氏、轩辕氏、赫胥氏、尊卢氏、祝融氏、伏羲氏、神农氏,当是时也,民结绳而用之。"②《周易集解》引《九家易》云:"古者无文字,其有约誓之事,事大大其绳,事小小其绳,结之多少,随物众寡,各执以相考,亦足以相治也。"③《说文解字·序》云:"及神农氏,结绳为治而统其事。庶业其繁,饰伪萌生。"④"结绳记事"发生在上古时期,但是究竟在上古的什么时

---

① 李鼎祚撰:《周易集解》,王丰先点校,北京:中华书局,2016年,第458页。
② 钟泰:《庄子发微》,上海:上海古籍出版社,2002年,第214页。
③ 李鼎祚撰:《周易集解》,第458页。
④ 许慎撰,段玉裁注,许惟贤整理:《说文解字注》(第二版),第1306页。

期,则说法不一。根据庄子和许慎所说,大抵在神农氏前后。

古老的"结绳记事"方法,正是一种潜在的回忆线索,协助人们追溯特定事件。人们发现个体若拥有出类拔萃的记忆力,能够清晰回溯遥远往事的细节,仿佛昨日重现,这归功于其大脑中储存的精确回忆的线索。具体而言,人们可以通过绳索的色彩、粗细、结的数量、结的大小,乃至悬挂于不同地点的绳子等细节来唤起记忆。进一步地,绳索的纵向或纵横交错排列能够扩大记事的容量,绳结的组合与单一绳结的区分,形成了类似二进制的编码机制。借助预设的规则,这些元素能够组合成复杂的叙述,用以表达各类事件。然而,值得注意的是,绳结仅作为记忆的辅助工具,提供回忆的线索,而非直接记录事件的手段。这或许解释了为何"结绳记事"在考古学上缺乏实证。由于缺乏考古证据的支持,尽管古书中有相关记载,但"结绳记事"目前仍停留于理论假设阶段。

记录的书写符号化与稳定化,当始于伏羲氏画八卦、造书契。

《周易·系辞下》云:"古者庖牺氏之王天下也,仰则观象于天,俯则观法于地,观鸟兽之文,与地之宜,近取诸身,远取诸物,于是始作八卦,以通神明之德,以类万物之情。"①《尚书·序》云:"古者伏牺氏之王天下也,始画八卦,造书契,以代结绳之政,由是文籍生焉。"②

《尚书·序》将八卦与书契的功能相提并论,并将汉字的起源与八卦相互关联,是基于它们共同作为表达意义的书面符号系统的特性。人们知道伏羲氏作八卦,文王演六十四卦,因为六十四卦基本够用,故没有再衍生。在历史上,西汉时期的《焦氏易林》演变出了四千零九十六卦,这些卦象在某种程度上可以被视为 4 096 个独特的"文字"。这一演变过程进一步强调了八卦与文字之间的紧密联系。

无论是之前的八卦还是之后的六十四卦,二十四爻还是三百八十四爻,爻与爻、卦与卦之间都是相互作用,其根本是以卦爻形式实现对天下各种具有代表性的局面和情境进行大致的模拟。也就是说,卦爻作为符号,其实是现实的代表与调用。圣人作易的目的是让人们通过对八卦或六十四卦的沙盘推演预先了解和应对各种情况。也就是说,卦爻与具体的事物相对应,卦爻是对具体事物的模拟,这便是"爻也者,效天下之

---

① 　李鼎祚撰:《周易集解》,第 450—452 页。

② 　《十三经注疏》整理委员会整理,李学勤主编:《十三经注疏·尚书正义》,北京:北京大学出版社,1999 年,第 2 页。

动者也"①(《周易·系辞下》)。

结绳与书契均被视为契约的开端,其中书契为契,结绳为约。尽管两者在时间顺序上存在差异,但其核心功能是一致的,均为确保物与物、物与事、物与理、文与理之间达到若合符节的效果。

上述时期被视为"传说"时代,之所以被冠以如此称谓,是因为当时并无文字符号的记录与传播,只能依赖口耳相传的方式进行传承。口头有声语言存在固有的限制,这些限制主要表现在地理传播范围的有限性,难以确保在远距离信息传递中的准确性与完整性。并且,口头语言随着时间的流逝而逐渐消失,无法在历史长河中持续留存,这在一定程度上限制了后人获取先人智慧的机会。这种口耳相传的传承方式,严重制约了人类知识的累积和文明的传承的进程。因此,为了推动人类思维和社会的持续进步,人们必须寻找一种新的方法,能够储存记忆、记录思想,并便于传播,以满足知识传承和文明发展的需要。

黄帝时期,随着社会逐渐进入大规模的部落联盟阶段,各联盟间的交往活动变得日益频繁。为了满足这一迫切的需求,建立一套各联盟共同使用的交际符号成为当务之急。这便是"仓颉造字"的由来。

《荀子·解蔽》言:"故好书者众矣,而仓颉独传者,壹也。"②《吕氏春秋·审分览·君守》说:"仓颉作书,后稷作稼。"③《淮南子·本经训》中说道:"昔者,仓颉作书而天雨粟,鬼夜哭。"④《说文解字·序》云,"黄帝之史仓颉,见鸟兽蹄迒之迹,知分理之可相别异也,初造书契","仓颉之初作书,盖依类象形,故谓之文。其后形声相益,即谓之字。文者,物象之本。字者,言孳乳而浸多也"。⑤

为什么"好书者众"而"仓颉独传"?传说仓颉生有异质,他的特点是重瞳或重目(四目)。《春秋纬·春秋元命苞》记载仓颉:"龙颜侈哆,四目灵光,实有睿德,生而能书。及受河图录字,于是穷天地之变,仰观奎星圆曲之势,俯察龟文、鸟羽、山川、指掌

---

① 李鼎祚撰:《周易集解》,第459页。

② 王先谦撰:《荀子集解》(第二版),沈啸寰、王星贤点校,北京:中华书局,2013年,第474页。

③ 许维遹撰:《吕氏春秋集释》,北京:中华书局,2009年,第443页。

④ 何宁撰:《淮南子集释》,北京:中华书局,1998年,第571页。

⑤ 许慎撰,段玉裁注,许惟贤整理:《说文解字注》(第二版),第1306—1307页。

而创文字,天为雨粟,鬼为夜哭,龙乃潜藏。"①《万姓统谱·卷五十二》和《明一统志·人物上古》都记载了,仓颉,南乐吴村人,生而齐圣,有四目,观鸟迹虫文始制文字以代结绳之政,乃轩辕黄帝之史官也。

要理解仓颉的重瞳或重目,可以参考舜的重瞳。根据《史记》记载:"虞舜者,名曰重华。"②"一种解释是说'华谓文德也,言其光文重合于尧'(古文《尚书》孔传),另一种解释是说舜'目重瞳子,故曰重华'(《史记正义》):他的瞳子是双重的,似乎暗示他有双重的明德,可以看到更多的东西。无法知道在太史公的笔法里,这是不是暗示圣人可以看到一般人看不到的东西?"③这也就是为什么人们看到的仓颉像,为重目的原因。因为重目才可以看到物象更深层的东西,进而描摹物象,揭示本质。

在中国文化中,有一个成语叫作"眼见为实",意思是指人们通常认为只有亲眼所见的事物才能够被认为是真实可靠的。然而,人们必须明确区分表象和本质。如果只是停留在表面现象的观察,而未能洞察到事物的内在本质,那么这种"眼见"并不等同于真实。另外,事物的真实性质往往蕴含在其表象之中。当人们具备了一种能够洞察事物本质的能力时,人们便能够一眼识破事物的真实面目。尽管人类的眼睛在结构上与其他动物的眼睛相似,有时甚至在某些方面不如其他动物的眼睛,但人类拥有一种独特的感通能力。这种能力使得人们的目光不仅能够看到事物的表面,更能够感知到事物的内在。

然而文字在描摹物象,揭示本质时,也可能伴随着真相的丢失,毕竟文字不能百分百还原事物的各个方面。因此,高诱在解释为什么仓颉造字之后"天雨粟,鬼夜哭",其原因在于"苍颉始视鸟迹之文造书契则诈伪萌生,诈伪萌生则去本趋末,弃耕作之业而务锥刀之利,天知其将饿,故为雨粟;鬼恐为书文所劾,故夜哭也。'鬼'或作'兔'。兔恐见取豪作笔,害及其躯,故夜哭"④。

其实,中国的文字体系独特而深刻。它既包含了表面的元素,也蕴藏了深刻的内涵。从根本上来说,文字是一种显性表达,所有人们能够观察到的现象都蕴含着一定

---

① 赵在翰辑:《七纬·附论语谶》(全二册),钟肇鹏、萧文郁点校,北京:中华书局,2012 年,第421 页。

② 司马迁:《史记》(第二版),北京:中华书局,1982 年,第 31 页。

③ 柯小刚:《治气与教化:〈五帝本纪〉读解》,《海南大学学报》(人文社会科学版)2013 年第 31 卷第 3 期,第 6 页。

④ 何宁撰:《淮南子集释》,第 571 页。

的文理,正是通过这些文理,人们才能够理解和认识世界。通过解析事物表面的文理,人们能够进一步洞察其内在的本质,实现由表及里、触类旁通。

然而,文字的隐性特征与万物的显性表象之间存在本质的差异。万物的表象是自然而然地呈现出来的,而文字则是对这些表象的模拟和再现。在文字与万物的表象之间,文字属于阴性,而万物的表象则属于阳性。如果将万物的表象比作事物直接的影子,那么文字则可以被视为影子的影子,是一种间接的再现。

不仅如此,文字与表象之间的关联还体现在更深层次上。古代贤者创造文字的目的是让后世子孙能够更加清晰、迅速地理解和定位各种事物、现象的表象。以"萅"(春)字为例,它不仅传达了春天青草遍地的景象,更揭示了这一表象背后的自然规律和阴阳变化。文字不仅能够描摹表象,还能够还原表象背后的更深层次的意义,实现由表及里的认知过程。

汉字不仅是对事物外在表象与内在本质进行深入观察与细致思考的结果,更是对事物在时间与空间中动态演变的精准把握与详细记录。例如,"東""杲""杳"等字,精妙地呈现了一日之内太阳在天空中位置的变化轨迹;而"本""末""枝""梢""杪""标"等字,则生动地勾勒了一棵树从根部生长、枝干延伸,直至细枝末梢的完整过程,同时也反映了植物生长周期的动态演变。这些字所蕴含的深刻内涵,体现了汉字对自然世界细致入微的观察与理解。

一个完整的文字系统绝非一人之力可以独立创造。故而,假定仓颉此人真实存在,其角色更倾向于文字的整理者或颁布者,而非文字系统的独创者。仓颉可能是氏族的领袖,抑或是具备某种特殊才能的个体,如同"后羿"可以用来指所有的善射者一样。

东汉末徐幹《中论·治学》:"故太昊观天地而画八卦,燧人察时令而钻火,帝轩闻凤鸣而调律,仓颉视鸟迹而作书,斯大圣之学乎神明而发乎物类也。"[1]伏羲氏、燧人氏等圣人,通过深入观察天地运行之规律,细心体察四时之更替,倾听凤凰之鸣叫,审视鸟禽之足迹。基于这些观察与体悟,他们创造了八卦符号,发明了取火之术,创制了音律,并创造了文字。这些伟大的发明——八卦、律吕和文字等,使得世间万物的本质与现象得以清晰呈现,为人类对自然的认知与应用提供了有力的工具和手段。

---

[1] 徐幹撰,孙启治解诂:《中论解诂》,北京:中华书局,2014年,第14页。

（二）经学昌明时代之后的文化传承

在中华民族发展和时代变革的大背景下，文字的演变历经了初创、分化和整合等多个阶段，最终由秦朝统一了文字，实现了文字的规范化。自秦朝统一文字以来，汉字作为中华文明的核心载体，历经了漫长而丰富的发展历程。这一过程体现了中华文明的进步与发展，也为后世的文化传承与发展奠定了坚实的基础。自汉朝以后，进入皮锡瑞在《经学历史》中所说的经学昌明时代。

秦朝焚书坑儒，对汉代学术乃至之后的中国学术发展产生了深远的影响，催生了今文经、古文经之争的新阶段，开启了后世训诂、义理之辨的先河。"今文经与古文经之争是儒家经学中的大问题，也是自两汉之后儒学发展史上时有起伏的一条主线。"①

秦始皇焚书后，汉初的老儒凭记忆口传经典，弟子以当时流行的"今文"（隶书）记录，形成"今文经学"。后来，民间发现了用先秦古文写成的经籍，形成了"古文经学"。今文经主张以当时的语言文字为基础，对经典进行阐释和解读，强调经典的经世致用。这种解释方式更注重经典的实际应用，而非文字本身的含义。而古文经则强调对经典的文字、音韵和训诂等方面进行深入研究，力图还原经典的原貌，更好地把握经典的内在精神和思想。今文经学重视义理解释，强调通经致用；而古文经学则更关注不同版本的比较，偏重考据训诂。因此，今古文之争在一定程度上可以看作义理与训诂之争的体现。

这种争议不是仅存在于两汉时期，而是贯穿于整个儒学发展史。在不同的历史时期，今古文之争的表现形式和具体内容也不尽相同。例如，在宋明理学时期，今古文之争更多地表现为义理与训诂之间的争议。义理与训诂之争则是关于如何理解和解释经典的争论。义理主要是指经典的内在精神和思想，而训诂则是对经典文字进行阐释和解读。义理派主张以心性、道德为核心，强调经典的内在精神；而训诂派则更注重文字本身的含义和音韵，力图通过对经典的精确解读来把握其内在意义。在宋学中，朱熹等人重视考据训诂，而陆九渊等人则强调义理阐释。

至清代，今古文之争展现了新的面貌。这种分歧体现在汉学与宋学之争中，汉学注重考据训诂，而宋学则更重视义理阐释。清代学者在继承前人研究的基础上，对今古文问题进行了更为深入的探讨。一方面，他们更加重视实证研究方法，着重于经典

---

① 景海峰：《今古文之争的方法论意义》，《社会科学》2021年第12期，第3页。

文献的版本校勘与文字训诂工作；另一方面，部分学者试图超越今古文的对立，探索一种更为综合的经学研究方法，即"训诂通义理"。"'训诂通义理'是中国训诂学的核心理念，形成了贯穿汉宋的历史脉络，在乾嘉之学达到历史高峰。乾嘉学者对训诂的过度推重导致了汉宋门户与'训诂—义理'的脱节。"①

"在经历了汉唐经学、宋明理学以及清初以来风头正盛的考据之学发展演变之后，章学诚眼中的中国传统学术已面临着极大的危机。"②在章学诚看来，无论是汉学的章句训诂、名物度数之学，还是宋学的心性义理之学，或是其内部的两种学问路向，均未能满足他的学术要求。即使是史传传统，也存在问题。因此，他决定将"小学"转型为独立的"语言文字之学"，并强调其不仅有助于理解经典，更是人文学术领域的基础。

这一传统的起源可追溯至许慎创作《说文解字》的初衷。为了反驳今文经学派基于隶书经典的解读方式，避免其穿凿附会、曲解经文的行为，许慎倾注了二十二年的心血，完成了这部伟大的著作。在《说文解字》中，许慎对每个字都进行了字形标注，注明了读音，并深入探究了字义，使其表达既简明又扼要。"今叙篆文，合以古籀，博采通人，至于小大，信而有证。稽撰其说，将以理群类，解谬误，晓学者，达神旨。"③

从根本层面来说，今古文之争及其所体现的义理、训诂之争，均为针对如何正确诠释和解读经典文本的争论。实际上，这种争论凸显了对于儒家经典理解方式及诠释维度的显著差异。进一步而言，这些分歧不仅体现了不同时代、不同学派对于儒学发展路径的独到见解与追求，更彰显了中国传统学术在漫长的历史长河中不断演进与发展的轨迹。这些争论不仅反映了不同学者对经典的理解和解释方式的差异，也体现了中国传统学术的发展和演变。

尽管今古文之争在儒学发展史上时有起伏，但这种争论也促进了儒学不断发展和创新。不同的解释方式和学派之间的互相碰撞、交融，为儒学注入了新的活力和思想。同时，今古文之争也提醒人们，对于经典的解读和理解需要不断创新，以适应时代的发展和变化。

---

① 孟琢：《"训诂通义理"的现代之路：论中国训诂学的阐释学方向》，《中国社会科学》2023年第3期，第98页。

② 李春青：《对章句训诂与心性义理的双重超越：章学诚经典阐释学思想探微》，《贵州大学学报》(社会科学版)2020年第38卷第5期，第117页。

③ 许慎撰，段玉裁注，许惟贤整理：《说文解字注》(第二版)，第1320—1321页。

（三）汉字教育在新时代的继往开来

以文字及其所编织的经典传承的历程,折射了中华民族精神文明的演进脉络。以文字及文字构成的经典流传史,也是中华民族精神文明发展史。当人们追溯汉字的演变过程时,不难发现其展现出了相当的稳定性,这在一定程度上彰显了汉字的成熟性与历史考验的耐久性。中华优秀传统文化博大精深,表现形式多种多样,而文字无疑是其中最耀眼的一环。

一方面,随着科技的飞速发展和社会的不断进步,在数字化时代的浪潮下,汉字面临着新的挑战与机遇。电子技术的飞速发展使得汉字的书写方式发生了巨大的变化,键盘输入、语音识别等新技术为汉字的书写带来了便捷与高效。然而,在追求速度与效率的同时,人们也不能忽视汉字的文化内涵和育人价值。

另一方面,随着时代的变迁和社会的发展,汉字教育在促进语言交流、传承中华文明、弘扬民族精神等方面发挥着越来越重要的作用。作为中华文明的核心载体,汉字不仅是记录、沟通与交流的工具,也是文化的载体和传承的媒介,更是传承与弘扬中华文明的重要途径。在当今社会,大家必须深刻认识到,作为中华民族的一员,更应该加强对汉字教育的认识。必须从对汉字的熟悉转向一种更加深入的理解和掌握,确保汉字的传统和文化内涵得到更好地传承和弘扬。

因此,采取更加积极的措施,加强汉字教育,提高汉字素养,推动汉字教育普及和提高,已经成为时代的使命和未来发展的必然趋势。

首先,就当下而言,汉字教育的时代使命在于贯通古今而传承中华文明。汉字作为中华文明的瑰宝,承载着丰富的历史、文化和艺术内涵。通过汉字教育,可以让人们更好地了解中华文明的精髓和内涵,增强文化自信心和民族自豪感,进一步推动中华文明的传承和发展。

在文化复兴的过程中,文字起到文化认同、文化传承、文化发扬的作用。文化认同是民族团结与社会和谐的重要基石,而文化传承则是实现文化认同的必由之路。汉字作为文化的载体,其教育与传播对于文化的发扬至关重要。由文字而文化,是复兴中华优秀传统文化的基本路径。从文字出发,人们得以窥见文化的全貌,进而实现文化的传承与发扬。

复兴中华优秀传统文化的基础在于文字的复兴。要复兴中华优秀传统文化,首要之务便是振兴汉字。只有让汉字焕发新的生命力,才能够为中华文明的复兴奠定坚实的基础。因此,我们应当高度重视汉字教育,让其在新的历史时期绽放出更加耀眼的光芒。

其次,就未来而言,汉字教育的发展需要注重培养汉字思维,并注意技术加持下的汉字教育与汉字发展对技术的影响等方面的问题。汉字思维是指个体在认知、理解和运用汉字方面的能力和素养。这种素养不仅包括对汉字形态、结构、意义和用法的掌握,还涉及能够运用汉字进行有效沟通和创造性表达。汉字教育未来一定会与信息技术发展在关键场合相遇,需要关注汉字思维的特性与信息技术发展之间的关系。

未来世界的发展不可能缺少中国文化。汉语言文字作为中华文明的核心,也作为世界文明的重要组成部分,在探索世界的发展趋势时,我们不可忽视中华文明的重要性。中华文明作为一种源远流长的文明,不仅塑造了中华民族独特的身份认同,还为世界文明的多样性作出了重要贡献。汉语言文字作为中华文明的核心载体,不仅承载着丰富的历史文化信息,还蕴含着深厚的哲学思想。从孔子的儒家思想到老子的道家哲学,再到墨子的墨家学说,这些思想都在汉语言文字中得以流传和传承。这些思想不仅为中国人提供了独特的世界观和价值观,也为全球范围内的文化交流和人类文明的进步提供了宝贵的资源。通过深入挖掘中华文明的智慧和魅力,有助于推动全球文化的交流与融合,共同构建人类命运共同体。在这个多元化的世界中,让我们携手共进,共同推动中华文明与世界文明繁荣发展。

汉字思维能够更好地发展人工智能。未来的信息技术以人工智能领衔,人工智能未来要在全世界推广并且形成长足发展,则离不开汉字思维的加持。人工智能建立于综合大数据与机器深度学习的基础之上,本质上依然依托二进制计算机逻辑语言。而二进制逻辑语言与汉字思维存在不同。因此,汉语言文字对于人工智能的发展具有积极的推动作用,能够助力人工智能理解并学习数据,进而推动其思维发展。计算机语言将世界解码为 0 和 1 及其之间的关系,汉语言文字则将世界解码为阴阳①,这两种语言文字的底层逻辑不同。在目前的信息技术发展中,汉语言文字是被数字编码为计算机语言,与其他人类语言共同构成了数字世界的基石。然而,二进

---

① 文字本身,与阴阳密切相关。从文字与事物的关系来看,文字为阴,事物为阳;文字与文字之间,亦分阴阳,如有阴文、阳文。就文字本身而言,亦包含阴阳,如"春"字所示。汉语言文字,不仅具有契约文字的属性,而且能够分别记录表象和本质。

制编码方式在根本上无法深度解码真正的自然世界,是对世界表象与本质机械的、僵化的模拟。阴阳的整体性思维与动态转化在汉字中得到淋漓尽致的体现,能够有效克服二进制的问题,因此是未来依托更先进硬件技术的计算机语言的发展方向。在人工智能这一前沿领域,汉字思维的深度思考与创新思维将为其注入更为丰富的内涵。

汉字教育在未来的发展中也需要不断创新。随着时代的推进和科技的发展,汉字教育也需要不断创新方法,适应新的教学环境和教学需求。例如,可以探索汉字教育与信息技术的结合,开发更加智能化、个性化的教学平台和工具,提高汉字教育的质量和深度。

三、汉字教育的育人价值

探寻汉字生成的深层含义,研究汉字在培育人才方面的重要价值,这是关于汉字教育教学内容的核心论题,探讨的是汉字教育究竟教什么的问题。汉字教育的根本目的是通过教授汉字,在文化、科学、技术和艺术等方面推动人的全面发展。

(一) 增进中华优秀传统文化涵养

汉字是中华文明的载体,通过学习汉字,可以了解中华文明的历史、传统和价值观等。以文化育人为视角,凸显汉字教育的文化价值。以中华文明为基础,以汉字教育为桥梁,滋养个体的精神世界,避免受飞速发展的社会的影响而造成个体精神生命的空虚。生活在数字化时代的人们很容易受效率至上、推崇功利主义的社会的影响而忽视汉字原本的传承作用。需要以汉字教育为基石,来建构个体对中华文明的理解,加强学生对中华文明的认同感,增强对中华文明的自豪感,从而传承和弘扬中华优秀传统文化。

(二) 培养良好的语言文字能力

汉字教育的时代使命在于培养具有深厚文化底蕴和良好语言素养的新一代,具备复兴和传承中华优秀传统文化的能力。文字是基础,文学是样式。在新时代背景下,汉字教育应该更加注重培养学生的文字理解、运用和审美能力,使他们能够熟练掌握汉字书写的规范,深刻理解汉字背后的文化内涵,从而成为中华文明的传承者和弘扬者。汉字是汉语的书写形式,通过学习汉字,可以掌握基本的语言文字能力,包括阅读、写作和口语表达等,为日后的学习和工作打下坚实的基础。汉字是表达思想、传递信息的重要工具。通过学习汉字,学生可以更好地掌握语言技巧,提高表达能力。无论是口头表达还是书面表达,都需要运用汉字精准、生动地表达,这对于培养学生的语言能力和表达能力有着重要的意义。

(三) 促进思维能力和创造能力的发展

汉字不仅承载了丰富的知识,更体现了深邃的思维、严谨的逻辑和无尽的想象力。在深入探究汉字的过程中,学生需要积极挖掘其内在含义,这一过程对于培育和提升其思维能力具有显著的推动作用。汉字的构造与变化,无不凝结着古人对世界的深刻理解,展现其独特的认知方式。汉字犹如一面镜子,反映出古人如何认识世界、表达意愿的思维轨迹。汉字的创造与使用,不仅承载着中华民族独特的思维方式,更蕴含了其严谨的思维基因。因此,汉字教育不仅限于字面的教授,更在于通过这一学习过程,培养学生的思维能力、创造能力与想象能力。通过深入了解汉字的构造、演变过程等,能够激发学生的好奇心和探索欲,进而促进其思维能力和创造能力全面发展。汉字教育所孕育的整体性思维、逻辑思维、哲学思维、创新思维和时空思维,是解锁中华思维之门的钥匙。从汉字的创造到运用,无不体现出先民独特的思维特点。在造字的过程中,先民运用具象思维,将日常生活中的事物、自然山水乃至人体自身融入字形之中,使得每个汉字都如同一幅生动的图画,蕴含着丰富的文化内涵。而在用字的过程中,先民则展现出抽象思维的能力,通过理性的、科学性的推演,使得汉字成为表达复杂思想、传递深厚文化的有力工具。因此,深入理解和运用汉字,对于培养和提高个体的思维能力、拓宽视野、增进对中华文明的理解具有重要的意义。

(四) 提升科学素养与艺术素养

科学性与艺术性共同塑造了汉字的独特魅力,完美体现了中国人的思维方式。从某种角度来说,汉字教育的实质也是一种科学与艺术融合的教育。在某些情况下,科学和艺术可能会产生分歧,然而在汉字教育领域,这两者之间的张力可以得到缓解,甚至实现两者的融合。汉字之所以具有如此的作用,在于汉字本身是科学性与艺术性的完整体现。"构造汉字,是一种艺术创造,主要用形象思维描摹出一个个具象的场景或画面;创造同源字,是一种科学推理,运用抽象思维提取事物意义间的共性特征,加上类属,其意义范畴与隐含特征就清晰地呈现出来了。"①科学与艺术的完美融合,使汉字成为一种既具有艺术美感又充满科学精神的文化符号。

（五）提高认识世界与认识自身的能力

自人类诞生,教育兴起,认识世界与自我探索便成为每个个体生命中不可或缺的部分,尽管深浅程度因人而异。在某种程度上,对世界的认识即是对自我认识的映射,反之亦然。这一观点在古希腊的"认识你自己"的箴言中有所体现,同样在中国古代的"盘古开天辟地"神话中也有所隐喻。汉字作为记录与表达思想的工具,不仅深刻揭示了事物的本质,还通过抽象或具象的方式描绘了事物的表象。因此,汉字教育成为人们认识世界与自我探索的重要桥梁和路径。

（六）推动人的全面发展

在教育的各个层面,汉字教育都发挥着关键作用。汉字教育直接推动德育、智育和美育,间接推动体育、劳动教育。第一,汉字教育不仅仅是教授知识,更是培养学生品德和道德观念的重要途径。汉字教育帮助学生了解中华文明的优秀传统和道德规范,深刻理解核心价值观,培养爱国情怀和社会责任感。汉字书写的规范、严谨、工整,正是对德育中"诚"与"敬"的具体体现。第二,汉字作为语言的基石,蕴含丰富的知识。汉字的构字原理、演变历程和文化内涵等,无不蕴含着丰富的知识和智慧。通过学习汉字,学生可以锻炼逻辑思维能力、空间想象能力,提高综合素质和创新能力,为其他学科的学习打下坚实的基础。第三,汉字除了记录语言,还具有审美价值。汉字本身就是艺术,其形态和结构之美为学生提供审美享受。汉字的形态美观、结构匀称,每个汉字都有着独特的韵味。在学习汉字的过程中,学生可以欣赏汉字的美,培养对美的敏感度和鉴赏力。同时,通过书写汉字,学生也能够表达自己的情感和思想,实现自我价值的提升。第四,汉字教育帮助学生理解中华文明的体育和劳动精神。通过练习书法,学生不仅能够提高手眼协调能力,还能够培养耐心、专注力等品质,这些对于体育运动的训练同样具有重要的意义。同时,书法作为一种静态的体育运动,能够帮助学生调节身心,达到身心健康的目的,也能够培养学生勤劳、勇敢、坚忍和自律的品质,促进学生的身心健康发展,还能够培养学生勤劳、节俭等精神。通过汉字的学习,不仅可

---

① 王云路:《汉字蕴含的思维方式和文化基因》,《光明日报》2023 年 2 月 26 日第 05 版。

以提高学生的知识水平,更能够促进学生的全面发展,推动五育融合深入发展。

四、汉字教育的实践路径

经过对汉字教育育人价值的深入探讨,必须进一步关注汉字教育的实践路径与汉字教学方法的优化。具体来说,需要探讨如何更加高效地教授汉字,并采取何种有效的措施以确保教学质量。为了丰富汉字学习的内涵,应将中国文化中的天人合一思想融入教学过程,同时结合人文思想和自然科学知识,构建一套全面而系统的汉字学习认知体系。这一体系不仅有助于学习者掌握汉字的基本知识和技能,还能够增进对中国文化、人文思想和自然科学的了解与认知。

(一) 强化价值引领

汉字教育的根本目的是通过教授汉字,增进人们的中华优秀传统文化涵养,培养良好的语言文字能力,促进思维能力和创造能力的发展,以及提升科学素养与艺术素养,提高认识世界与认识自身的能力,最终推动人的全面发展。汉字教育作为中华文明传承的重要载体,其实质不仅在于教授字形、字音、字义,更在于通过汉字这一独特的文化符号,传递中华文明的核心价值和精神内涵。

在这一过程中,汉字教育所承载的育人功能,无疑为五育提供了丰富的资源和载体。汉字教育与五育之间存在着密切的联系和互动。以"汉字育人"作为汉字教育的理念,能够有效推动从五育并举到五育融合。因此,我们应该充分认识和重视汉字教育的育人功能,将其贯穿教育教学的全过程,为学生的全面发展提供有力的支持和保障。

(二) 夯实理论基础

汉字教育和汉字研究相辅相成,它们相互促进,共同推动汉字文化的传承和发展。汉字教育的基础是汉字研究,与其相关的学科是文字学。汉字研究,一种涉及汉字起源、演变、结构、含义和应用等方面的研究。它包括对汉字的形体、音韵、意义、使用规律及其之间的关系等方面进行系统深入的探讨和分析。汉字研究涉及语言学、文化学和历史学等多个学科领域,是对汉字这一独特的文字符号系统进行全面研究的学科。

以象形、指事、会意、形声、转注、假借"六书"文字学理论为中心,辅以字理识字和字源识字这两个重要的汉字教学方法,能够帮助学习者更加深入地理解汉字,掌握汉字的应用规律,从而更好地传承和发扬汉字文化。字理识字,突破符号性,是一种基于汉字构造原理的识字方法。它通过分析汉字的构造元素和构造原理,帮助学习者理解汉字的结构和意义,进而记忆和应用汉字。这种方法能够突破汉字仅仅作为符号的限制,让学习者更加深入地理解汉字的内涵和演变过程,从而更好地掌握汉字。字源识字,呈现历时性,则是一种通过追溯汉字的历史演变过程来识字的方法。它通过对汉字的历史演变进行梳理和分析,帮助学习者了解汉字的起源和发展历程,进而理解汉字的意义和用法。对汉字的历史演变的探索,源于每种字形所蕴含的独特韵味与美感。通过深入研究汉字的演变过程,我们能够深入理解岁月与历史赋予汉字的厚重感和历史感。同时,在这一过程中,我们也应该深感所肩负的对于汉字传承与发扬的责任。这种方法能够呈现汉字的历时性,让学习者更加全面地了解汉字的历史和文化背景,从而更好地应用汉字。

(三)创新教学方法

倡导跨学科融合的汉字教育,这也是在还原汉字的本质。汉字,作为中华文明的基石,其教育意义远远超过单纯的语言学习。它不仅关乎一般意义上的语文,更涵盖了广泛的知识领域。汉字,作为中华文明的重要载体,蕴含着天文地理、人文生命、数理化等多学科的信息。它所传递的自然信息是全息化、无缝链接化的,超越了学科的界限。汉字的诞生与演变,不仅是一部生动的中华文明演进史,更是一部记录人类认知自然世界的文明信息传播的鲜活史书。

汉字教育与语文教育紧密相连,因为学习汉字是学习语文的基础和核心。汉字不仅是语言的载体,更是文化的传承。汉字教育也等同于外语学习。每一个汉字背后都蕴含着深厚的文化内涵,通过学习汉字,人们可以深入了解另一种文化世界。汉字教育亦与数学教育息息相关。汉字的构成、演变和运用都体现了数学思维和宇宙生成的哲学思考。汉字教育也是科学教育的一部分。通过学习汉字,人们可以理解事物的本质,探究自然界的奥秘,实现格物致知。在现代信息社会,汉字教育同样具有重要的意义。汉字作为信息的载体,是信息高速公路的基石。掌握汉字,就是掌握了获取和处理信息的关键。汉字教育也是历史教育。每一个汉字都是历史的见证,通过学习汉字,人们可以了解历史的演变和发展。音乐教育与汉字教育同样密不可分。音韵学的研究使人们更加深入地理解汉字与音乐之间的关系,汉字的音韵之美也为音乐创作提供了无尽的灵感。汉字教育还是审美教育和体育教育的重要组成部分。书法作为一种独特的艺术形式,不仅培养了人们的审美观念,也是一种锻炼身体的方式。在书写汉字的过程中,人们不仅能够感受到美的力量,还能够锻炼身体,实现身心并进。跨学科融合的汉字教育不仅关乎语言和文字本身,更是一种全面的、综合性的教育。

此外,教师须运用现代教学理念和手段,比如情境教学、项目式学习等,将汉字教育与生活实践、文化传承紧密结合。通过故事、游戏、音乐和美术等多元素融合,激发学生对汉字的兴趣和探究欲。

(四)强化书写训练

在当今信息化、数字化的时代背景下,人们似乎逐渐忽视了书写的本质意义,那种通过文字传递情感、展示个性的"见字如面"的传统似乎已渐行渐远。然而,值得庆幸的是,汉字教育始终在倡导并强调书写的重要性,不断为人们创造书写的机会和条件。这种教育不仅凸显了汉字文化与书法教育的紧密结合,更体现了书写在汉字教育中的核心地位。汉字书写,作为汉字教育的重要一环,具有双重意义。一方面,通过书写,人们能够更深入地理解汉字的内涵,感受其背后的文化底蕴和历史沉淀;另一方面,书写作为一种身体性的学习方式,能够将知识真正刻入脑海,融入内心,使学习效果更加扎实、持久。

为了有效培养学生的书写技能和审美能力,可以定期举办书写练习、书法课程和比赛活动。这些活动旨在让学生在实践中锻炼技能,提升对汉字美的感悟和欣赏能力。同时,鼓励学生积极运用汉字进行创作,比如写日记、编写故事和创作诗歌等,以进一步加深对汉字的理解和感情。通过这些举措,能够极大地激发学生对书写的热爱之情,让他们在书写中感受汉字的魅力和力量。

(五)拓展阅读资源

阅读是汉字教育的环境,提升汉字素养的关键途径在于阅读。阅读,是文字与文字之间的不断激荡,作为文字与文字之间的深度互动,能够深化人们对于文化精髓与内涵的领悟。为了丰富学生的汉字与词语积累,人们应该提供多元化、高质量的阅读材料,比如经典文学作品、科普知识和新闻报道等,让学生在阅读的过程中接触并理解更多的汉字,并且思考汉字意义的生成与演变。

此外,还应该鼓励学生培养自主阅读的习惯与兴趣,激发他们的学习动力。在阅读材料短缺或不足的情况下,人们应该积极采取措施,自主编写阅读材料,以满足学生的学习需求。

(六)利用科技手段

科技的进步已推动数字化教育成为当今的主流趋势。为了提升汉字教育的质量与效率,我们应该适度且明智地运用智能教学平台、应用程序等现代工具,为学生提供更加个性化和互动性的学习体验。比如虚拟现实技术的运用可以让学生更加直观地感受汉字的演变历程,从而深化对汉字的理解与记忆。

然而,在享受技术带来的便利与效益的同时,人们亦须警惕技术可能导致的主体性迷失。因此,在推进汉字教育的数字化进程中,应该始终保持审慎与平衡的态度。

五、结语

文字是对事物及其相互关系的具象与抽象的描绘与表达。汉字作为中华民族历代先民的智慧结晶,是先民对世界的认知凝练而成的意义符号。随着汉字教育与对世界认知的不断深入,汉字呈现出新的表现形式与应用形式,凸显了汉字教育的时代性。在认识汉字与认识世界的过程中,汉字教育发挥了独特的育人功能。因此,在当代社会重新强调汉字教育,并积极探寻其实践路径,是对中华文明传承与发展的重要举措。

人类的文化创造通过文字得以记录和传承,其中,汉字不仅是中华文明的重要载体和传承者,同时也是历史文化的产物。汉字的产生源于文化需求,随着文化的不断演变和发展,汉字也在不断进行演变和改进,以适应新的文化需求。因此,汉字不仅承载了中华文明的深厚底蕴,也体现了人类文化的不断发展和进步。

从最基础的汉字入手,通过文字涵养学生的精神世界,培养学生的文化认同感,建立文化自信。汉字作为一种重要的交流方式,是传播信息的关键媒介,汉字教育更承载着传承中华文明的使命。从单个汉字到篇章文字的记录,都体现了中国独特的民族文化和民族精神。汉字的每一笔、每一个偏旁结构和构字原理都体现了中华民族的传承和历史的演变,闪耀着古人智慧的光芒。汉字蕴含着先辈的思维方式和华夏子孙的精神气节,学习汉字有助于培育个体积极向上的精神风貌。

在深入学习和理解汉字的过程中,学生能够自然感受中华文明的丰富内涵,吸收民族智慧,树立文化自信,确立正确的价值观,并养成积极乐观的生活态度。以"六书"文字学理论为指导,依据字理识字、字源识字的理论导向,对"文字育人"的理念进行系统的归纳与阐发。通过这一过程,厘清了汉字教育的真正意义和价值,探讨了汉字教育的核心意义和价值所在,并明确了加强汉字教育的必要性、可能性与价值所在。

通过深入学习和理解传统汉字,能够深刻体会中华文明的丰富内涵,感悟古人造字、用字的卓越智慧。汉字教育的目标是将汉字中蕴含的中华精神内化为个体的素养,使其在个体的生命成长过程中发挥多元性的作用。在汉字的每一笔、每一画之间,人们探寻历史的足迹,体会文化的韵味,感受文字的温度,领略先人的情怀。借助方方正正的中国字,培育堂堂正正的中国人。

论文译介

教育即自我教育[*]

汉斯-格奥尔格·伽达默尔 撰　王宏健 译　陈　巍 校[**]

内容摘要：教育就是自我教育，塑造就是自我塑造。人在沟通和交往的过程中实现了归属，而归属是任何形式的教育和塑造的指导思想。在学校教育中，最重要的是能够提出自己的问题并接受回答。就学习一门语言而言，最重要的是能够用它进行提问和回答。语言只有在对话中才能够得到充分实现。当人想要自我教育和自我塑造时，真正重要的是人的力量，即发挥人的积极性、培养人的判断力，只有这样，人才能够安然度过技术时代。

关键词：教育；自我教育；对话；相互理解；判断力

译者引言

本文是汉斯-格奥尔格·伽达默尔于 1999 年 5 月 19 日在迪特里希-朋霍费尔中学（Dietrich-Bonhoeffer-Gymnasium）所做演说的文字稿，原文题为"Erziehung ist sich erziehen"，

---

*　本文系国家社会科学基金重大项目"伽达默尔著作集汉译与研究"（项目批准号：15ZDB026）研究成果。感谢中山大学哲学系硕士研究生文廷炀对本文的校读。

**　汉斯-格奥尔格·伽达默尔（1900—2002 年），德国哲学家，哲学诠释学的奠基人，20 世纪最具影响力的德国思想家之一。

　　王宏健，弗莱堡大学哲学博士，浙江大学"百人计划"研究员。

　　陈巍，湖南师范大学古典教育学研究中心特聘研究员。

于 2000 年在海德堡的普法尔茨出版社(Kurpfälzischer Verlag)发表,这是汉斯-格奥尔格·伽达默尔生前公开发表的最后一篇演说稿。在做这个演说时,汉斯-格奥尔格·伽达默尔已经 99 岁高龄。本文也是汉斯-格奥尔格·伽达默尔少数思考教育问题的文本,他不仅结合自身经验,对日常的教育经验和教育问题展开反思,而且试图将他的哲学诠释学中的对话理想应用于教育实践,强调提问和回答在教育中的重要性,教育作为自我教育乃是对人的积极性和判断力的提升。

汉斯-格奥尔格·伽达默尔是 20 世纪哲学诠释学的奠基人,兼通古典语文学,并试图将当代的哲学诠释学理论与古典哲学(尤其是古希腊哲学)打通。他的工作重心除了哲学诠释学,还有对柏拉图的研究。本文虽然没有直接谈及古典教育,但实际上反映了一位长期接受古典学术理想熏陶的当代哲学家对当代教育现实和教育问题的反思。譬如他强调"归属"(Heimischwerden)、"安顿"(einhausen)在教育中的指导地位;强调语言经验(尤其是在问答中、在对话中的生动的语言经验)在教育中的重要地位;强调教育在这个技术化、匀质化、虚无化的时代的重要作用,即对人性的塑造和对判断力的培养。在这个意义上,人们从汉斯-格奥尔格·伽达默尔的这篇演说稿中需要学到的是,如何在古今之间、理想性与现实性之间取得一种均衡,既能抵御现代技术对教育之为崇高理想的侵蚀,又能将古典的教育理想进行现代转换,尤其是将其创造性地运用于现代教育活动的细节之中。

正如你们所见,我是一个体弱的老年人,你们也不应该期待我现在还能够处于我的创造力或者智慧之巅。毕竟,宣称自己处于智慧之巅,本身就是一种颇为可疑的说法。不过,当一个人到了我这样的年纪,确实可以说积累了丰富的经验。然而,实际上,我对你们的态度有点悖谬甚至疯狂。事实上,我非常想从你们那里学习到很多东西! 我需要知道,今天的学校是什么样的,家长有什么样的担忧,你们的儿子有什么样的烦恼,你们的女儿又有什么样的烦恼……所有这些我现在都不了解的事情。我问过自己,是否有资格谈论这些问题;我们已经商定好了,如果我占用你们太多的时间,我们就缩短讨论的时间,而我并不想强制规定这一点。如果我能够稍微缩短演说时间,希望我们能够有更长的讨论时间。

我想尝试解释为什么我认为只有通过对话才能够学习。这当然是一种非常广泛的说法,我过去几十年的所有哲学努力也必定是在某种意义上对此进行阐述。如果我今天的演说要选一个标题——这并不是讲座,正如你们所见,我认为我们的学术生活中有一种危险的习惯遗留,就是仍然使用"讲座"这个词。讲座(Vorlesen)和讲话(Sprechen)是两回事。讲话是对某人说,而讲座则是拿着这张纸横亘在我们之间。当然,这里除了一些我已经记录下来的关键词,其他什么也没有写,所以我只是偶尔拿在手上。

一

我现在要声明演说的主题:教育就是自我教育,塑造就是自我塑造。在此我有意排除那些在青少年时期与其教师或父母之间显而易见的问题。我想从一个不同的角度来看待这一个领域,而不是如同它在实际辩论中所占据的位置那样,并试图将事情呈现得更加准确。

因此,我的出发点是追问,究竟是谁在实施教育? 教育到底是什么时候开始的?我现在不想涉及最新研究的特殊知识,这些知识探讨了母亲与尚未出生的孩子之间的沟通关系。当然,在这种情况下确实存在某种沟通,但肯定不是语言上的。然而,对新生儿来说就有一个非常有趣的问题——学习讲话(Sprechen lernen),即我们无疑地认为是每个人的基础教育的一部分,是从何开始的呢? 这里涉及的所有秘密也适用于以后的时期,比如职业培训等。显然,在此我有了第一个发现,我将说出人们在一个刚出生的孩子那里所看到的东西。在接下来的几个月里,这个孩子开始进行某些游戏,试图抓取东西,并似乎对能够抓到某些东西感到满足,甚至感到骄傲。虽然这个孩子不能真正抓住东西,也不会真正有意愿,但至少可以感觉到愉悦,有初步的舒适感。我几乎想说的是归属感(Sich-Daheimfühlen)。这无疑是新生儿面临的第一个巨大的心理任务——他之所以哭泣,是因为他无法承受突然间被置于一个完全无法想象的周围世界。

如果我们以这种方式来考察,那么相对于第一个步骤,第二个全新的步骤显然在于孩子学习讲话的头几年。正如我们所知,这是令人难以置信的极其有趣的几年,对父母来说充满了惊喜。尽管一开始自由讲话是如此富有灵性,但人的讲话并不会一直保持这种状态。这是一种有时会在此显现出来的遗失。我们都会遇到这样一种情况:儿童时期的语言中的一些词语或名字可能会伴随一个人一生。这是我们在这里要实施的另一个步骤。我们必须将全部的注意力投入这一个步骤,甚至通过父母用词的潜移默化来给自己命名,以及给动物命名,如此等等。在命名的过程中,这个主题当然是特别值得研究的。

那么,我们来问自己:谁在实施教育？或者说,这是一种自我教育吗？这确实是一种自我教育,这在人们儿童和青少年时期开始复述那些他们并不理解的东西时所感受到的满足中体现出来。最终,他们正确地说出了这些东西,因而感到骄傲和自豪。我们必须从这些初始阶段出发,以确保我们一生都不会忘记:我们是在自我教育;教育是一种自我教育;而所谓的教育者——无论是教师还是父母——只是以某种微小的贡献参与其中。我们将会看到这其中包含了什么。如果我可以回想起自己的童年以及我从家庭生活中了解到的其他人的童年,那么这无疑是每个人以某种方式在其身上所携带的东西。显然,在这些学习讲话的年岁里,一个人在经过父母养育之后进入幼儿园,然后进入学校,这意味着一个重大的转折。这无疑是一个重要的步骤,在其中某种真正的新事物得以实现,"从摇篮到坟墓":我指的是与他人的关系,即沟通。

我有一个女儿,有时我的妻子不得不请求我们当时的家庭助理去给孩子换尿布,每次换完都会引起孩子大哭。刚开始,我也不得不试着换一次,在我的妻子看来——她肯定是对的——我简直是在一张酷刑床上做完这一切。但是,结果呢？孩子笑着,满足地睡着了。是的,这就是沟通,尽管我们对此一无所知,但沟通已经充满了这种归属的过程,而我认为归属是任何形式的教育和塑造的指导思想。塑造(Bildung)也是这样形成的——只要我们仅仅记住一点,那就是所谓的学校教育总是有其特殊的重点:在这里它也只给出已经自行塑造的东西。① 这不是我们所说的特殊的专长,而是已经意味着某种一般的塑造。当然,这一过程是逐渐实现的。

二

诚然,如今幼儿园的发展处于一种我们尚不完全了解的状态。教育领域的秘密和困难,如今在很大程度上受到工业革命的压迫,最终甚至面临威胁。这意味着,母亲或多或少被迫进入职业领域。我们必须在整个社会中认识到这一点,即便是在涉及那些

---

① 在本文中,我们把"Erziehung"翻译成"教育",而将"Bildung"(当然它也有"教育"的含义)按照其本义翻译成"塑造"。而在日常德语中,"Erziehung"多指家庭教育,而"Bildung"则多指学校、社会层面的教育。汉斯-格奥尔格·伽达默尔在这里对这两个词的使用涉及这一区分。——译者注

未受此迫使的人们的地方。毕竟，当父亲如此罕见地出现时，他的缺席已经是一种奇怪的体验。但如果孩子完全依赖父母，当双方都去工作时，应该怎么办？对此我在美国特别研究过。通常来说，成问题的东西首先被发现是通过我们在其他的地方注意到它。这至少是明智的，而我也恰好有机会很好地了解了美国的情况。必须清楚地认识到这意味着什么，例如，我对一个忙于工作的美国同事说："你也有家庭，有两个孩子吧。"他说："哦，那没什么糟糕的，他们就坐在电视机前。"你可以想象这位父亲后来遇到的问题，当他让孩子在头几年过度沉迷电视时，他当然犯了一个可怕的错误。在这种情况下，大众媒体对人类所带来的威胁无法得到充分的估量。最重要的是，要学会勇敢地形成和执行自己的判断力。这并不容易。我们对孩子讲话，而且我们知道，当面对一个陌生人时，他们是多么难以开始倾听，而我们也更倾向于用一个讨喜的微笑来安抚他们。

在这些最初的阶段（包括幼儿园阶段）之后，诸种问题在孩子进入小学的时候开始显现。那么，它们究竟是怎么开始的呢？这主要是由于有许多同学，其中有的让人喜欢，有的则不然。整个关于喜欢与不喜欢、同情与反感的过程——即整个人生中所要求的全部东西——同样也出现在学校生活中。如果教师想要影响这一过程，他的作用往往是非常有限的。如果家庭已经对此束手无策，那么教师通常也不会取得太多的成功。这些都是显而易见的事情，不需要我详细地说明。我只想展示与之相关的东西。这里涉及的是，人如何在世界中安顿自身。黑格尔使用了"安顿"这个词，这位伟大的哲学家敢于在他的思想表达中稍微改变词语，例如从"栖身"（hausen）变成"安顿"。这种在世界中安顿自己（Sich-Einhausen in der Welt）的过程也体现在他勇于创造新词的行为中，这一点我已经提到过。这个年龄阶段非常非常有趣。

然而，正如我们所看到的，家庭的这个"世界"首先在幼儿园阶段，然后在小学阶段经历了某种初步的适应和调整的倾向。在这个阶段，需要一些新的东西，而这些东西会以各种不同的方式表现出来。一个完全不同的肇始大概就是学习书写。学习书写！每个人都会立刻想到这一点，但我甚至不确切知道现在的实际情况如何；不过通常，在学习使用设备之前，人们还是先学习书写吧！当然，我知道，它起着完全不同的作用。不过，人们毕竟知道还有所谓的"学校字体"。这种字体在学校里教授，它是最有趣的现象之一，通过它我们可以看出一个人的发展过程，即从学校字体逐渐形成个人手写体。我不知道这个象征还能够存在多久。很可能不久之后，除了签名，手写体将几乎不存在。不过，让手写体难以辨认，始终还是一种特殊的专长。这里提到的问题引导我们去思考其他显然也与教育相关的东西。

如此,教育的目的究竟是什么呢? 啊,我还清楚地记得我的童年,有时也会想起我的职业经历。例如,当一个学生给我打电话说:"教授,抱歉打扰您,我在书中读到了一些内容,想问一下这个词到底是什么意思?"这可不算是礼貌的行为。礼貌要求我们不仅要考虑自己,还要意识到打电话会打扰他人。而且只有在事情非常重要、需要立即得到答复的情况下,才有充分的理由这样做。否则,我们以前会说,这违背了良好的礼仪。这种问题会慢慢变得更加棘手。显然,我们知道,在那些父母无法对孩子的成长给予足够的关心的家庭中,这将变得非常困难。而恰恰在这些情况下,拥有良好的礼仪具有极高的社会价值。一个在简单环境中成长但表现出良好教养的人,尤其从他的谈吐中可以听出,这样的人往往有着迷人的特质,会立即引起我们的尊重。类似的情况也出现在那些人们喜欢讲方言的地区。我是西里西亚人,在那里,社会上层绝对不会讲西里西亚方言。由于西里西亚方言与波兰语接近,这种方言几乎被视为禁忌,特别是在普鲁士西里西亚的部分地区,人们在德国家庭中会因为抵制波兰人口的压力而避开使用这种方言。当然,这些问题在其他地区也会以不同的形式出现。我完全明白,作为西里西亚人,我在施瓦本地区被视为"外来者",尽管我已经在海德堡生活了50年。目前这一状况有所缓和,诚然它不会被完全忽视。

现在我们回到这一点上,即有意突出母语的重要性。如我们所见,这里确实有一种不可克服的力量,我们不能低估它。即便在未来的世界中,母语也一定会稳固存在。我曾在美国和其他大陆居住过,深知人们尊重和维护家庭的传统,尤其是自己的母语。在整个美国,情况大抵如此。例如,在加利福尼亚,有很多日本人和俄罗斯人居住的村庄或城市。我们不应该被逐渐形成的商业语言迷惑,这种语言现在已经在欧洲内部逐步形成了英语的霸权地位,并且很快会扩展到全世界。但这并不是我所要说的。因为我所要谈的是母语,人们用母语进行提问、学习并在成长过程中用母语进行交谈。通常来说,人们并不在电话中进行交谈。而有些人确实这么做了。这对那些想以不同方式打电话的人来说非常方便。这种情况已经广为人知。这种"闲聊癖"确实存在,但倾向于交谈是一种好的品质,只要在适度的范围内进行。我想强调的是,即使是在多语言或多语种环境中成长的人,也仍然会以一种决定性的方式优先使用母语。现在并不罕见的是,父母在家庭中使用一种语言,但在与他人交流时使用另一种语言。如今这种情况越来越普遍。

三

这是一个全新的话题,它伴随着工业革命而到来,同时也带来了一个事实——我们越来越多地学习如何用外语打交道。我只能惊讶地说,这一事实的重要性似乎还远未接近实际。这已不再是我们自己——或者我猜测你们所有人——或多或少在阅读和写作中通过文本在外语方面接受训练的形式。这不再是常态。常态乃是交谈,我必须着重强调的是,实际上我们的世界在交谈中拥有不断增长的可能性。即使是习惯讲方言的人,一旦面对说标准德语的人,也会变得礼貌,尽管会感到有些陌生——这是不可避免的。这显示出,人们越来越看重语言对他人的意义。而在这一点上,我非常坚定地认为,我们在学习外语时过于关注单向的关系(einseitiges Verhältnis),而不是相互理解(Einander-Verstehen)。当然,我们有充分的理由去学习一门语言,并学习相关的知识,这其中当然也包括阅读。由此可以理解,在所谓的学校课程计划中,阅读是受重视的。但女士们、先生们,请允许我表达这样一种信念:如果将课程计划视为强制性的,那将是非常危险的。如果这种情况普遍发生,那将是可怕的。幸运的是,事情并非如此,但它仍然被视为最重要的东西,恐怕在很大程度上仍是如此。在我看来,最重要的是当被提问时能够回答,能够提出自己的问题并接受回答。如果我在这里有发言权——其实我并没有——那么我会说,所谓的学校课程计划应当在每节 45 分钟的外语课中至少保留 10 分钟用于提问。这将是一份一流的、不确定的学校课程计划。尤其是在涉及外语,比如英语或法语的时候。

学习拉丁语则是另一回事。在拉丁语中,人们终于可以学会理解语法。不幸的是,在母语中强行灌输语法是一种野蛮的行为。我还记得在学校里唯一的一次失败——你们可以想象,我是一个相当好的学生。当我在预科三年级时,学习德语的语法,包括"我""你"的变格形式(这些我至今还能够背出来)时,我突然变成了那些在学习上跟不上的笨蛋之一。这种情况以前从未发生在我的身上;我必须真正地练习,直到我能够掌握。我现在讲述这个故事(听起来当然很轻松),实际上是在说明人们在这一方面确实面临的问题。其实完全正确的是:这类语法并非源自德语,而是从拉丁语转移过来的。这是显而易见的。在学习外语时,需要掌握拉丁语语法,而与之相关的名称仍然是拉丁语的——总是如此,并将一直如此。

那些还没有学习过拉丁语的人,在学习语法时会感到困难。我在学校的童年经历就可以这样分析。还有一个例子:我在年轻时有过这样的经历,我相信你们都会有类似的体验:当教师打断自己,想要按照学校课程计划进行时,说"这还不适合你们",这样的事人们永远不会忘记! 这极其有趣。人们发现,哪些是不重要的。人们也注意到重要的事物——激发学习的兴趣。你们也都知道这些策略,比如当准备不足时,如何让教师无法提出某些问题,就是用自己提出的困难的问题来困住他。如此,这种小规模对抗无疑是存在的。我无意于贬低这种策略和战术。它们一直存在,但人们应该更多地将其设置为中心任务。学习一门语言并不意味着必须能够无误地书写它,毋宁说,最重要的是能够说话和回应。我还记得,我在那些不幸的战争年代上学,那是 1914 年。如我所获悉的那样,我所在的学校有一个与这所学校类似的课程计划。我学的第一门外语是法语,但那时还得先学一年的语音! 我整整一年都不允许说一句法语——只能练习法语的发音。这是当时德国语音学的一大进步,在像布雷斯劳这样的城市中已经开始实践。我担心后来的情况有所不同了。那时很普遍的做法导致了我至今说法语时——即使我从未在法国长期居住过——发音仍然不会被察觉有问题。我会犯其他错误,但发音是好的,而这在交谈中比我说什么更重要。

　　一个普遍的观察表明,他人在我们的在世存在中始终是一道在此的。就像这种情况在孩子之间发生一样,它也发生于不同的语言之间。因此,相互的自我教育自然产生出来。同时还有父母或其他照顾者的角色。我认为,可以想象这一切如何进行,又如何逐步展开,并在最后获得持久的印记。因此,礼貌不必以这种原始的形式表现出来,不必在每次机遇中都凸显出来,而是应该让每个人有机会以对他人愉快的方式表现自己,反之亦然。在这里,教育是一个自然的过程。我认为,每个人通过相互理解的尝试总是友好地接受这种过程。

　　我们慢慢接近了在学校里所学的内容。我指的就是用外语进行相互理解。当然,其中包括阅读,不仅在母语中进行理解性的阅读,也包括用外语进行阅读,以实现对我们视野的重大扩展。我不得不承认的是——这不是我的错,而是世界历史的责任——我实际上没有通过在外国的生活来学习任何一门主要的外语。这是不可能的。从1914 年到 1945 年,我们经历了一个长达三十年的战争。至于旅行,大家都知道,在纳粹掌权后不久,尤其是经济原因,出国变得不可能。

四

现在我开始讨论这个问题——在学校,人们学到了什么,如何进行自我塑造,何谓自我塑造?我们通常说的通识教育,意思是不要过早追求专业化。我认为,现在在德国的高中里,这一点仍然是合理的,即不过分追求专业化。然而,有一门学科具有特别重要的意义,那就是数学!我可以向你们保证,我与许多数学家保持着友好的关系,其中有些人是顶尖的,包括诺贝尔奖得主等,并且我经常与他们讨论这个问题。结论总是:学习最好的往往是人文学者,因为他们学会了更好地工作,并且他们没有学到假的数学。真正的数学对学校来说太难了。这是一个不争的事实!这并不意味着我们应该放弃它,而是要意识到,取得好的成绩并不意味着将来能够在数学研究中出类拔萃。我们必须彻底重新学习。我可以从我在许多大学与这个领域的同事进行的讨论中,确证这一个非常重要的事实。这不仅仅局限于数学领域。我们需要一种对应该知道什么和想知道什么的敏感度,最终只有在与他人的互动和应用中,这些才能够真正显现出来。这是我们彼此之间相互理解所必须的。

这使我们进入了以下观点,我在自己的哲学世界中也将其视为一个决定性观点——语言只有在对话中才能够得到充分实现。要真正实现这一点,这即便对教师来说也仅仅存在着有限的可能。很明显,某些学校课程计划单元是必须遵守的——但关键在于,最终要给予成长中的人这样的能力,即通过自己的活动来弥补自身知识的不足。自我教育必须主要体现在那些感受到自己弱点的地方,通过增强自己的能力来克服这些弱点,而不是依赖学校,或者依赖成绩单上的分数,或者依赖家长的奖励。

请不要以为我在这里谈论我不熟悉的事情。善于思考的老年人有一个优点,就是他总说"世界在自行变化"。那么它将会如何改变呢?毫无疑问,除了签名,人们几乎不会再发展手写体了。这是一个损失。人们将会逐渐习惯各种形式的机器书写,它们会变得越来越好,速度也会越来越快,我相信这将为我们节省时间。但我们必须学会如何利用这些时间。如果我们不理会我刚才提到的那些爱唠叨的接电话的人,我们也将节省时间。显然,我们必须学会用现代手段简明扼要地表达自己,这样这种交往方式才不会造成它以往必定拥有的那种惊恐。想一想以前的常态:你不可能通过电话邀请某人来访,而是必须写信等。显而易见的是,何以我们面临着许多新的挑战。而这些挑战中又包含了诸种新的要求。此外,在没有形成群组的情况下,在大学里或学校里这些情况又将如何进展呢? 这是我们必须学习的事情。这里也包括社团! 我非常主张推动所有市民社团,因为在这些社团中,人们练习了人与人之间的相处。这种相处是一种密码,它正是通过作为交往能力的语言让我们超越了动物的世界。这就是我所要指出的。因此,青年人本身应该对此更有积极性。我们都必须学会这一点,每一代青年人也会在某种程度上愿意这样做。当他们开始进入大学时,会进入新的圈子。不再是同班同学——对年长者来说,再见到老同学是一件珍贵的事。在那里,人们会真正生动地体验到我们每个人身上潜藏的凝聚力(Bindekraft),借助于他们曾有过的亲密关系或彼此分享的全新经验。然而,在我们日益匀质化的商业交易和业务往来的节奏中,更重要的是,在空闲时间的某一刻,我们能够正确地与上级或下属沟通,或感同身受,或娓娓道来。这一事实永远不会改变,机器无法传达出真正有说服力的东西。这也适用于手写体,我们通过笔迹学就知道这一点。它必然同样适用于即将到来的所有其他的发展,我们所不应该忽视的发展。显然,它们有其特定的功能;但它们也邀请我们作出所需要的反向塑造(Gegenformung)。

在大学里,我现在已经可以清楚地看到这一点。我们有大讲堂,成百上千的学生在场。教授无法辨认出那些有才华的学生,适合彼此的学生也无法相互认识。这是一种绝望的活动。希望有一天它会有所改变。我在美国和英国的榜样中看到了这种可能性。在某些国家,这种现象确实有所改善。那么,这里究竟有什么问题呢? 积极性和判断力! 是的,这里有很多问题。要推荐合适的书籍:不是因为它在杂志上刊登了广告。总会有一些错误的广告,也就是那些最好不要听从的广告。但什么是真正值得推荐的呢? 我还记得,当我突然离开家,成为一名大学生时,这对我意味着什么。突然间,我与几个女同学——当时是战时——进入了一个由受过教育、友好的女孩组成的圈子,突然间我学到了全新的东西。是的,我记得在 1918 年,我阅读了特奥多尔·莱辛(Theodor Lessing)的《欧罗巴与亚细亚》一书,因为有人推荐给我。这对我来说是一个全新的世界。这就是著名的特奥多尔·莱辛,胡塞尔的一个学生,他是一个左派记者,后来被刺杀身亡。他肯定有他讽刺和不讨人喜欢的一面。我并不想把他吹捧为天才,但我绝不想错过当时通过阅读获得的经验。因为我学到了,对作为进步乐观主义而支配着一切的绩效精神(Leistungsethos)的批判,在 1918 年这还是一条全新的消息,并对我产生了深刻的影响。那时,我开始阅读俄罗斯小说,以及伟大的斯堪的纳维亚和荷兰小说,只要这些作品翻译起来容易且质量上乘。通过这种方式,人们得以自我塑造。

现在,这种方式在大学中尤为必要,因为现在的大众媒体主导了一切,并且产生麻木的作用;此外,大学的课程设置和职业准备——尽管它们依然名为"大学"——也越来越专门化。看一看那些作为博士学位要求而提交的学术论文,我们可以发现它们在令人担忧的程度上越来越专注于狭隘的专业领域。这在某些情况下可能会产生有益的研究成果,但作为一种贯通和归属于我们的世界的基本态度,它严重缺乏决定性的经验、本己的判断力和塑造。如今,更重要的是适应已经在运行中的事物,以至于如果你不能在书中证明某事,你就不敢随意表达自己的观点。相反,人们必须敢于冒险,即使成功并不确定。这是我们现在经常听到的一个忧虑,甚至在我们的经济中,过多地遵从规则和规避风险也是一个问题。如果一个人不能从自己的错误中学习,他又怎么能够真正学到东西呢?

而我无法对此作出判断,也不敢妄自作出判断,但我坚持认为,当我们想要自我教育和自我塑造时,真正重要的是人的力量;只有当我们成功地培养这些力量时,我们才能够在技术和工程的进步中始终安然无恙。

投稿指南

来稿内容：立意新颖，资料可靠，观点明确，内容充实，论证充分，语言精练，能够及时反映国内外古典教育研究领域的最新理论和实践成果。

来稿篇幅：文章以1—2万字为宜(特殊情况可酌情处理)；书评文章以5—8千字为宜；编辑部保留学术性修改和删改文稿之权利。本书接受英文原文和译文(须同时提供英文原文)。

本书长期组织的专栏：包括理论研究、论坛、实践探究等，非常欢迎学者组织古典教育研究专题(3—5篇稿件)，组稿者须事先向本书提交专题方案，方案内容包括专题概要、每篇论文的题目与摘要、作者和所在单位等信息。

来稿结构：标题、作者姓名、作者简介、内容摘要(中文)、关键词(中文)、正文、注释和通信方式。

来稿格式：

(1)标题：三号字，宋体。如果文章为项目研究成果，请在标题右上角标注＊，当页注释处写明项目信息。

举例：汉字教育的时代意义、育人价值与实践路径＊

＊本文系2024年湖南省基础教育教学改革研究项目"基于文字学理论的小学低年级汉字育人教学研究"(项目批准号：Y2024854)阶段性研究成果。

(2)作者姓名：小四号字，宋体。请在作者姓名右上角标注＊或＊＊。

举例：张××＊或张××＊＊。

(3)作者简介：小五号字，仿宋体。当页注释文字标注＊或＊＊，简单介绍作者信息：姓名、性别、籍贯、单位、职称和主要研究方向等。

举例：＊作者简介：张××,男……或＊＊作者简介：张××,男……

（4）内容摘要(中文)、关键词(中文)：五号字,楷体。

（5）正文：五号字,宋体。

（6）注释：一律采用正文内注释编号、页下写明注释文字的形式。小五号字,仿宋体。每页重新编号,正文内注释编号和页下注释编号统一格式为带圈的阿拉伯数字,正文内注释编号显示为上标状态,页下注释格式如下：

① ［法］亨利-伊雷内·马鲁：《古典教育史》(希腊卷),龚觅、孟玉秋译,上海：华东师范大学出版社,2017年,第138—200页。

② George A. Kennedy, *A New History of Classical Rhetoric*. Princeton：Princeton University Press, 1994, p.46.

③ Francis P. Donnelly, "A Greek Schoolmaster Still Teaching," *The Classical Weekly*, 1915, 8(17), pp.132–133.

④ 赵中建：《伊索克拉底教育思想初探》,《华东师范大学学报》(教育科学版) 1992年第3期,第38页。

⑤ 谢园：《古希腊政治演说与雅典公民教育——以伊索克拉底为例》,硕士学位论文,上海：上海师范大学,2019年,第57页。

⑥ 叶圣陶：《杂谈我的写作》,见《叶圣陶论创作》,上海：上海文艺出版社,1982年,第151页。

⑦ 汤才伯：《廖世承：重视教育实验的哲学博士》,《中国教师报》2015年7月1日第013版。

（7）通信方式：请作者在稿件末尾附上姓名、通信地址、联系电话、邮政编码和电子邮箱。

来稿方式：请以电子文件(可编辑的word)发送至邮箱 classiceducation@163.com。

审稿录用：坚持公平、公正、公开、客观的审稿原则,对于稿件,将会在三个月内给出评审结果并以电子邮件形式通知作者,也欢迎作者咨询。逾期未获通知者,可自行处理稿件。

凡被本书收录的稿件,本书即获得其版权,及其信息网络传播权。

学术规范：稿件应符合学术规范,充分尊重他人知识产权,无任何违法、违纪和违反学术道德的内容,确保引文、注释和相关资料准确无误。如果使用转引的资料,应注释说明转引出处。严禁抄袭、一稿多投等行为。来稿须为未经发表之独立研究成果

（已见于网络者亦不算首次发表）。

联系我们：

地址：湖南省长沙市桃子湖 1 号　湖南师范大学教育科学学院　古典教育研究中心

邮编：410081

湖南师范大学古典教育研究中心

广西师范大学出版社